華厳とは何か

竹村牧男
Makio TAKEMURA

春秋社

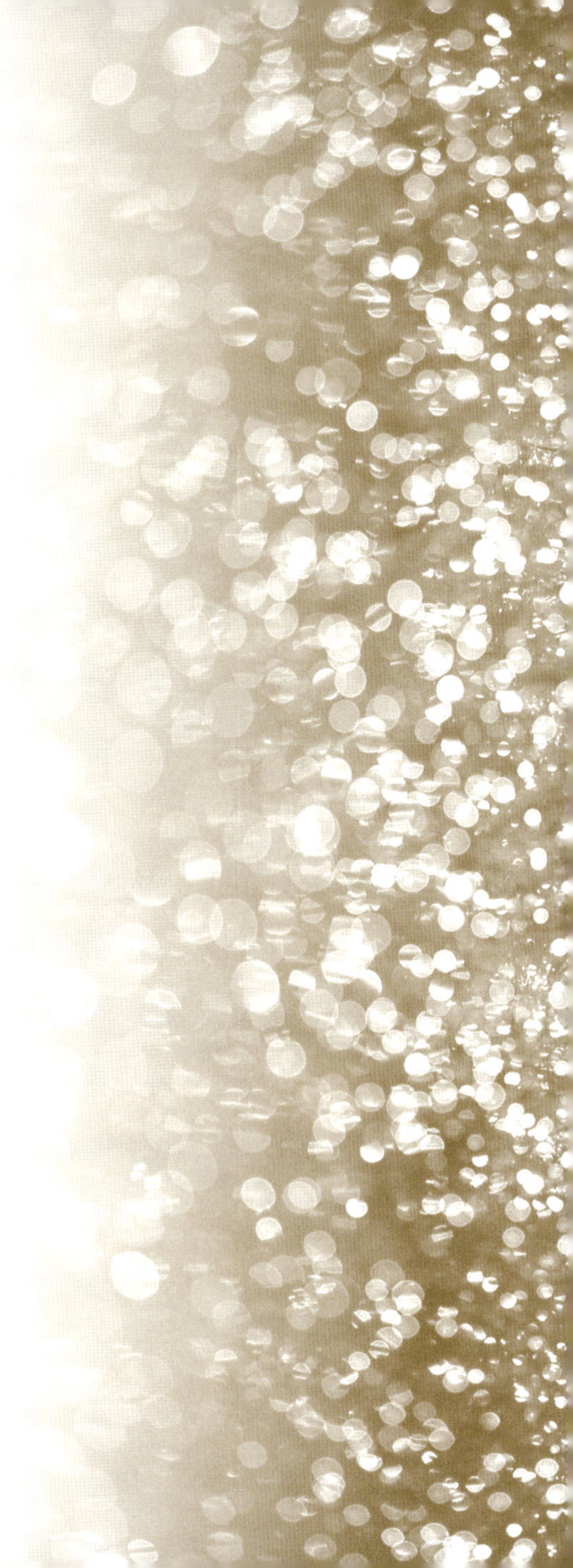

華厳とは何か

目次

＊主要引用文献は次の通り。ただし引用にさいしては、仮名遣いを現代仮名遣い、漢字を常用漢字とし、句読点も若干改めたところがある。

『華厳経』　『口語全訳　華厳経』江部鴨村訳、復刻版、国書刊行会、平成八年

『華厳五教章』　『冠注五教章』京都書林版、明治十八年補刻

『法華経』　岩波文庫『法華経』（上・中）

『無量寿経』　岩波文庫『浄土三部経』（上）

華厳とは何か

I

第一章　華厳の世界へ

『華厳経』と華厳宗

冬から春へ、やわらかな陽光のあたたかい季節となりますと、私の住んでいるつくばでは、春先から次々と花が咲き出ます。こぶし、菜の花、れんぎょう、桜、花水木、つつじと、さまざまな草木が春の進行とともに花を咲かせます。つくばの一年の中で、もっとも美しく楽しい季節です。それは日本のどこでも、ほぼ同様でしょう。

花が国土を飾ります。そのことを題名とした仏教の経典があります。名前はよく知られていると思いますが、『華厳経《けごんぎょう》』という経典です。「厳」は荘厳《しょうごん》の厳、飾るという意味です。『華厳経』は、初期大乗仏教の代表的な経典の一つです。詳しくは、『大方広仏華厳経《だいほうこうぶつ》』といい、原題は、チベット語訳によりますと、『ブッダ・アヴァタンサカ　ナーマ　マハー・ヴァイプルヤ・スートラ』であります。「『仏華厳』という大方広経典」の意味です。「マハー」は偉大な、「ヴァイプルヤ」は広大なということで、いずれも偉大な大乗経典ということを意味します。「ブッダ」は覚った人のことですが、もちろん仏のことです。「アヴァタンサカ」は、華蔓、花飾りのことですが、「ブッダ・アヴァタンサカ」は、仏の集まりの意味になります。

ただし華厳宗では、華厳の原語を、「ガンダ・ヴューハ」と見ていました。「ガンダ・ヴューハ」という語の意味はなかなかむずかしくて、「諸節における示現」の意などといいますが、この「ガンダ・ヴューハ」の語も中国では「ガンダ」は雑華《ぞうけ》、「ヴューハ」は厳飾《ごんじき》と、華厳を意味すると取ったのでした。実際、インドにおいても『華厳経』の全体を『ガンダ・ヴューハ』で示した事例も見られるのです。

唐の時代、華厳宗を大成した賢首大師《げんじゅだいし》法蔵《ほうぞう》の『華厳経』に対する注釈書『華厳経探玄記《たんげんき》』(以下『探玄記』)では、この「仏華厳」という言葉について、

仏とは乃ち果円《まど》かにして覚満ずるをいい、華とは万行を開敷するに譬え、厳とは茲《こ》の本体を飾るに喩う。

といっています。

『華厳経』の教主は毘盧舎那仏《びるしゃなぶつ》といいますが、この仏は本願を根本としてありとあらゆる万行を修し、その一つひとつの行を完成して、ついに仏となられたのでした。その万行の功徳に

よって荘厳された仏、それをさまざまな花によって飾られた仏と表し、その仏の世界を説き明かすのが『華厳経』だというのでしょう。仏の世界を説き明かすということの中には、果としての仏だけではなく、その果を実現したさまざまな修行（万行）を語り、その根源にある本願を語り、一方、その仏の国土において現に修行しているさまざまな修行者の姿を語ることにもなります。仏果《ぶっか》を実現したところからみれば、修行時代の万行の一つひとつも、仏そのものです。

『探玄記』によれば、法蔵と交流のあったインド僧の日照三蔵《にっしょうさんぞう》は、「西国には、ヴューハという名の供養のための仏具がある。その形は六重で、下が広く、上が狭くなっており、花の形の宝玉（華宝）で飾ってあり、各重の内にみな仏像が安置されている」と語ったということです。六重とは、菩薩の修行の階位を表しているのでしょう。その全体が仏なのです。

前に述べたように、昔から華厳は「雑華厳飾《ぞうけごんじき》」といわれ、仏の世界は春のさまざまな花が咲きそろう花園のように種々のすばらしい修行の功徳によって荘厳されている、その行と果の全体を説くのが『華厳経』であると解されてきたのでした。

この『華厳経』が今日のような全体としてまとめられたのは、四世紀の中葉までに、場所は特定できませんが、ある説では西域《さいいき》のコータンのあたりであったろうといわれています。ただし、その中の「十地品《じゅうじぼん》」はすでに『十地経』として独立に用いられており、「宝王如来性起品《ほうおうにょらいしょうきぼん》」「入法界品《にゅうほっかいぼん》」も早くから独立の経典として用いられていました。『十地経』や「入法界品」

は、サンスクリットの原典が残っていますが、『華厳経』全体としては、サンスクリットはありません。

中国では二度、全体が訳されています。一つは東晋の時代、仏駄跋陀羅《ぶっだばっだら》が訳したもので、『六十華厳』と呼ぶ全六十巻のものです。もう一つは、唐の時代に実叉難陀《じっしゃなんだ》が訳したもので、『八十華厳』と呼ぶ全八十巻のものです。その他、同じく唐の時代、般若三蔵《はんにゃさんぞう》が訳した『四十華厳』と呼ぶ全四十巻のものもありますが、これは「入法界品」に相当する分のみです。

なお、チベット語訳もあります。ジナミトラ（Jinamitra）、スレーンドラボーディ（Surrendrabodhi）などが訳したもので、九世紀末のころの翻訳です。

『華厳経』の内容については、のちに概観したいと思いますが、だいたい大乗経典は譬喩や象徴、また物語などを駆使しながらつくられているものです。『華厳経』も例外ではなく、その幻想的で神秘的な光景の叙述は、他の経典を圧倒しています。ひとつの壮大な神話的歌劇（ファンタジー）の世界ともいえるものですが、やがて中国では、その中に含まれる思想を論理的に整理し、体系的に組織して、華厳の哲学・思想が形成され、華厳宗が成立したのでした。

華厳宗は、伝統的には杜順《とじゅん》―智儼《ちごん》―法蔵《ほうぞう》―澄観《ちょうかん》―宗密《しゅうみつ》と相承されたというのですが、事実上、華厳思想を編み出したのは智儼です。智儼の業績を受け、それをさらに整理・集大成して華厳宗の教理を確立したのが法蔵でした。法蔵は『探玄記』『華厳五教章《ごきょうしょう》』等（以下『五教章』）を著して、華厳宗の思想を明らかにしています。

日本では、奈良時代の仏教、南都六宗の中に華厳宗があります。それは奈良の大仏で有名な東大寺において研究されました。その始まりは、良弁《ろうべん》が新羅出身の審祥《しんじょう》に請うて、金鐘山寺《きんしゅせんじ》において『華厳経』を講義してもらったことにあるといいます。審祥は法蔵にじかに就いて学んだ者であり、したがって日本の華厳宗は杜順—智儼—法蔵—審祥—良弁と次第したと唱えます。

審祥が『華厳経』六十巻本を『探玄記』によりつつ講じたのが天平十二年（七四〇）で、翌年、聖武《しょうむ》天皇はのちの東大寺を総国分寺とする国分寺制度の詔勅を発し、さらにここに『華厳経』の教主・毘盧舎那仏像の造立を発願するのでした。そしてついに天平勝宝四年（七五二）四月、大仏の開眼《かいげん》大供養が催されたのですが、それはたいへんな盛儀であったといいます。なお、平成十四年（二〇〇二）は東大寺の大仏開眼千二百五十年にあたりました。

これら日本の仏教と国づくりの動向は、当時の東アジアの動向と密接に関係したものだったでしょう。東大寺の大仏は、中国の洛陽・龍門石窟奉先寺《りゅうもんせっくつほうせんじ》の盧舎那仏像（六七五年完成）に範をとったものといいます。その背景にはさらに、遠くバーミヤンの大仏（四～六世紀ごろの作）もあったでしょう。

本書では、この『華厳経』および華厳宗の思想について、これから種々ご紹介し、その意味・意義について考えていきたいと思います。

無限の関係性の世界

さて、『華厳経』にはもちろんさまざまな思想が説かれています。唯心の思想も、如来蔵思想も、無自性《むじしょう》・空《くう》の思想も、すべてあります。『華厳経』に基づく華厳宗の思想も、おのずから多岐にわたっています。

しかしその中、あえて「華厳思想の核心は何か」といえば、それはおそらく「一即一切《いちそくいっさい》・一切即一《いっさいそくいち》」「一入一切《いちにゅういっさい》・一切入一《いっさいにゅういち》」といった言葉で語られる、めくるめくような関係性の世界、いわゆる重重無尽《じゅうじゅうむじん》の縁起の世界を説くことにあるでしょう。

『華厳経』では、至るところにこのことが、日常の意識を揺さぶるような華麗な描写によって語られています。たとえば、普賢菩薩《ふげんぼさつ》が諸々の菩薩衆に毘盧舎那仏の世界について語る偈文《げもん》(詩)の中には、次のような表現があります。

一つの毛孔《けあな》のなかに、無量のほとけの国土が、装いきよらかに、広々として安住する。
かのあらゆるところ、盧舎那仏は大衆の海において、正しきおしえを演説したもう。
一つの微塵《みじん》のなかに、あらゆる微塵のかずに等しい微細の国土が、ことごとく住している。
あらゆる世界に種々のかたちあるを、仏ことごとくその中において、尊ときおしえを説きたもう。

これぞ弘誓《ぐぜい》の願い、自在のちからであって、一一《いちいち》の微塵のなかに、あらゆる国土をあらわしたもう。

たとえば幻化《げんけ》のごとく、また虚空のよう。もろもろの心業《しんごう》のちからの荘厳するところである。

一一の微塵のなかの衆生のかずに等しいもろもろの化仏《けぶつ》の群の神力《じんりき》もまた自由におわし、微塵のなかにおいて、よくほとけの国に住したもう。盧舎那仏の法を現わしたもうことは此のようである。

ここに、「一つの毛孔のなかに、無量のほとけの国土が」安住し、「一つの微塵のなかに、あらゆる微塵のかずに等しい（莫大な数の）微細の国土が、ことごとく住して」いるなどとあります。もっとも微小なものの中に、全宇宙を入れるという具合です。

あるいはまた、最後の「入法界品《にゅうほっかいぼん》」には、普賢菩薩の次の偈文があります。

一一の毛孔のうちに、あまねく如来海を示現し、ほとけは如来の座にいまして、菩薩衆に囲繞《いにょう》せられたもう。

一一の毛孔のうちに、無量の諸仏海がおわし、それぞれ道場の華座《けざ》に坐して、浄妙の法輪を転じたもう。

一一の毛孔のうちに、あらゆる国土の微塵数にひとしい仏が、結跏趺坐《けっかふざ》して普賢の行を演説したもう。

ほとけは一国土に坐して、十方界に充満したまい、無尽の菩薩は、雲の如くに仏のみもとに来詣する。

無量億の仏国土に、微塵数の菩薩があつまり、如来を囲繞して、ためにもろもろの法界《ほっかい》を説く。

ことごとく普賢の行に住し、みな法界にあそび、あまねく一切の国土を顕現し、等しく諸仏の大会《だいえ》に入る。

ここには、一毛孔に無量が入り込むとともに、一人の仏は十方界に充満するということが語られています。まさに「一即一切・一切即一」「一入一切・一切入一」の象徴的な表現です。

このような経典の叙述を見ますと、私はふと、あの良寛様の次のお歌を想起します。

あわ雪の中に立てたる三千大千《みちおおち》またその中にあわ雪ぞふる

前にもいいましたように、『華厳経』では、このような光景の描写がおよそ至るところに語られていくのでした。

華厳宗では、これら経典の象徴的な表現などをもとにしながら、そこにある論理構造を分析・整理して、いくつかの教理にまとめていきます。のちに詳しく紹介するつもりですが、たとえば事事無礙法界《じじむげほっかい》（事物と事物とが礙《さまた》げなく融け合っている世界）の説や、十玄縁起無礙法門《じゅうげんえんぎむげほうもん》（一即一切・一切即一などを十の観点から語る）、六相円融義《りくそうえんにゅうぎ》（全体と部分、部分と部分などの相摂《そうしょう》関係を六の観点から語る）などの思想を唱えます。これらはすべて果てしない関係性の世界、重重無尽の縁起の世界の構造を解明するものです。

こうして、華厳思想の核心は、この無限の関係性を見ていくこと、その中において自己そのものを了解していくことにあるといえると思います。

法蔵は、仏教各宗のすべてを十の立場に分けてみる十宗判の教理において、華厳の立場を「円明具徳宗《えんみょうぐとくしゅう》」と呼んでいますが、『五教章』において、この円明具徳宗について、

別教一乗《べっきょういちじょう》の主伴具足無尽自在《しゅばんぐそくむじんじざい》を顕《あらわ》す法門《ほうもん》の如き是《こ》れなり。

といっています。甲と乙が関係しているとき、甲が主となれば乙は伴となります。乙が主となれば甲は伴となります。関係を関係全体として受け止める知の立場においては、その双方の見方が同時に可能です。

たとえば、教師がいるから学生が学生たりえますが、しかし学生がいるからこそ教師も教師たりうるといえるわけです。関係しているものの間には決して一方向だけでない、このようなあり方が成立していますが、それがたった二項の間だけでなく、ありとあらゆるものの間で成立していれば、関係は単に双方向的のみならず、いわば多方向的に、全方向的に成立することでしょう。いきおい、まさに無尽自在ということになりますが、このことを説く教えこそがもっとも完全な教え（円教《えんきょう》）だというわけです。一言でいえば、重重無尽の縁起を説く教え、それが華厳思想の核心であるということができると思うのです。

なお、この関係性は、単に空間的のみでなく、時間的にも成立しています。過去は未来に関係し、未来は過去に関係しているのです。ですから、この関係性は、動態において、ダイナミックな動きにおいて、見られるべきものです。

現代社会の諸相

ではその思想は、今日どのような意味を持っていると考えられるでしょうか。私はこの思想は、実は今日の状況においてきわめて重要な意味を持っているのではないかと思います。というのも現代はさまざまな次元で、本来存在している関係が見失われ、あるいは損なわれている、いわば関係の断たれた時代であるからです。今はこのことを三つの局面、すなわち「自己と自然」、「自己と他者（社会）」、「自己と聖なるもの」という、三つの局面において検討してみましょう。

かつて人間は自然の中に融け込み、自然とともに生きてきました。とりわけ日本人は、四季のうつろいを敏感に感じながら、自然との調和をはかりつつ生活を送ってきたと思います。晴耕雨読などという言葉は、まさにそのあり方を物語っています。春は野に出て田畑を耕し、夏は早起きして野良仕事し、夕方の涼風にすずみ、秋は豊かな実りを収穫します。冬は冬眠するかのごとく家にこもり、せっせと手仕事に励みます。春は花をめで、秋は紅葉を狩り、花見て一杯、雪見て一杯と自然を楽しみました。

しかし今日、工業化・都市化が進み、生活様式もすっかり変わり、人々は冷暖房の効いたビルの中で仕事をし、夜もこうこうと電気をつけ、テレビなどの機械相手に時を過ごします。街の道は舗装され、ビルが林立し、土と緑は失われ、とうてい自然の懐に抱かれてというような感覚は持てません。

衣・食・住のことを考えても、衣は機械で大量生産されたものが大半であり、住む家も自然の素材は減って工場でつくられたものを運んで建てることが多くなっています。つまり、私たちを取り巻く環境は、まったく人為的・人工的なものになってきています。ましてIT革命といわれるこの時代、私たちはまるでコンピューターの巨大なネットワークの中に住んでいるといっても過言ではないほどです。

しかし人間は本来、自然においてつくられた生き物ですから、あまりに人工的・機械的な環境の中に置かれれば、本来の自然、生《なま》の自然を切実に恋しく思うものでしょう。自然と断絶してしまった現代人は、時にそのつながりの回復を求めて、山歩きに行ったり秘湯を訪ねたり、あるいは日常の生活の中に極力自然の素材を取り入れようとしたりします。しかし基本的には、私たちの日常生活はあまりにも自然からかけ離れた方向に進みつつあり、そこに現代人が抱えているかなり根本的な歪みがあります。

また、人と人とのつながりや社会的関係においても、今日ではずいぶん分断されるようになってしまいました。かつての農村共同体では、村人が一体となって仕事をし、互いに助け合い、みんながみんなのことを互いによく知っていて、一つの有機的な共同体が存在していました。人と人との関係は、フェイス・トゥ・フェイスであり、全人格的なものでした。

しかし、工業化・都市化の流れの中で、旧来の共同体はしだいに破壊されていき、都市には孤独な群集がさまようようになりました。価値観は分散・拡散し、人々は互いの利害が共通する間だけ結びつき、全人格的にというよりは部分的にしか交際しなくなってしまいました。のみならず、今日の社会は明らかに競争社会です。近代化の波の中にあっても、日本の社会には日本独特の年功序列・終身雇用の制が生きていましたが、今日ではまったく実力主義となり、業績などの競争に勝たなければ生きていけない時代です。

また、個人の尊重は大変大事なことですが、それがときにあまりに行きすぎると必ずしも好ましい人間関係を形成するとは限らず、あるべき人間関係を損ねていく事例も少なくありません。もはや私たちは、深く豊かな人間関係を維持しつつ自己実現していくことは、むずかしくなってきているのかもしれません。

「聖なるもの」の喪失

さらに人々は、「聖なるもの」を見失いつつあります。「聖なるもの」というのは日本の場合、具体的にいって神仏ということですが、科学的世界観が今日大いに浸透し、かつてのような神仏と交わりながらの生活はほとんど遠のいてしまいました。神棚や仏壇は、核家族化した家庭に祀られることは少なく、あっても日常の生活の基点となっていることは少ないように思います。菩提寺との関係は事があったとき以外は疎遠であり、地域の氏神様はお祭りのときや若干の通過儀礼（お宮まいり、七五三など）のときのみ意識されるくらいでしょう。

かつては、教育・福祉・芸術等々に深く関与していた宗教は、近代化・合理化された今日の社会ではそれらの領域から手を引かざるをえず、宗教はまさに宗教の領域のみに封じられてきていますが、その宗教そのものが人々の信仰をかちえなくなってきています。実は最近では、科学的思惟の限界が意識され、非合理的なもの、神秘的なものへの憧憬がかえって高まりつつありますが、それは明瞭な焦点を結んでいません。

聖なるものは、日本の伝統文化を見るとき、必ずしも神仏のような宗教的存在のみには限られないように思います。たとえば、日本の家は、きわめて精神的・霊性的な要素を有していたと思います。玄関という言葉は、何か奥深いものへの入口を示しています。中心となる座敷には、精神性の高い書を扁額として掲げたり、床の間があって山水や禅僧の書などの掛け軸がかけられたりします。山水は単なる自然の模写ではなく、「而今《にこん》の山水は、古仏の道現成《どうげんじょう》なり」（道元《どうげん》『正法眼蔵《しょうぼうげんぞう》』「山水経《さんすいきょう》」）といわれるように、悟境の表現、少なくとも俗塵を脱した清浄境の表現であったでしょう。庭も、たとえ狭くとも樹木に石などが巧みに組まれて、悟境・清浄境を表す深山幽谷の趣きを映します。そのように、ごくふつうの家庭にも聖なるものとの接点は種々用意されていました。その中で育つことにおいて、日本人は人間としての修養をはかり、魂を磨いていたのでしょう。

しかし今日、家は快適な生活への配慮ばかりが優先され、聖なるものへの関心を排したものとなっています。新しくつくられた街も同様でしょう。私が住む、人工的につくられた都市・つくばには、つくばセンターという場所がありますが、それは空間的な中心であるだけで、精神的・文化的な中心とは感じられません。もちろん聖なるものへの通路など見出されないのが実情です。

以上、ほんのちょっと思いをめぐらしただけですが、「自己と自然」、「自己と他者（社会）」、「自己と聖なるもの」、そのすべての場面においてかつては豊かに存在していた関係が断たれつつあります。それが現代社会に生きる人々の現実でしょう。しかし元来、人間は自分一人だけで生きているわけではありません。大自然の中に生み出され、他の人々と支え合って生きるとともに、さらに自己を超える何ものかの見えない力のもとに生きているはずです。自己の生命を運ぶものは、単なる自我意識を超えたところからでしょう。にもかかわらず、現代人は、理性への信頼のもとに個我意識を肥大化させ、しかも競争社会の中でほんろうされて、聖なるものへのまなざしも失っています。あらゆる局面で本来あるところの、あるいはあるべき豊かな関係を失い、孤独と不安とを深めています。

科学的世界観と関係主義的世界観

では、このような人間の生命のいわば危機的な状況にあって、私たちはどうすればよいのでしょうか。いうまでもなく大切なことは、失われ、断たれてしまったさまざまな関係を取り戻すことです。そのためには、そのような関係性の断絶をもたらすに至った世界観・人間観を検証・反省して、本来の生命のあり方に沿う見方・考え方を自覚し、そのもとに自己と世界とを照らし出すことが大事でしょう。

現代の状況を導いた世界観は、近代合理主義ともいわれる科学的世界観でした。科学的世界観とは、ものごとを分割していって最小単位にまで到達し、そこからまたそれらを組み合わせて全体を再現しようとするものです。そのように、分割する、分けていくというところにその特徴があります。確かに私たちは、ものごとを知る場合に、「わかる」といったり「判断する」といったりしますので、分けるということは知の基本でしょう。その科学的思惟をふまえることによって、私たちはたいへん多くの利益を受け、少なくとも物質的に相当豊かな生活を享受しました。

しかしながら、大量生産による大量消費は、実は一方で大量廃棄をも伴っていたのであり、深刻な公害問題や環境破壊をもたらしてきていることは周知の事実です。効率と業績のみを追求する社会システムは、人の生き方・職業をきわめて細分化された専門分野に特化し、人間性の喪失をもたらし、神の死の認定はニヒリズムをもたらしました。科学的世界観は、大きな利益とともに、多くの問題を生み出してきたことも否定できない事実です。

科学の考え方を一言でいえば、「分けて支配する」、つまり「ディヴァイド・アンド・ルール」というものです。しかしそれだけでは、別の種々の問題を生んできたのも事実でした。それに科学自体が、今や単に分けるのみでなく、むしろ全体の関係を重視しつつあると思います。

物理学では、素粒子を他の素粒子との関係なしに記述できないという学説があるといいます。生物学では、同じ一つの細胞が分化して異なる器官になっていく以上、単純な要素還元主義では生物を解明できないと主張します。脳科学においても、人間のさまざまな心的機能を、大脳・小脳の各々の部位に特定するだけでは、脳の処理過程を十全に記述することはむずかしいでしょう。医学では、病源の特定とそれに対する処置という単純な治療を超えて、人間の全体性に配慮した医療を追求し、人間の身心の調和の回復をもたらす癒《いや》しが目ざされています。

これらの動向を代表するものが、切実な環境問題に対応しようとして出てきたエコロジーの考え方でしょう。生態系はすべて関連し、つながっていて、人間はあくまでもその一部にすぎないのであり、地球自体が一つの生命体なのだというのです。生命体は空間的につながっているだけではありません。私たちの現在の環境を消費して得ている利益の享受が、未来の子々孫々の時代に必ずつながっており、切り離せないことも思うべきです。

エコロジカルな視点を強調する人々は、その意味で、「持続可能な発展」をも唱えます。つまりエコロジーは、時間・空間双方における連続性、関係性へのまなざしであることを想うべきです。少なくともこうした考え方を導入しないかぎり、私たちは一個の人間に本来備わるさまざまな方面の豊かな関係性を回復・自覚することはできないと思われるのです。

こうして、近代合理主義の基本にある「ディヴァイド・アンド・ルール」の考え方を一つの世界の見方として相対化し、もっと全体や事物相互の関係性をそのままありのままに見ていく視点、さらにはそれらの関係のありようの分析も含む有機的な世界観を顧慮すべきでしょう。

もちろん、全体を見るといっても、いわゆる全体主義のような考え方を尊重すべきだというのではありません。個々の存在がかけがえのない個性と価値とを実現しつつ、しかも互いに関係すればこそかえって各々がかけがえのないあり方になっていくような、そのことによって全体が真に豊かに創造されていくような、そういうあり方、論理を考えていくべきです。

そうした問題意識を自覚するとき、仏教の縁起観、とりわけ華厳の時間・空間双方に展開する重重無尽の縁起の思想は、何か未来の世を開く世界観のヒントを与えてくれるのではないかと思うのです。

『華厳経』の概要

華厳思想の今日的意義について展望してみましたが、では『華厳経』と華厳思想とは、具体的にどのようなものなのでしょうか。これから、もう少しそのことについてお話しし、本書の序章としておきたいと思います。

すでに『華厳経』についてはじめに簡単にふれましたが、今、六十巻本でその構成を見ますと次のようになります。全体で三十四品《ほん》あり、これが八回の説法によって説かれます。八回の法会《ほうえ》の場所は、①寂滅道場《じゃくめつどうじょう》、②普光法堂《ふこうはっとう》、③忉利天宮《とうりてんぐう》、④夜摩天宮《やまてんぐう》、⑤兜率天宮《とそつてんぐう》、⑥他化天《たけてん》宮《ぐう》、⑦普光法堂重会《ふこうはっとうじゅうえ》、⑧重閣講堂《じゅうかくこうどう》となります。

最初の「寂滅道場」は釈尊が成道《じょうどう》した場所、菩提樹の下ということです。元来、道場の「道」とは菩提のこと、道場とは覚りを開く座のことなのです。「普光法堂」はそこをそれほど離れない近くの場所にあります。以後、菩提樹下の覚りの座を離れずして天に昇っていき、それぞれの天宮で説法していきます。七回目にはまたもとの普光法堂に戻ってきて、そこで二回目の説法（重会）をします。最後には祇園精舎にある「重閣講堂」において説法が持たれます。こうして、場所としては一つ（普光法堂）重複していますので七か所ですが、八回の法会で構成されているわけです（七処八会）。

三十四品あるその品名を掲げてみましょう。

寂滅道場会

世間浄眼品《せけんじょうげんぼん》第一

盧舎那仏品《るしゃなぶつぼん》第二

普光法堂会

如来名号品《にょらいみょうごうぼん》第三

四諦品《したいぼん》第四

如来光明覚品《にょらいこうみょうかくぼん》第五

菩薩明難品《ぼさつみょうなんぼん》第六

浄行品《じょうぎょうぼん》第七

賢首菩薩品《げんじゅぼさつぼん》第八

忉利天宮会

仏昇須弥頂品《ぶっしょうしゅみちょうぼん》第九

菩薩雲集妙勝殿上説偈品《ぼさつうんしゅうみょうしょうでんじょうせつげぼん》第十

菩薩十住品《ぼさつじゅうじゅうぼん》第十一

梵行品《ぼんぎょうぼん》第十二

初発心《しょほっしん》菩薩《ぼさつ》功徳品《くどくぼん》第十三
明法品《みょうほうぼん》第十四

夜摩天宮会
仏昇《ぶっしょう》夜摩《やま》天宮《てんぐう》自在品《じざいぼん》第十五
夜摩天宮《やまてんぐう》菩薩《ぼさつ》説偈品《せつげぼん》第十六
功徳華聚《くどくけじゅ》菩薩《ぼさつ》十行品《じゅうぎょうぼん》第十七
菩薩《ぼさつ》十無尽蔵品《じゅうむじんぞうぼん》第十八

兜率天宮会
如来《にょらい》昇兜率天宮《しょうとそつてんぐう》一切宝殿品《いっさいほうでんぼん》第十九
兜率天宮《とそつてんぐう》菩薩《ぼさつ》雲集《うんしゅう》讃仏品《さんぶつぼん》第二十
金剛幢《こんごうどう》菩薩《ぼさつ》十廻向品《じゅうえこうぼん》第二十一

他化天宮会
十地品《じゅっじぼん》第二十二
十明品《じゅうみょうぼん》第二十三
十忍品《じゅうにんぼん》第二十四
心王《しんのう》菩薩《ぼさつ》問《もん》阿僧祇品《あそうぎぼん》第二十五
寿命品《じゅみょうぼん》第二十六

菩薩住処品《ぼさつじゅうしょぼん》第二十七
仏不思議法品《ぶつふしぎほうぼん》第二十八
如来相海品《にょらいそうかいぼん》第二十九
仏小相光明功徳品《ぶつしょうそうこうみょうくどくぼん》第三十
普賢菩薩行品《ふげんぼさつぎょうぼん》第三十一
宝王如来性起品《ほうおうにょらいしょうきぼん》第三十二

普光法堂重会
離世間品《りせけんぼん》第三十三

重閣講堂会
入法界品《にゅうほっかいぼん》第三十四

以上が各品の名前です。最後の「入法界品」は前にもふれたように、善財童子《ぜんざいどうじ》が道を求めて五十三人の善知識、つまり師となる人を訪ねて、遍歴する物語になっています。

この中、最初の二品には、釈尊（実は毘盧舎那仏《びるしゃなぶつ》）が自ら内に証した覚りの世界の光景が描かれています。それは釈尊成道《じょうどう》後、第二七日《にしちにち》（第二週目）の説法であったといいます。このことについて『五教章』「施設異相」には、此の一乗は要《かなら》ず初時第二七日《にしちにち》に在りて説く。猶《なお》し日の出《い》でて先《ま》づ高山を照すが如き等なり。

といっています。とにかく覚りを開いて間もないときの説法なのです。このため、『華厳経』は古来、釈尊の心の内なる覚り、すなわち自内証《じないしょう》の世界を説くものであると伝えられているのです。

しかし一方、「因分可説《いんぶんかせつ》・果分不可説《かぶんふかせつ》」といって、仏の覚りの世界（仏果）は、言葉によっては説けないともされ、しかしそこに至る修行の道すじ、因分は説くことができるといいます。次の普光法堂会以降は、その仏になる修行の道すじ、すなわち菩薩道のことが説かれていると見てよいものです。

たとえば、忉利天宮会には菩薩十住品第十一があります。以下、さらに功徳華聚菩薩十行品第十七、金剛幢菩薩十廻向品第二十一、十地品第二十二とあります。『華厳経』自体は必ずしも明瞭に直線的に上昇していく菩薩道を語っているわけでもないようですが、以上のことから『華厳経』は、十住《じゅうじゅう》―十行《じゅうぎょう》―十廻向《じゅうえこう》―十地《じゅうじ》の修行を経て仏《ぶつ》に至る菩薩の修行の道程の説示が骨子となっていると受け止められるようになります。

なお、十住の前は、たとえば「賢首品」第八に「仏及び法と僧とに於《おい》て、深く清浄《しょうじょう》の信を起こし、三宝《さんぽう》を信敬《しんきょう》するがゆえに、能《よ》く菩提心を発《おこ》す」とあり、また「信をもて道の元、功徳の母と為す。一切の諸《もろもろ》の善法を増長《ぞうじょう》し、一切の諸の疑惑を除滅して、無上道を示現し開発《かいほつ》す……」ともあり、信が主題になっているとみることができます。信が成就し、決定《けつじょう》すると、十住の最初の段階、「初発心住《しょほっしんじゅう》」に住することになるわけです。

『菩薩瓔珞本業経《ぼさつようらくほんごうきょう》』では、十信―十住―十行―十廻向―十地―等覚《とうがく》―妙覚《みょうがく》の五十二位の修行の階梯を示していますが、この五十二位説は『華厳経』の修道論と解されたものでもあり、日本にも大きな影響を与えました。

つまり『華厳経』は、はじめの二品で釈尊の自内証の世界を述べるものの、それ以後はほぼ菩薩道について述べたものとみることができるのです。最後の「入法界品」も、善財童子の求《ぐ》道《どう》遍歴物語という形で、あらためてその菩薩道を説いたものです。

したがって、『華厳経』の主題は何かといえば、それはむしろ菩薩道であるということになります。菩薩道の万行がそれぞれ花であり、それらが咲きそろったのが仏であるということになるわけです。

それはそうなのですが、その中に盛り込まれた思想には、実に多彩なものがあります。前にみた重重無尽の縁起のことはもとより、唯心《ゆいしん》思想、如来蔵《にょらいぞう》思想、そして無自性《むじしょう》・空《くう》についての思想、さらには菩提心《ぼだいしん》、修道論《しゅどうろん》、仏身論《ぶっしんろん》等々、およそ大乗仏教で論じられるほとんどの思想が説かれています。ここには、大乗仏教思想のすべてがあるといっても過言ではないでしょう。まさに汲めども尽きない、数々の珍宝を擁した大海のような世界が『華厳経』の世界です。このことも『華厳経』の大きな魅力の一つです。

華厳宗の概要

さて、この『華厳経』をもとに、中国において華厳宗が成立します。前にもふれたように、伝統的には、杜順―智儼―法蔵―澄観―宗密と相承されたというのですが、この説は後世につくられたもののようです。この中、重要なのは智儼と法蔵で、智儼は『十地経論《じゅうじきょうろん》』（菩提流支《ぼだいるし》訳）、『摂大乗論世親釈《しょうだいじょうろんせしんしゃく》』（真諦《しんだい》訳）などをも研究しつつ『華厳経』の研究を進め、事実上、華厳教学を創造しました。著作に、『華厳経』の注釈書である『華厳経捜玄記《そうげんき》』（以下『捜玄記』）の他、『華厳五十要問答《ごじゅうようもんどう》』『華厳孔目章《くもくしょう》』などがあります。

この智儼の思想を受け継いで、法蔵がこれをさらに整理・体系化します。この法蔵によって華厳教学は確立されたといってよいでしょう。著作に、『探玄記』の他、『五教章』などがあります。

この『五教章』は、華厳教学の全体像を適度な体系にまとめた綱要書であり、そこに華厳宗から見た仏教全体の把握と、華厳宗の独自の世界観とが要領よくまとめられています。簡単にその内容を一覧しておきますと、まず十章からなるその章名は次のようです。（ここでは専門用語が多くなり、少し難解になりますが、簡単に説明しておきますので、概略を頭に入れておいていただければ幸いです。）

建立乗《こんりゅうじょう》・教義摂益《きょうぎしょうやく》・叙古今立教《じょここんりっきょう》・分教開宗《ぶんきょうかいしゅう》・乗教開合《じょうきょうかいごう》・教起前後《きょうきぜんご》・決択其意《けっちゃくごい》・施設異《せせつい》

相《そう》・義理《ぎり》分斉《ぶんざい》・所詮差別《しょせんしゃべつ》

華厳思想では、何でも十にそろえる傾向があるのです。

第一の「建立乗」は、別教一乗（特別な一乗の教え）としての華厳の立場を明かします。そこに一乗と三乗との関係などが種々分析されます。

第二の「教義摂益」は、三乗と一乗の教・義および衆生《しゅじょう》の引摂・利益《りやく》の違いについて明かします。

第三の「叙古今立教」は、法蔵のときまでに説かれた仏教全体の把握のしかた（教相判釈《きょうそうはんじゃく》または教判《きょうはん》ともいう）について、慧光《えこう》の三種教、天台の四教、玄奘《げんじょう》の三種教等々、それまでの教判をほとんど網羅するかのように紹介します。

第四の「分教開宗」は、華厳宗自身の教相判釈、五教十宗判について述べるものです。五教判とは、小乗教《しょうじょうきょう》・大乗始教《だいじょうしきょう》・終教《しゅうきょう》・頓教《とんぎょう》・円教《えんきょう》というもので、十宗判はそのうちの小乗教の内容を六つに分け、他の大乗教の内容とともに説明するものです。もちろん、華厳の教えは五教判では円教とされ、十宗判では最高の円明具徳宗《えんみょうぐとくしゅう》とされます。

第五の「乗教開合」は、一乗・三乗などと五教との相互の関係を種々の視点から検討して示します。

第六の「教起前後」は、これら五教がどのような時間的関係において説かれたのかを述べます。いうまでもなく、『華厳経』は成道後第二七日のときに説かれたものです。では他の教はいつ説かれたのかというと、実は『華厳経』と同時異処で説かれたとみる場合と異時異処で説かれたとみる場合があるのだといいます。

第七の「決択其意」は、一乗と三乗の教えが説かれた次第・順序があるとみるとき、それはどのような理由に基づくのかを述べたもので、説法の相手、すなわち教化の対象の機根（宗教的資質）の種類との関係が分析されます。

第八の「施設異相」は、一乗と三乗として設けられた（施設された）教えの相が異なることを、説法に関する時《じ》・処《しょ》・主《しゅ》・衆《しゅ》・所依《しょえ》・説《せつ》・位《い》・行《ぎょう》・法門《ほうもん》・事《じ》の十項目において明かします。

第九の「義理分斉」では、三性同異義《さんしょうどういぎ》・縁起因門六義法《えんぎいんもんりくぎほう》・十玄縁起無礙法《じゅうげんえんぎむげほう》・六相円融義《りくそうえんにゅうぎ》という四つの主題において『華厳経』独自の思想について解明します。これらはいずれもいわゆる事事無礙法界、重重無尽の縁起の世界の論理構造について究明したものです。そのうちのいくつかは、本書で後に詳しく取り上げたいと思っています。

第十の「所詮差別」は、所依の心識・仏種性《ぶっしゅしょう》・行と位の分斉・修行の時分・修行の身・断惑の分斉・二乗の廻心《えしん》・仏果の義相・摂化《せっけ》の境界・仏身の開合という十の事項に関して、五教のおのおのにおいてそれぞれどのように説かれているかを説明します。

だいぶむずかしかったと思いますが、ともかくこのように、『五教章』はたえず仏教全体を意識しつつ、それぞれの立場の意義も認めつつ、そのもっとも根源にあるものを語ろうとしており、そのこと自身、華厳宗の立場の大きな特質となっています。と同時に、「建立乗」あるいは「義理分斉」などにおいて、別教一乗の思想内容、重重無尽の縁起の世界が可能なかぎり説明されており、『五教章』は法蔵の比較的若いころの作品ですが、華厳宗の根本聖典のような位置を占めるに至っています。

法蔵のあと、澄観《ちょうかん》は法蔵の孫弟子に相当する法詵に華厳を学び、法蔵の思想を宣揚します。澄観は禅も修め、華厳と禅の教禅双修の先蹤となります。宗密は澄観に師事し、その風を継いで教禅一致を唱えました。

日本の華厳宗についてはもはや省略しますが、本書では以上の『華厳経』および華厳宗の思想とを紹介し、今日的な関心からその意義について考察していきたいと考えています。『華厳経』も「華厳思想」もともかく膨大なものですから、本書においてもそのほんの一部しか見ることはできないと思います。しかし、それでもいく分かはその片鱗にふれることはできるでしょう。

なお、日本では歴史上、廃仏というようなことはほとんどなく、華厳関係の文献は東大寺を中心に多数遺されており、その研究史には他国にはない重厚な蓄積があるはずです。私たちはそういう文化的遺産を継承しつつ、それらを新たな形で活かしていきたいものと思います。

第二章　光の荘厳

『華厳経』の開演

『華厳経《けごんぎょう》』は、釈尊が成道《じょうどう》して間もない第二七日《にしちにち》（第二週目）に説法したものといわれています。『十地経《じゅうじきょう》』に、「成道未だ久しからず第二七日」とあるようです。太陽が東の空から昇ってくると、まず高山の頂上を照らし出します。やがてしだいに平地へと陽光は降りていきますが、『華厳経』は高山を照らす初々しい日光にたとえられて、かつその境涯の高さ深さが表現されます。

天台宗を開いた智顗《ちぎ》は、五時の教判（教相判釈《きょうそうはんじゃく》）という、釈尊の説法の順序を五つの時に分けて示す説を唱えましたが、そこでも釈尊はまず最初に『華厳経』を説いたとされます。以下、『阿含経《あごんぎょう》』『方等経《ほうどうきょう》』『般若経《はんにゃぎょう》』と説法し、最後に『法華経《ほけきょう》』および『涅槃経《ねはんぎょう》』を説いたというのです。もちろんこのことは史実とはいえませんが、『華厳経』は釈尊が成道直後に自《じ》内証《ないしょう》の世界（自ら内に覚証した世界）を説くものと、多くの仏教徒によって認定されてきたのでした。

経典の冒頭、「世間浄眼品《せけんじょうげんぼん》」第一のはじめには、その様子を次のように描写しています。

私どもは次のように承っております。

…………

あるとき、ほとけが摩竭提国《まかだこく》のさとりの庭にお在《い》でになりました。ほとけが始めて正しいさとりをお開きになったとき、その地面は金剛を敷きつめ、どこからどこまで厳《おごそ》かに浄《きよ》らかでありました。——もろもろの宝、くさぐさの花のよそおい美しく、上妙の宝輪はまどかに清らけく、無量の勝れたもので、種々に荘厳されたあり様は、あたかも限りなき海原のよう。七宝の旗ほこ・旗・天蓋《てんがい》はひかり輝やき、妙香・花輪の行きわたれるうえを、七宝の網で限《かぎり》なく覆い、無尽のたからが雨のように自在にあらわれ、くさぐさの宝の樹木は、輝やくばかりに葉と花とを茂らせ、げにも仏の不思議なおちからの故に、さとりの庭はひろく浄らかに、光明あまねく照して、一切のすぐれた宝をつみ重ね、無量の善根《ぜんこん》をもって、かくもおごそかに装飾したのでございます。

以下、実にまばゆいばかりの絢爛《けんらん》たる光景が描かれています。大地も建物も樹木も、すべてが種々の宝石でつくられていて、それぞれ美しく透きとおった光を放っているという感じです。

成道を果たされた釈尊の周りには、計りしれない数の菩薩《ぼさつ》、金剛力士《こんごうりきし》、道場神《どうじょうしん》、龍神《りゅうじん》、地神《じしん》、樹神《じゅしん》などの神々、阿修羅《あしゅら》王、迦留羅《かるら》王、緊那羅《きんなら》王などの諸王、三十三天、その他の諸天等々が集まり、釈尊の成道を祝福しています。

この仏（釈尊）は早くも毘盧舎那仏《びるしゃなぶつ》として語られ、その威神力《いじんりき》(adhiṣṭhāna、加持力）によって周りにいる者たちが次々とこの仏を讃嘆していきます。そこには、仏とはどのような方なのかを物語る数々の讃辞が発せられるわけですが、今はその一例を掲げてみましょう。これは尸棄大梵天《しきだいぼんてん》の偈文《げもん》（詩）です。

仏身は清浄《しょうじょう》にして、つねに寂静におわしまし、あまねく十方のあらゆる世界を照したもうも、寂滅無相にして照現なく、そのおすがたを拝みまつるに、さながら浮べる雲のよう。

あらゆる衆生はよく、如来の法身三昧《ほっしんざんまい》の境界《きょうがい》をはかることなく、その無量の方便を思議することは難《かた》い。これが智慧の光りかがやく法門である。

一仏の国土の微塵《みじん》のかずに等しい諸法の海を、一音《いっとん》をもって演説して一法をも余すことなく、その弁舌は微塵の劫《こう》に演《の》ぶるとも尽きることがない。これを光こころを照す法門と名づける。

如来の妙音は深くして満ち足り、衆生その機類に応じて、ことごとく理解することが出来、一切みなその言葉をおなじうすと謂う。清浄の音声《おんじょう》あまねく至りもっとも無上である。

十方三世《じっぽうさんぜ》のほとけの得たもうところの、あらゆる菩薩の方便《ほうべん》の行は、ことごとく如来の身中にあらわれる、しかも仏身は無分別《むふんべつ》におわす。

仏身は虚空のようで尽すことができず、すがたもなく、障礙《しょうげ》もなくてあまねく示現し、宜《よろ》しきに応じてあらわれたもうこと幻化《げんけ》のごとく、神変《じんぺん》のきよき音声は、行きわたらぬということはない。……

清浄、寂滅《じゃくめつ》にして光明《こうみょう》輝き、無相《むそう》・無作《むさ》にして、しかも説法その他大用を示すといいます。それも、ひとえに人々を導くためでしょう。

もう一つ、今度はある龍王の讃嘆の例です。広目《こうもく》龍王は、仏の威神力を受け、あまねく一切の龍の群集を観察して次の偈文を説きます。

あらゆる最勝の道を観見したまいて、十方の群生《ぐんじょう》のたぐいを救済し、悪世界の衆生のつねに流転するを、大慈悲のちからをもって能《よ》く救い抜いてくださる。あらゆる衆生の求めるところの形にしたがって、ほとけは一つの毛孔にみな悉《ことごと》く現じたまい、その神足《じんそく》の境界は量りあることなく、ほとけの功徳の海を清らかに現わしたもう。

最勝の妙法には限量あることなく、たとえば大海の深くして底なきがよう。その求むるところに随《したが》って聞くことを得しめたもうに、微妙《みみょう》のみ声やわらかにして而《しか》も雷のごとく響きわたる。

あらゆる衆生の怒り腹だつこころは、蔽《おお》う蓋《ふた》・障《さわ》りの覆《おお》い・愚癡《ぐち》の海である。如来無上のおおいなる慈悲は、神足のおちからをもって、これを解脱させてくださる。

（中略）

法王の智慧のひかりは、衆生の種々の恐れの苦しみを悉く救いたまい、最勝の毛孔から微妙な音声を発して、無量の衆生に浄らかな眼を開かせてくださる。

（中略）

如来、正法《しょうぼう》を演説したもうとき、あらゆる衆生に楽しみを満たしたもう。ほとけの音声はよく歓悦のこころを呼びおこし、あまねく衆生をして法喜を得させてくださる。

仏の大悲のはたらきがよく描かれていると思います。

毘盧舎那仏の放光

こうして、多くの会衆《えしゅう》の代表の仏身讃嘆が一通り終わりますと、彼らは仏の世界とはどういうものか語ってほしいと心に願います。そうしますとこのとき、毘盧舎那仏は光明を放ってみせます。その様子は、「盧舎那仏品《るしゃなぶつほん》」の最初あたりですが、以下のようです。

そのとき、世尊はもろもろの菩薩のこころに念《おも》うところを知ろしめして、口と一一の歯のあいだとから、おのおの仏の世界の微塵のかずに等しい光明をお放ちになりました。いわゆる宝幢照《ほうどうしょう》の光明・法界《ほっかい》の妙音荘厳《みょうおんしょうごん》の光明・生楽垂雲の光明・ほとけの十力さとりの庭を厳浄《ごんじょう》する光明・あらゆる宝炎雲の光明・清浄無礙《しょうじょうむげ》にして法界に充満する光明・よく一切の世界を成就する光明・浄宝の金剛日幢の光明・菩薩の大衆《だいしゅ》に往詣《おうけい》する光明・諸仏の語輪を演出する光明であります。これら一一の光明に、さらにおのおの仏の世界の微塵のかずの光明があってその附属となり、一一の光明が、十仏の国土の微塵にひとしい国土を照しました。

かのもろもろの菩薩は、この光明を拝しおわって、広大なる蓮華《れんげ》蔵荘厳《ぞうしょうごん》世界《せかい》を見ることが出来、ほとけの神力のゆえに、光明のうちにおいて次の偈文を説かれました。

「無量劫の海に功徳を修め、十方一切のほとけを供養しまつり、
無量の衆生海を教化《きょうけ》して、盧舎那仏は正覚《しょうがく》を　成就したもうた。
大光明を放って十方を照し、もろもろの毛孔から化身の雲を湧かせ、
衆生の機根にしたがって開化《かいけ》し、方便清浄の道を得させて下さる。
（中略）

盧舎那仏の大智の海は、光明あまねく照して量りあることなく、如実に真理を観察《かんざつ》して、あらゆるもろもろの法門を照したもう。」

そうしますと、「……十億のほとけの国の微塵のかずの世界のうちに居られる大菩薩――十億のほとけの国の微塵のかずに等しい大菩薩がいずれも参集せられました。一人一人の菩薩は、おのおの一仏の世界の微塵のかずの菩薩を眷族《けんぞく》として引率しておられます。しかしてこれらの菩薩はいずれも一仏の世界の微塵のかずに等しい妙なる荘厳の雲をおこして大空にあまねからしめ、来られた方角にしたがって法のごとく端坐されました」ということになります。

これらの菩薩は、「……これら一切の法門をもってその求むるところに随って教化」されているのであり、ないし「おのおの須弥山《しゅみせん》の微塵のかずに等しい衆生を、盧舎那仏の願性《がんしょう》の海に立たせ」たりしています。さらに光明のうちにおいて菩薩のありようを讃える偈文を説き、「菩薩は普賢《ふげん》のもろもろの修行をみな具足して、よく衆生をして清浄ならしむる。彼等は自在の法をそなえ、彼等の一一の毛孔は獅子吼《ししく》する」と結びます。すると、また仏は光明を放ちます。

そのとき、世尊はあらゆる菩薩の大群に、ほとけの無量無辺の境界と自在の法門とを知らしむるために、眉間の白毫相《びゃくごうそう》から、一切菩薩慧光観察照十方蔵《いっさいぼさつえこうかんざつしょうじっぽうぞう》と名づくる、あらゆる宝のいろの燈明の雲の光明を放たれました。その光はあまねく一切のほとけの国土を照し、一念のうちに隈なく一切の法界を照し、一切の世界に、あらゆる仏のもろもろの大願の雨を降らせ、普賢菩薩をあらわし、それを大衆に示しおわって、もとに戻ってほとけの足底の網の紋のなかに入りました。

このあと、大きな宝飾の蓮華が生え、一切《いっさい》諸法《しょほう》勝《しょう》音《おん》大《だい》菩薩《ぼさつ》および眷属の菩薩のむれがその蓮の台の上に坐し、毘盧舎那仏を讃え、やがて『華厳経』の陰の主役ともいうべき普賢菩薩が登場するのでした。

以上は、まったく簡略ながら、『華厳経』の冒頭に現れる毘盧舎那仏の様子の素描です。ここには、『華厳経』の教主が毘盧舎那仏という名前の仏であること、その仏は光明を惜しげなく放ち、数々の神変を現し、計りしれない菩薩その他神々などがその周囲に参集してこの仏を讃えていることなどが語られ、その光景が覚りの体験の中でありありと見られたことの表現とされています。すなわち、この圧倒的な光の雲集のような光景は、何か自我意識を透脱した果ての、真実の生命の世界を象徴するものであろうと思われます。

大乗仏教の仏たちと光明

ここに説かれた仏、毘盧舎那仏とはサンスクリットで、「ヴァイローチャナ」(Vairocana)

という名を音で表したものです。ヴァイローチャナは、輝きわたる、照らし出すといった意の動詞「ヴィルチュ」(vi-ruc)からできた言葉で、漢訳では光明遍照《こうみょうへんじょう》とか、遍一切処《へんいっさいしょ》と訳されます。当然、太陽がイメージされており、密教では同じ名前の仏を大日如来《だいにちにょらい》と呼びます。仏という存在は光明遍照という語によってこそ表されるというわけで、実際、今見てきたようにしばしば光を放ち、すべてを照らし出すと語られ、また光を受ける者は深い生命の覚醒をもたらされると示すのでした。

考えてみますと、大乗仏教では、仏はしばしば光によって象徴的に表されています。『法華経』では、説法を開演するに先立って、釈尊が眉間から光を放ち、各方角の一切の世界、つまり地獄から仏の世界まで照らし出したりします。

また、久遠実成《くおんじつじょう》の釈迦牟尼仏《しゃかむにぶつ》こそ釈尊の本体であると明かされますが、その仏を説いて、

……我が智力はかくの如し、慧光《えこう》の照すこと無量にして、寿命の無数劫《むすうこう》なるは、久しく業を修して得たる所なり。(「如来寿量品」)

とあり、智慧《ちえ》の力が光として語られています。この無量の慧光、無数劫の命は、無量寿《むりょうじゅ》、無《む》量光《りょうこう》に他ならず、おのずからかの阿弥陀仏《あみだぶつ》が想起されます。阿弥陀仏もまさに無量光の仏であり、このことについては『無量寿経《むりょうじゅきょう》』に次のように説かれるのでした。

仏阿難《あなん》に告げたもう、「無量寿仏、（その）威神光明、最尊第一にして、諸仏の光明の及ぶこと能《あた》わざるところなり。あるときは、仏の光の、百仏の世界、あるいは千仏の世界を照すことあり。要を取りてこれを言わば、すなわち東方の恒沙《ごうしゃ》の仏刹《ぶっせつ》を照す。南・西・北方・四維・上下（において）もまたかくのごとし。あるときは、仏の光の七尺を照し、あるいは一由旬《ゆじゅん》、二・三・四・五由旬を照すことあり。かくのごとく、うたた倍して、ないし、一仏の刹土を照す。このゆえに無量寿仏を、無量光仏・無辺光仏・無碍《むげ》光仏《こうぶつ》・無対光仏・燄王光仏《えんのうこうぶつ》・清浄光仏・歓喜光仏・智慧光仏・不断光仏・難思光仏・無称光仏・超《ちょう》日月光仏《にちがっこうこうぶつ》と号す。」

最後の種々の光の仏の名前は「十二《じゅうに》光仏《こうぶつ》」といわれるもので、一口に光といっても、このように種々の意味合い、味わいをもったものとして語られるのでした。しかもこのあと続けて、

それ衆生ありて、この光に遇う者、三垢《さんく》、消滅し、身意、柔軟にして歓喜《かんぎ》踊躍《ゆやく》し、善心生ず。もし三塗《さんず》の勤苦《ごんく》の処に在りて、この光明を見たてまつれば、みな、休息を得て、また苦悩なく、寿《いのち》終りて後、みな、解脱を蒙《こうむ》る。

とあります。光に出会うことによって、貪《とん》・瞋《じん》・癡《ち》の煩悩（三垢）はおのずと消滅し、喜びにあふれ、身も心も安らかになるというのです。

このように大乗仏典では、光というものが仏の本質をなすものとしてしばしば語られているのですが、『華厳経』は、まさにその光の仏が主人公なのでした。

ただし、同じ光の仏でも、毘盧舎那仏は、三世《さんぜ》・十方《じっぽう》すべてに周遍していると強調されるところが、その独自の特徴でしょう。その様子は種々説かれていますが、ここには釈尊のまさに成道の場面が経典に説かれている箇所をあげてみます。

ほとけは此《こ》のたからの獅子座のうえで、あらゆる法において、もっとも正しいさとりをお開きになったのでございます。三世の法の平等なることを了り、智慧のおん身あまねく、あらゆる世間の身に入りたまい、その微妙の音声は、ひろく一切の世界にゆき渡って、窮《きわま》りなきことあたかも大空のごとく、その平等のさとりの相《すがた》も、智慧のおよぶ範囲も、ともにおなじく大空のごとく、偏頗《へんぱ》のない平等のこころで、あらゆる生類に随順したもうた。そのおん身はありとあらゆるさとりの庭に坐したまいて、一切衆生の動静をのこりなく知ろしめし、その太陽のごとき智慧のひかりは、もろもろの暗をのぞいて、ことごとく諸仏の国土を顕現したまい、あまねく三世を照す広大な智慧のひかりを放って、清浄の境界を照し、無量の光明、十方に充ちみちて、壊《やぶ》れざるおしえの雲、あまねく一切をつつみ、何ものにも畏《おそ》れざる自在の神力をもって、無量の自由なちからの光をあらわしたまい、種々の方便をもって、衆生をまことの道にみちびいて下さいました。あらゆる集まりに、その身を落ちなくあらわしながら、実は虚空のように去来したまわず、一切のものに固定した性はないと悟って、万有平等の相に随順したまい、あらゆる光明にあまねく三世の諸仏のはたらきを現わし、不可思議の言語・音声をもって、大海のごとき諸仏世界のそれに、悉くよく随順したもうた。

この様子こそ、大乗仏教徒が見た釈尊の覚りの描写です。釈尊の覚りは、縁起《えんぎ》の理法《りほう》であるとか、暁《あ》けの明星を見ての真理の発見であるとか種々いわれますが、『華厳経』は釈尊の成道をこのように見ているのです。ここによれば、すべてを見通していて、しかも一切を養育していく力が仏の光明といえましょう。そういう仏である毘盧舎那仏が、自己と世界といのちの根底にあるというのが、『華厳経』の主張なのでした。

仏の光の意味

以上、『華厳経』は毘盧舎那仏に代表されるように、光のシンボリズムにあふれています。このことは、大乗仏教だけでなく、多くの宗教に共通のことでしょう。太陽神は多くの宗教に出てきますし、キリスト教では神が「光あれ」といって宇宙ができたといいます。

光は闇を破ります。それは悪を滅ぼすもの、無明《むみょう》を払うもの、つまり善であり、智慧であるものを象徴することでしょう。光は中心から放射されます。そこに存在の根源となるものが示唆されます。光はすみずみまで照らし出します。このことは、どんなものに対しても「平等に、差別なく」ということを意味します。光は熱でもあり、万物を養育します。それは恵みの慈光であり、慈愛・慈悲を意味します。さらに、光はもとより無色透明であり、あるいは白色光ですが、プリズムを通すと七色の光、多彩な光に分けられます。このことは一即多《いちそくた》・多即一《たそくいち》のこころをも暗に示してはいないでしょうか。

『華厳経』では、この光の意味について、たとえば「賢首菩薩品《げんじゅぼさつぼん》」にかなり詳しく示されています。それは菩薩の光明についてですが、仏の光明の意味にも通じるものと思うのです。すでに『無量寿経』に、「この光に遇う者、三垢、消滅し、身意、柔軟にして」とあるのを見ましたが、光のそうした側面が強調されています。

菩薩はまた衆生を安穏にするすぐれた三昧《さんまい》を具し、あらゆる衆生を済度せんがために思議しがたい大光明をはなち、その光明をもって群生を救済する。
あるいは善現と名づくる光明をはなつ。もし衆生あってこの光に遇えば、果報をうることと限りなく、これによって無上の道に徹底する。……
あるいは清浄と名づくる光明をはなち、あらゆる天人のひかりを翳《かげ》らせ、一切もろもろの暗をのぞいて、あまねく十方無量の国を照す。……

あるいは済度と名づくる光明をはなつ。その光はあらゆるもろ人を呼びさまし、まさに無上の菩提心をおこして、欲界のもろもろの群生を度脱させる。……

あるいは歓喜と名づくる光明をはなつ。その光はあらゆるもろ人を呼びさまし、歓《よろこ》んでほとけの智慧を愛求《あいぐ》せしめ、発心《ほっしん》して無師のたからを願求させる。……

あるいは愛楽《あいぎょう》と名づくる光明をはなつ。その光はあらゆるもろ人を呼びさまし、こころに断えずもろもろの如来と、無上の法宝と、清浄の僧とを愛求させる。……

あるいは徳聚《とくじゅ》と名づくる光明をはなつ。その光はあらゆるもろ人を呼びさまし、あまねく種々無量のほどこしを行わしめ、これをもって無上の道を願いもとめさす。……

あるいは深智《じんち》と名づくる光明をはなつ。この光はあらゆるもろ人を呼びさまし、一つの法門において、一念のうちに、量りなきもろもろの法門を残りなく解《さと》らしめる。……

あるいは慧燈《えとう》と名づくる光明をはなつ。その光はあらゆるもろ人を呼びさまし、万有は空寂《くうじゃく》であって生ずることも滅することもなく、有《う》にもあらずまた無《む》にあらずと解らしめる。……

あるいは法自在と名づくる光明をはなつ。その光はあらゆるもろ人を呼びさまし、無尽の陀羅尼《だらに》をえしめ、ほとけのあらゆる法門を持たしめる。……

あるいは無慳《むけん》と名づくる光明をはなつ。その光は衆生を呼びさまして、惜しみ貪るおもいを除かしめ、財宝は常住のものでないと解らしめ、よく一切を棄てて執着するところを無からしめる。……

あるいは清涼と名づくる光明をはなつ。その光は禁戒《ごんかい》をやぶるものを呼びさまして、衆生をきよらかな戒律のうちに安立させ、啓《ひら》きみちびいて無師の宝をえさせる。……

経典の光の説明はまだ続き、さらに忍荘厳《にんしょうごん》と名づける光明、あるいは転勝《てんしょう》、寂静《じゃくじょう》、慧荘厳《えしょうごん》、無畏《むい》、安穏《あんのん》、見仏《けんぶつ》、楽法《ぎょうほう》、妙音《みょうおん》、施甘露《せかんろ》、殊勝《しゅしょう》、宝荘厳《ほうしょうごん》、妙香《みょうこう》、雑荘厳《ぞうしょうごん》、端厳《たんごん》、大雲《だいうん》、衣荘厳《えしょうごん》、上味《じょうみ》、示現宝《じげんぽう》、眼清浄《げんしょうじょう》、耳清浄《にしょうじょう》、鼻根浄《びこんじょう》、舌根浄《ぜっこんじょう》、身根浄《しんこんじょう》、意根浄《いこんじょう》、色清浄《しきしょうじょう》、声清浄《しょうしょうじょう》、香清浄《こうしょうじょう》、味清浄《みしょうじょう》、触清浄《しょくしょうじょう》、法清浄《ほうしょうじょう》と名づける光明を放つとあります。実に圧倒的なまでに多種多様な光が語られています。そして、

かような類の光明の門は、恒河《ごうが》（ガンジス河）の砂のかずと等しく無量無辺である。それはことごとく大仙《だいせん》の毛孔からあらわれて、それぞれそのはたらきを異にする。

一つの毛孔のはなつ光明が、恒河の砂のかずと等しく無量無辺であるように、あらゆる毛孔もまた同様である。これは大仙の三昧の自由なちからである。

その本来の修行にしたがって光明をえ、宿世の同行・有縁《うえん》のものに、宜《よろ》しきに順じて光明をはなつ。これを大仙の智慧の自在と名づける。

などとあります。実に無量無辺の光明が、大仙（ふつうは仏を意味する）の身体中から放たれているというわけです。これを見るとき、光は必ずしも物理的な光なのではなく、仏・菩薩の衆生に対するさまざまなはたらきが光にたとえられていることをみるべきかもしれません。

私たちは闇の中にいるのですから、仏・菩薩の私たちに対するはたらきかけは、まさに光となって闇を滅してくださいます。まさに私たちを種々のしかたで「呼びさまして」くださるのです。そのはたらきかけの内容が、ここでは実に多彩に説かれていて、そのはたらきかけの中には、無畏をもたらしたり、安穏をもたらしたりもしてくださるというわけです。これら多彩なはたらきをまとめていえば、やはり智慧と慈悲とを私たちにもたらしてくださるということになるかと思います。仏の智慧と慈悲とは、光明の中で一つに溶け合っているのでした。

なお、大乗経典はこのように象徴や比喩、物語などを駆使して仏の世界を描き出しますが、『華厳経』では、光のシンボリズムと並んで、海のシンボリズムも実に多用されています。今は、紙数の関係でこのことの紹介は省略しますが、私は、『華厳経』は「光と海のシンボリズム」からなっているといっても過言ではないと思っています。『華厳経』の作者は、光あふれる宇宙の大海原にたゆたいつつ、壮大な叙事詩を展開したのだといえるでしょう。その広大無辺の気宇は、現代人の想像力をはるかに超えたものです。

大乗仏教の仏身論

さて『華厳経』では、歴史上の釈尊が一方で毘盧舎那仏として語られるという、現実と神話が交錯した構成を見せ、しかもその光景の描写は実にファンタスティックな様相を見せるのでした。そのように仏教では、仏について私たちの感覚で捉えられる仏（歴史上の釈尊）と、それを超える仏（毘盧舎那仏）とを説きます。

そのいわば目（肉眼）に見えない仏とは、決して歴史上の釈尊への追慕のあまり、それを神格化していったというようなことではないだろうと思います。仏道修行の中での宗教体験・観仏体験の中に出会った仏を、釈尊の覚りの追体験として語るとき、目に見える仏の奥のもう一つの目に見えない仏を語ったのだと思うのです。

ここで少し大乗仏教の仏の見方について紹介してみましょう。それは、仏教教理において、「仏身論」といわれるものです。

仏という存在を見る比較的初期の見方として、「法身《ほっしん》」と「色身《しきしん》」という二身論があります。色身というのは、私たちの感覚（五感）において捉えられた仏身ということで、姿・形を持ったものです。一方、法身は、法そのものを身体としている仏ということで、その法とは、真理といってよいでしょう。

ではいったい仏教の見た真理とは何でしょうか。それはよく「縁起の法」といわれます。しかし大乗仏教では、縁起する諸法における空《くう》なる性質そのもの、空なる本性そのものに真理を見ていく立場があります。いずれにしても法身とは、ある限定された姿・形にとどまらない、いわば宇宙に遍満する真理そのものに仏の本質を見るものです。

仏身論は、唯識《ゆいしき》思想に入ると「三身論《さんじんろん》」として説かれていきます。三身の名称は、『摂大《しょうだい》乗論《じょうろん》』に、「自性身《じしょうしん》」「受用身《じゅゆうしん》」「変化身《へんげしん》」とあり、その全体を法身というとありますが、一般には、「法身《ほっしん》」「報身《ほうじん》」「化身《けしん》」の名称がよく用いられています。なお、「応身《おうじん》」という用語もあり、化身のことを指すものとして使われますが、時には報身を意味することもあります。

この中、自性身（法身）は、諸法の自性、すなわち真如《しんにょ》・法性《ほっしょう》のことで、これはすべての存在を貫通し、遍満しているものです。といっても、それは空性《くうしょう》と異なるものではありません。仏はこの普遍的な真性を身体としていると見るわけです。要は、真如・法性が、仏身論においては法身と呼ばれるということです。

次に受用身（報身）は、果報としての身ということです。何の果報かというと、いうまでもなく「修行の」ということです。長遠の修行の結果、その報いとして成就した身が受用身・報身で、その内容は智慧ということになります。修行の結果、成就した智慧に仏を見るのが報身です。

特に唯識では、仏の智慧に四智《しち》が語られます。すなわち「大円鏡智《だいえんきょうち》」「平等性智《びょうどうしょうち》」「妙観《みょうかん》察智《ざっち》」「成所作智《じょうしょさち》」の四智であり、『成唯識論《じょうゆいしきろん》』によれば、阿頼耶識《あらやしき》が転ずると大円鏡智になり、末那識《まなしき》が転ずると平等性智になり、意識が転ずると妙観察智になり、前五識《ぜんごしき》（眼識《げんしき》・耳《に》識《しき》・鼻識《びしき》・舌識《ぜっしき》・身識《しんしき》）が転ずると成所作智になるといいます。以上を「転識得智《てんじきとくち》」と言いますが、これらの智慧、四智こそ覚者＝ブッダの特質に他なりません。

「大円鏡智」は、大きな円い鏡のような智慧ということで、宇宙の森羅万象を照らし出している智慧のことです。「平等性智」は、自他平等性（実際は真如・法性）を覚る智慧のことです。自他の平等性を知ることから、他者を自分と受け止め、他者への慈悲を発動する根本となります。「同体慈悲」という言葉がありますが、それはこの平等性智に発するものでしょう。

「妙観察智」は、世界のさまざまな事象の位置・意味・意義などについて、公平無私に、的確に判断する智慧のことです。この妙観察智はまた、説法の言葉を操る主体でもあります。

「成所作智」は、所作を成ずる智ということで、その所作とは、作《な》すべき所のことであり、作すべき所とは、仏となって実現しようとして修行に入る前に立てた誓願、本願に誓ったことを指します。要は、苦しんでいる一切衆生を救済したいということ、そのことの実現のために、衆生の五感に仏身など、さまざまな姿・形を描き出して導いていく、このはたらきそのものが成所作智です。

これらの四智が一体となってはたらいているのが、仏様なのです。

以上の四智が受用身・報身の内容ですが、特に受用身と呼んだとき、それを「自受用身《じじゅゆうしん》」と「他受用身《たじゅゆうしん》」とに分けて呼ぶ場合があります。

その場合、自受用身とは修行の果報、諸々の功徳を自らに受け用いる方面をいったものです。

一方、他受用身とは、それらの功徳を他に受け用いさせる方面についていったものです。ただし、他にといっても一切の他者にではなく、一定の修行を完了した者に限られます。菩薩の修行の階梯は、初発心以来、十住《じゅうじゅう》・十行《じゅうぎょう》・十廻向《じゅうえこう》・十地《じゅうじ》と各階段を上っていき、最後に仏となりますが、その中、十地の初地以上の段階に入った者（地上《じじょう》の菩薩という）のみが他受用身の説法を直接聞くことができるとされているのです。

さらに変化身（化身）は、私たち凡夫の心に何らかの姿・形をとって現れた仏のことで、私たちの五感に影像として現れるものです。もっとも、大乗仏教からすると、あの歴史上の釈尊が化身です。真実の仏智が、私たちのために釈尊という存在を描き出しているというのです。『法華経』では、その釈尊の奥に、久遠実成の釈迦牟尼仏がおり、それは久遠の昔に修行を完成し、覚りを実に成就した報身であるというわけです。ただ、久遠の昔という意味が、時間を超越して本来ということだとすれば、それは法身というべきかもしれません。阿弥陀仏も、法蔵菩薩が兆載永劫《ちょうさいようごう》の修行の果てに覚りを完成した存在で、無量寿・無量光の報身仏であり、私たちの前に姿を現す阿弥陀仏やその仏像や仏画などは、化身の阿弥陀仏なのでしょう。

大乗仏教の仏身論は、以上の三身論が標準となります。受用身を自受用身・他受用身に分けると四身となりますが、基本は三身説です。三身は決して別々の存在なのではなく、一人の仏の各側面を三つに分類して示したものです。報身仏だって法身と一体であり、また化身を描き出しているわけです。

三という数字なので、キリスト教の神の三位一体との関係にも興味が持たれます。簡単に考えれば、法身＝神、報身＝聖霊、化身＝イエスといえるかと思われますが、どんなものでしょうか。

毘盧舎那仏の特質

さて、仏身論が三身論にきわまるとして、では『華厳経』の教主・毘盧舎那仏はそのどの身にあたるのでしょうか。『華厳経』に定かに説かれているわけではないのですが、華厳宗では、はるか昔、普荘厳童子《ふしょうごんどうじ》という少年が、菩提心《ぼだいしん》を発《おこ》し、本願を立て、修行を重ねて毘盧舎那仏になったといいます。そのかぎり、報身であるということになります。

そういう考え方もできるのですが、実は華厳思想では華厳独自の仏身論を展開し、その中で毘盧舎那仏を捉えるのです。華厳宗では何を数えるにも十の数を用いますが、仏身論に関しても十身を説くのです。この十身仏には、二つの説があって、「解境《げきょう》の十仏」と「行境《ぎょうきょう》の十仏」とを唱えます。

「解境の十仏」は、「十地品」に出る「衆生身《しゅじょうしん》・国土身《こくどしん》・業報身《ごっぽうしん》・声聞身《しょうもんしん》・縁覚身《えんがくしん》（辟支《びゃくし》仏《ぶつ》身《しん》）・菩薩身《ぼさつしん》・如来身《にょらいしん》・智身《ちしん》・法身《ほっしん》・虚空身《こくうしん》」というものです。ありとあらゆるものを身としている形です。これらはまとめると、「衆生世間《しゅじょうせけん》・器世間《きせけん》・智正覚世間《ちしょうがくせけん》」の三つとなるのですが、要はさまざまな人々・世界・仏のそれら全体が、一仏の身であるということです。これを

「融三《ゆうさん》世間《せけんの》十身《じゅっしん》具足《ぐそく》の法身仏《ほっしんぶつ》」と呼びます。

この場合の法身とは、かの三身のすべてであり、さらに法界身というか、むしろ宇宙のすべてを身体としていると見たものでしょう。この仏を解境というのは、仏智で照らす世界のすべてという意味です。とはいえ、仏智の外に世界があって、それが仏智で照らされるというのではないでしょう。仏になってみると、あらゆるものが自分そのものである。自分自身はかけがえのない個として、しかも宇宙のすべてを自分としている。そんな世界が毘盧舎那仏の世界なのでしょう。

湯次了榮《ゆすきりょうえい》先生は、「山河大地《せんがだいち》も仏体であり、吾人迷界《がじんめいかい》の生身《しょうしん》も仏体であり、悟界《ごかい》の法報応の三身も仏体である。されば水の滚々《こんこん》と流るゝ音も、松吹く磯辺の風声も、暁《あかつき》知らする山鴉《やまがらす》の鳴く声も、妻恋ふ男鹿《おじか》の声も、猿の鳴く声も、吾人の言詞《ごんし》も、説法獅子吼《せっぽうししく》である」と解説しています（湯次了榮『華厳五教章講義』百華苑）。

このように華厳宗では毘盧舎那仏を宇宙の全体と見て、それを十身に分けて示すということをしています。

今のは解境の十仏ですが、これに対し「行境の十仏」というものがあります。これは今の十身の中の如来身を十身に分けて見ていくもの、融三世間ではなく、智正覚世間のみにあたります。「十地品」には、「菩提身《ぼだいしん》・願身《がんしん》・化身《けしん》・住持身《じゅうじしん》・相好荘厳身《そうごうしょうごんしん》・勢力身《せいりきしん》・如意身《にょいしん》・福徳《ふくとく》身《しん》・智身《ちしん》・法身《ほっしん》」という十身が説かれていますが、これが行境の十仏です。なお、「離世間品《りせけんぼん》」

に、「正覚仏《しょうがくぶつ》・願仏《がんぶつ》・業報仏《ごっぽうぶつ》・住持仏《じゅうじぶつ》・化仏《けぶつ》・法界仏《ほっかいぶつ》・心仏《しんぶつ》・三昧仏《さんまいぶつ》・性仏《しょうぶつ》・如意仏《にょいぶつ》」というものが説かれており、これも行境の十仏です。両者には若干の違いがありますが、いずれも一人の仏の内容を十に分けて示したものでしょう。これは通常の仏身をさらに開いて十身としたものと考えられます。

以上、華厳宗では仏身を十身として見ていくのですが、中でも華厳独自の仏身論は、解境の十仏説であり、宇宙全体をそっくり仏と見るものです。

もっとも、宇宙全体が仏であるとなると、何か汎神論のように思えてきます。その辺はいったいどうなのでしょうか。賢首大師法蔵《げんじゅだいしほうぞう》の『五教章《ごきょうしょう》』の第一、「建立乗《こんりゅうじょう》」の章は、一乗の問題を論じるものですが、その冒頭のところに次のようにあります。

初（＝別教つまり華厳の教え）の中に亦た二あり。
一には是れ性海果分《しょうかいかぶん》。是れ不可説に当たれり。何を以《もっ》ての故に。教と相応せざるが故に。即ち十仏の自境界なり。故に地論に、因分可説《いんぶんかせつ》、果分不可説《かぶんふかせつ》と云うもの是れなり。
二には是れ縁起因分。即ち普賢境界なり。
此の二は無二にして全体遍収せり。其《そ》れ猶《な》お波水のごとし。之を思って見る可《べ》し。

このように、十仏の自境界そのもの、つまり十仏としての毘盧舎那仏が自ら内に証している世界は、言葉では説けないとあります。ですから、ほんとうの仏は対象として「これも仏、あれも仏」といって指せるものではなく、覚りの智慧の中で自ら自覚している世界がほんとうの仏の世界ということになります。そこが根本にあって種々の世界が展開していく。その世界全体の底にあるのが、仏智《ぶっち》そのものであるというわけです。それは、禅定《ぜんじょう》を通して知られる世界であり、自ら内に証する以外にありません。

しかし、何とかしてその世界の消息を人々に知らせようとして因分に投影して、すなわち言葉による説明にあえて乗せることによって仏の世界のことも語られます。このとき十身仏が語られ、さらに山も仏、水も仏ということになります。つまり、単純に山水が仏なのだということではなく、禅定を通じて真実の智慧を開いた者にとっては、山も仏であり水も仏なのだということであり、このことは留意されてよいでしょう。

普賢菩薩らの説法

ところで、今までしばしば毘盧舎那仏が『華厳経』の教主であると述べてきましたが、実は毘盧舎那仏自身は説法しません。今『五教章』に「因分可説・果分不可説」とありましたが、毘盧舎那仏（実は融三世間の十身仏）は海印三昧という三昧に入っており、その境界は言葉で説けないと同時に、毘盧舎那仏自身も説法しないのです。因分（仏果に対する修行の分）は普賢の境界（菩薩・修行者の世界）とありましたが、説法するのも、普賢菩薩その他の菩薩らが、海印三昧に入っている毘盧舎那仏の威神力を受けて説法していくのです。そのあたりの様子を、経典は次のように描写しています。

そのとき、普賢菩薩が如来のみまえにおいて、蓮華の蔵の獅子座にすわり、即座に一切如来浄蔵三昧にはいり、あまねく一切法界のもろもろの如来の身を照して、碍《さ》えさまたぐるところなく、清浄円満なさまは、あたかも大空のようでありました。普賢菩薩がこの世界においても三昧にはいられたように、無辺の法界の虚空にひとしい一切の仏国においても、またこれと同様でありました。

普賢菩薩がこの三昧にはいられたところで、十方世界の海の諸仏がことごとく現われ、おのおの菩薩を讃めたもうよう。

「善いかな、善いかな、善男子よ、おん身はよくこそ此の三昧にはいったことである。それはすべて盧舎那仏の本願力に由るのである。又おん身が諸仏のみもとにおいて修めた願行のちからに由るのである。——いわゆるあらゆる諸仏のおしえを説きのべんがためである。あらゆる如来の智慧の海を開かんがためである。一切諸法の方便および十方の海を照して、ことごとく余すところ無からしめんがためである。一切衆生の煩悩をのぞいて、清浄なることを得せしめんがためである。よく障《さわ》りなく一切諸仏の国に到らんがためである。障りなく一切諸仏の境界にはいらんがためである。一切諸仏の普門の功徳を満足せんがためである。あらゆるおしえの方便にはいって、深く一切智を求めんがためである。方便をもって一切世間の道を観察せんがためである。あらゆる衆生のもろもろの機根の海を知らんがためである。」

そのとき、一切もろもろの仏は、普賢菩薩に一切のものをさとる智慧のちからを与え、無量無辺の法界に入る智慧をあたえ、よく三世諸仏のみもとに至る智慧をあたえ、あらゆる世界の海の生滅を知る智慧をあたえ、あらゆる不壊《ふえ》の三昧に住する智慧をあたえ、あらゆる菩薩のもろもろの機根の海にはいる智慧をあたえ、あらゆる衆生の言葉の海をもって、おしえを説く弁舌の智慧をあたえ、一身をもって一切の世界に遍満する智慧をあたえ、一切諸仏の音声の智慧をあたえたもうた。なぜなら普賢菩薩がこの三昧を得られたからであります。しかして十方の諸仏は、おのおの右のおん手を伸べて、普賢菩薩の頭《こうべ》をお摩《な》でになりました。

その後、普賢菩薩は「あらゆる衆生を、仏智の海に入らせたいと思うから」仏の神力を受けて説法したいと念《おも》い、三昧から起《た》ちます。するとあらゆる世界が六種に振動し、奇瑞が起こります。以下、普賢の説法がなされていくのでした。

こうして、どの菩薩も毘盧舎那仏のみまえにあって三昧に入り、一切の仏から数々の力を与えられてのち、三昧から起ち、説法していきます。それは、実は、すべて毘盧舎那仏の本願力によるのです。

もちろん、それぞれの菩薩の願行の力にもよるのでしょうが、根本的には光の仏・毘盧舎那仏の本願力によるのです。私たちの生命の根源に、毘盧舎那仏が本願を完成して光明遍照《こうみょうへんじょう》の仏となっており、海印三昧に住しているという事態があり、その力を受けてさまざまな菩薩たち、人々の活動がある。『華厳経』が主張したいことの核心は、ここにあるように私には思われます。

こうして、仏果を実現していく道すじとしての、本願力に裏づけられた万行、菩薩道の世界が、『華厳経』ではきわめて幻想的に、神秘的に、しかも壮大なスケールにおいて華麗に説かれていくのでした。

第三章　心は画家のごとし

『華厳経』と唯識思想

『華厳経《けごんぎょう》』には、さまざまな教えが共存しています。無自性《むじしょう》・空《くう》の教えもあれば、如来蔵思想の教えもあります。さらに、重重無尽《じゅうじゅうむじん》の縁起の教えもあるわけです。もちろん、その多様な教えは、何らかのかたちにおいて統一的に把握されるべきものでしょう。

『法華経《ほけきょう》』もまた、観音信仰あり、陀羅尼《だらに》（真言・呪文）の受持あり、実にさまざまな教えを含んでいます。どうもインドは、そのように多様性の混在を好むような、ふところの深さがありそうです。作家の遠藤周作氏は、ガンジス河が死んだ動物や死者を含め、一切のものを抱きとりつつ滔《とう》々と流れていく様子に深い共感を覚えたようですが、それこそインドを象徴したものというべきでしょう。

『華厳経』の多様な思想の中、重要な思想のひとつに唯心《ゆいしん》思想があります。のちに緻密・壮大な哲学的体系を築きあげる唯識《ゆいしき》思想も、自らの淵源を『華厳経』に求めています。たとえば、

『摂大乗論《しょうだいじょうろん》』は、唯識の思想の文献的根拠（教証《きょうしょう》）として、『十地経《じゅうじきょう》』（『華厳経』十地品《ぼん》に編入）の中の、「この三界《さんがい》はただ心のみである」（三界唯心）の句と、『解深密経《げじんみっきょう》』の中の、「（感覚・知覚などの）諸識の対象は、ただその識が顕し出したものである」云々の句とをあげます。

最近、「世界はただ識が現わし出しているだけである」と説く唯識の思想は、広く知られるようになってきました。近代合理主義に基づく科学の知見に限界が自覚され、世界の実在感が妙に薄れてきた今日にあって、唯識の思想にはどこかひかれるものがあるのかもしれません。本章では、特にこの唯識思想の華厳宗における扱いについて見ていくことにします。

唯識思想の見方

はじめに、簡単に唯識の考え方についてまとめておきましょう。これはインドにおいて弥《み》勒《ろく》・無著《むじゃく》・世親《せしん》らによって大成されます。のちに『西遊記』で有名な玄奘三蔵《げんじょうさんぞう》が、インドのナーランダー学園において当時最新の唯識哲学を学修して、それを中国に持ち帰り、法相宗《ほっそうしゅう》が成立しますが、それはほぼ同時代に日本にも伝えられたのでした。

今日の私たちは、世界は物の集まりでできている。その物からできた存在のひとつに人間もある。人間を構成する物は心を生み出し、外の物を映し取っている、といった構図を暗に認めていることでしょう。これは唯物論ともいえますし、対象としての物に対しては、物とは別の心がそれを認識するという、いわば物—心二元論（主—客二元論）の枠組みを認めたものともいえましょう。しかしながら、はたしてほんとうに内に心があり、外に物があって、心は外の物をそのままに映し取っているのでしょうか。

よくよく考えてみますと、かりに外に物があるとして、たとえば視覚を例にとってみた場合、物の色・姿などが眼球の網膜に映ります。しかしその像の情報は、各々の細胞から、視神経を通じて脳に送られることでしょう。送られるのはあくまでも情報であり、電気的な信号ともいえるもので、もはやその像そのものではないと思われます。脳はこの情報を解読して一つの映像をつくり上げ、眼球の向こうに映写します。物を見るということは、このようにして成立するのではないでしょうか。

そうしますと、私たちが見ているものは外の物そのものではありません。脳がつくり出した映像を見ているのだということになります。脳はある映像をつくり出して、それを脳自身が見ている、認識している、映像をつくり出すことが見ることであるというかたちで認識する、このように考えざるをえません。

このことは視覚の場合だけではありません。私たちが見たり聞いたり知ったりするもののすべては、同様の構造の中にあると考えざるをえないわけです。

ノーベル賞を受賞した利根川進先生は、私は唯心論者だと語っています。すなわち、〝人間の脳のあり方が異なれば、私たちは異なったあり方の世界を見るであろう。だから唯脳論者であり、その意味で唯心論者である〟と、先端的な科学者自身がいわれているのです（立花隆・利根川進『精神と物質─分子生物学はどこまで生命の謎を解けるか』文春文庫）。

その脳のはたらき、つまり自ら映像をつくり出してそれを認識するはたらきを心といえば、少なくとも私たちが経験している世界はすべてその心の中ということになります。唯識というときの識も、まさにそのような、自らのうちに対象像を浮かべて、それを認識するようなもののことです。それは、物─心とはっきり分けられたうえでの心ではありません。対象像を自らのうちに含む心のことであり、事実上、色が見えているというその事実そのもの、音が聞こえているというその事実そのもの以外の何ものでもありません。そこを〝識〟と呼び、世界はそれらで成り立っているのみというのです。ですから、識は心というより事そのもの、唯識は唯心論というより事的世界観というべきです。

とはいえ、なるほど私たちが見たり聞いたりしているものは、主観の側に備わったものだとしても、その映像のもとになる何らかの外界の物はあるのではないか、という疑問は強固に残るに違いありません。私たちの生きている世界には、時間的にも空間的にも一定の秩序がある以上、その背景には客観的な物の世界があるのではないか、この疑問は至極もっともです。

このことについて唯識では、阿頼耶識《あらやしき》という識を立てることによって解決していきます。どんな外界であれ、心と独立な存在はないというのです。この詳細についてはもはや説明を省略しますが（唯識に関する拙著をご参照ください）、この唯識の主張の背景には修行者の禅定《ぜんじょう》体験、瑜伽行《ゆがぎょう》体験があるのでしょう。唯識の学派名は、瑜伽行派といいました。ともかく、このような識に、眼識《げんしき》・耳識《にしき》・鼻識《びしき》・舌識《ぜっしき》・身識《しんしき》・意識《いしき》の六識と、末那識《まなしき》・阿頼耶識の二識を加え、八識を数えて、それら八識を中心に世界と自己とを説明しつくそうとするのが、唯識の教え、法相宗の思想でした。

三界唯心の教え

では、『華厳経』に説かれた唯心思想、唯識思想は、どのようなものでしょうか。前の「三界唯心」の句は、『華厳経』「十地品」に出るものでした。「十地」とは十の段階を設けた菩薩の修行の道すじのことで、歓喜地《かんぎじ》・離垢地《りくじ》・発光地《ほっこうじ》・焔慧地《えんねじ》・難勝地《なんしょうじ》・現前地《げんぜんじ》・遠行地《おんぎょうじ》・不《ふ》動地《どうじ》・善慧地《ぜんねじ》・法雲地《ほううんじ》であり、順に主として十波羅蜜《じゅっぱらみつ》を修するのですが、その十波羅蜜とは、布施《ふせ》・持戒《じかい》・忍辱《にんにく》・精進《しょうじん》・禅定《ぜんじょう》・智慧《ちえ》・方便《ほうべん》・願《がん》・力《りき》・智《ち》というものです。この中、第六現前地、つまり智慧波羅蜜（般若波羅蜜《はんにゃはらみつ》）の修行が主題となる段階で、三界唯心などの教えが説かれるのです。

ちなみに波羅蜜は、古来〝到彼岸《とうひがん》〟と訳されてきました。これは、彼岸に pāram 到る ita ことtāとの解釈によるものです。このitaは、「行く」の過去分詞であり、この過去分詞は、「すでに行ける、到達せる」という意味に解されます。tā は抽象名詞をつくる語尾です。ita の ta が落ち ita＋tā が itā になっているといいます。

とすると、それぞれの修行は、その修行の中ですでに彼岸に到達しているような、そのような修行ということにもなります。つまり大乗の修行は、修証一等《しゅしょういっとう》の修行だということです。

一方最近、この語は、正確には pāramī や pāramin という勝れたもの、完全なものを意味する語に抽象名詞をつくる語尾 tā が結びついたもので、完全なものであること、勝れたものであることを意味するといわれます。その場合、しばしば「完成」と訳されるのですが、その原意はむしろ「完全なものであること」のほうが適切です。六波羅蜜や十波羅蜜は完全な修行であり、他の修行とは区別されたもっとも勝れた修行だということになるのです。

それはともかく、「十地品」の第六現前地に出る「三界唯心」の句を経典に即して見てみますと、次のようです。

仏子よ、菩薩はまた斯《か》く念ずる「三界《さんがい》は虚妄《こもう》であって、ただ一心の所作《しょさ》である。十二因《じゅうにいん》縁《ねん》は皆これ心《しん》に依る」。

三界とは、欲界・色界・無色界の三つの世界で、欲界とは欲望の渦巻く世界、色界とは欲望はつきまとわないが感覚のある世界、無色界とは感覚も消えた世界、禅定の深まった世界のことですが、この三つの世界はいまだ迷いの中の世界です。

私たちは六道輪廻《りんね》（六趣輪廻）するといいますが、その六道とは、地獄・餓鬼・畜生・修羅・人間・天上というものでした。天上とは、神々の世界のことです。すでに欲界にこの六つの世界があり、色界・無色界は天上のみです。こういうかたちで、三界は六道と同じことであり、経典は結局、三界の地獄から天上までのすべてはただ一心のつくり出したもののみだと言明しているわけです。それは、生死輪廻《しょうじ》そのものが一心に依《よ》るからでしょう。そのことを十二因縁はみな心に依るといっています。この十二因縁というのは、生死輪廻のことにも他なりません。

では、十二因縁＝十二縁起が一心に依るということの意味は、いったいどのようなことなのでしょうか。

十二縁起説の意味

そのことを考察する前に、ここに十二縁起の説が出ていますので、やや横道にそれますが、十二縁起に基づく生死輪廻のしくみについて少々、解説しておきましょう。

十二縁起は、無明《むみょう》・行《ぎょう》・識《しき》・名色《みょうしき》・六入《ろくにゅう》・触《そく》・受《じゅ》・愛《あい》・取《しゅ》・有《う》・生《しょう》・老死《ろうし》という十二のことがらが縁起をなして、私たちの生・老死という苦しみが生まれてくることを説くものです。おそらくはじめは、私たちの根本的な苦しみ、老死の苦しみは、なぜ起きてくるのかと、その原因を追究したものでしょう。

なぜ老死があるのか、それは生があったからだと知られます。ではなぜ生があるのか、それは有があったからだと知られます。こうして、結局、生・老死の苦しみの出現してくる根本に、無明があるということを突き止めました。そこがこの十二縁起説のいちばんのポイントです。

無明という、根源的に暗いもの、無知なるものがあるがゆえに、その条件の下にさまざまなことが出てき、やがて生死輪廻せずにはいないというのです。

その様子を今は説一切有部《せついっさいうぶ》の解釈にしたがって説明しますと、まず無明を抱え、そのもとに種々の行為を行うことによって、業をつくってしまいます。特に無明のもとに我執《がしゅう》が自己の心にはびこっていますから、それが来世にまた生まれる業をつくる要因となるのです。

こうして次の世に、母胎なら母胎に受生したところ、それが識です。次の名色の名《みょう》は五蘊《ごうん》の中の非色の四蘊、つまり受・想・行・識のことを意味しており、この名と色とが名色であって、つまり名色とは五蘊（色・受・想・行・識）なのです。ですから名色とは、個体を構成する要素のすべてということになります。

次の六入は、眼《げん》・耳《に》・鼻《び》・舌《ぜつ》・身《しん》・意《い》のことで、母胎の中で各器官（根）が形成されたところです。したがって、その前の名色は、各器官が形成される以前の胎児（個体）のことです。

触は、母胎から出生して、心と外界の対象が接触することをいいます。しかし、二、三歳までを表すとみます。

次の受は、感情の表現が目立ってくる段階で、いわば少年期です。愛は、仏教では愛著・執著を意味し、その心が目立ってくる段階でいわば青年期でしょう。取は、その執著がさらに激しさを増した段階で、いわば壮年期となります。こうして、愛・取という段階で自我のかわいさのあまり対象への執著をさかんに起こして、また業をつくってしまいます。それが有です。

このため、また次の世に生まれることになり、一期《いちご》の生を送って老い、死んでいく。十二縁起はこのように、過去から現在へと、現在から来世へという二重の因果を含む説明（三世《さんぜ》両《りょう》重《じゅう》の因果説）であるとみるのが、説一切有部による十二縁起の代表的な解釈です。

このように、十二縁起説ではきわめて興味深い詳細な分析がなされているのですが、結局、私たちは無明を抱えているので、生死輪廻してやまないことになるというのです。ということは、無明さえ滅《ほろ》ぼせば行もなくなり、識もなくなり、ひいては生・老死もなくなるということです。つまり修行の焦点は、無明こそを断じることに他ならないと、はっきり目標が立ったわけです。このことも、十二縁起説の重要な意味のひとつです。十二縁起を観察するときは、そのように順観と逆観の双方を修すべきなのです。今、十二縁起説の代表的な解釈をあげましたが、『華厳経』「十地品」はそのあたりを次のようにいっています。

また念ずる「凡夫《ぼんぶ》は無智《むち》にして我に執著《しゅうじゃく》し、つねに有《う》・無《む》をもとめて正しく思惟《しゆい》せず、妄行をおこし、邪道《じゃどう》を行じ、罪行《ざいぎょう》・福行《ふくぎょう》・不動行《ふどうぎょう》を積集《しゃくじゅう》し、増長し、この行をもってのゆえに、有漏心《うろしん》の種子《しゅうじ》をおこし、有漏《うろ》・有取《うしゅ》の心をもってのゆえに、生死《しょうじ》の身をおこす。すなわち業《ごう》を田とし、識《しき》を種子とし、無明《むみょう》を日覆いとし、愛を潤いとし、我執《がしゅう》を灌漑として、種種《しゅじゅ》の見網を増長し、名色《みょうしき》の芽を生ずる。名色増長して五根《ごこん》を生じ、諸根合するが故に触《そく》を生じ、触より、受を生じ、受を楽《ねが》うがゆえに愛を生じ、愛増長するがゆえに取《しゅ》を生じ、取の因縁《いんねん》のゆえに有《う》を生じ、有のゆえに五蘊《ごうん》の身を起すを生と名づけ、五蘊の身の変衰するを老《ろう》と名づけ、五蘊の滅するを名づけて死とする。老・死の時においてもろもろの熱悩《ねつのう》を生じ、熱悩に因るが故に憂愁悲歎《うしゅうひたん》して衆苦積《しゅくしゃくじゅう》集する。——この十二因縁《じゅうにいんねん》には、もとより集むる者もなく、散ずる者もなく、縁が合すれば則《すなわ》ち生じ、縁が散ずれば則ち没する」と。菩薩《ぼさつ》はこのように第六地の中において随順《ずいじゅん》して十二因縁を観《かん》ずる。

なお、無明についてはこのあと、「実のごとく第一義諦《ぎたい》を了知せざるを無明と名づける」とあります。

唯心と十二縁起説

いずれにしても、このように十二縁起説は生死輪廻のしくみ、いい換えれば人間の根本的苦悩が出来してくるしくみを述べたものなのです。このことについて、「十地品」は前のように、

三界《さんがい》は虚妄《こもう》であって、ただ一心の所作《しょさ》である。十二因縁《じゅうにいんねん》は皆これ心《しん》に依る。

と説くのです。では、なぜ三界は一心の作であり、十二縁起は心に依るのでしょうか。このことについて「十地品」は、

なぜと言うに、事に随って欲心を生ずる。この心は即《すなわ》ちこれ識《しき》であり、事はこれ行《ぎょう》であり、行は心《しん》を誑《たぶら》かすが故《ゆえ》に無明と名づける。識《しき》の依止《えじ》するところを名色《みょうしき》と呼び、……

とあります。これをみますと、すべて対象にかかわる行為にしたがって欲心を起こし、その欲心が根本となって業に基づく縁起が展開していくのであり、ゆえに十二縁起も三界も心に依るのだといっているように見受けられます。そこで唯識では、三界唯心を説くこの箇所を自らの思想の根拠とするのでした。

もっとも、この箇所の主たる意は、縁起によってあらゆる世界が生起しているので、一切は無《む》自性《じしょう》・空《くう》であることを観察することにあるようです。「十地品」に次のようにあります。

仏子よ、菩薩摩訶薩《ぼさつまかさつ》はこのような十種の相《そう》を以《も》ってもろもろの縁起を観じ、我なく、人なく、寿命なく、自性空《じしょうくう》にして、作者《さしゃ》もなければ、受者《じゅしゃ》もないことを知り、すなわち空《くう》解脱門《げだつもん》に入る。また、もろもろの有支《うし》を観ずるに、みな自性滅《じしょうめつ》し、畢竟解脱《ひっきょうげだつ》して、少法として相の生ずるものがないから即時に無相《むそう》解脱門に入る。かようにして空・無相に入っ

て願求すべき何者をも見ず、ただ大悲《だいひ》を首《しゅ》として衆生《しゅじょう》を教化し、即時に無願《むがん》解脱門に入ることが出来る。菩薩はかく三解脱門を修めて彼《ひ》・我《が》の想を離れ、作者・受者の想を離れ、有・無の想を離れる。

（中略）

仏子よ、菩薩はこのように有為《うい》の法は無性《むしょう》であって堅固《けんご》の相をはなれ、生ずることもなければ滅することもないと知り、而《しか》もつねに大悲をおこして衆生を捨てず、すなわち障《さわ》りなき般若波羅蜜《はんにゃはらみつ》をえて、光明《こうみょう》が現前《げんぜん》する。

ここに「現前地」といわれるいちばんの理由が明かされていることでしょう。十二縁起の観察から、般若の智慧が生じ光明が現前します。それは、実体的な存在の一切を離れ（彼・我、作者・受者）、有・無を離れ、不生不滅を洞察して、しかも大悲の心に満たされるものなのでした。

心は画家の如し

こうして、唯識の側では、『華厳経』の「三界唯心」を自己の根拠とするのですが、『華厳経』自身では必ずしもその意旨を説いているのではないのでした。しかし『華厳経』には、他にも唯心思想を説く箇所があります。それは、「夜摩天宮菩薩説偈品《やまてんぐうぼさつせつげぼん》」です。こちらの方がむしろ唯識思想に近いものです。「夜摩天宮菩薩説偈品」では、他の場合と同様、ここでも仏の周りに十人の菩薩が多くの眷属とともにいて、仏が光明を放つなど神変を起こすと、その十人の菩薩たちが偈《げ》でもって如来《にょらい》を賛嘆するのでした。その中で如来林《にょらいりん》菩薩は、仏の威神力を承けてあまねく十方を観じ、次のような偈を説くのです。

たとえば巧みな画工が、もろもろの彩色を分布するようなもので、虚妄《こもう》に相《そう》を差別するけれど、四大そのものに差別はない。

四大は彩色ではなく、彩色は四大ではない、といって、四大の体をはなれて、別に彩色があるのではない。

こころは彩画の色でなく、彩画の色はこころではない、といって、こころを離れて画の色はなく、画の色をはなれてこころはない。

こころは常にとどまることなく、無量にして思議しがたく、一切のものを現わして、しかも各々あい知らない。

たとえば巧みな画工が、自分のこころを知ることが出来ずにいて、しかもこころに由《よ》って画くようなもので、万有の性もまたこれと同様である。

こころは巧みな画工のようなもので、種々の五蘊《ごうん》をえがき、あらゆる世界のうちに、ものとして造らぬということはない。

ほとけも亦《また》こころと等しく、衆生《しゅじょう》もまたほとけとおなじい。心と、仏と、衆生と、この三つのものは無差別である。

諸仏はことごとく、あらゆるものは心からおこると了知したもう。もしよくかように解《さと》るならば、その人はまことの仏をおがみまつるだろう。

こころ、身に住せず、身もまたこころに住しないで、しかもよく仏事をなすこと、自在であり、未曾有《みぞう》である。

人もし三世一切のほとけを知ろうとおもうならば、まさにかように観ずるがよい。——

「こころ、もろもろの如来をつくる」と。

ここに、諸法は心が描き出したものであるとあります。いったいなぜ、世界は心が描き出したものなのでしょうか。

すでに述べたことですが、私たちはふつう、見たり聞いたりしているものは、外にあるものを直接見たり聞いたりしているのだと考えます。けれども、そのものをどのように捉えているのでしょうか。眼や耳から入ってくる情報は、きっと脳においていったん計算されて、そしてその脳が、現に私たちが見ているような色・音などを現出しているはずでしょう。

実は、脳は自ら現し出した色や音を見ているのです。この脳が色や音を現し出すはたらきを心といえば、心は自ら色・音などを描き出して、それを見ているということになるでしょう。

こうして実は、世界は心が描き出していたのです。たしかに心は巧みな絵師のようなものなのです。

しかしながら、なるほど色や音などは、心の描き出すものであれ、その情報を眼や耳などに送り出す外界の物はあるのではないか、と疑問に思うと思います。繰り返しますが、その問いは、至極もっともな問いだと思います。西洋の代表的な哲学者、カントやロックだって、そのように考えたのです。

しかし仏教は、それも広い意味での心の中にあると考えるようです。唯識では、その外界の物にあたるものを、阿頼耶識という深層の識の中に求めるのでした。しかも見たり聞いたりする心も、その阿頼耶識の中から出てくるというのです。このへんの詳しい説明は省きますが、ともあれこうして、一切の世界は心が描き出したものとなるのでした。

唯心と仏の関係

今の「夜摩天宮菩薩説偈品」の如来林菩薩の偈では、そのように心がすべてをつくるとみるなら、仏を見るのだとありました。「諸仏はことごとく、あらゆるものは心からおこると了知したもう。もしよくかように解るならば、その人はまことの仏をおがみまつるだろう」とありましたし、逆に、「人もし三世一切のほとけを知ろうとおもうならば、まさにかように観ずるがよい。――『こころ、もろもろの如来をつくる』と」とあります。

心がつくるということは、世界は実体ではなく、幻の如き現象にすぎないということです。それに対し、実体と見まちがい、これに執著しているところに私たちの病、苦しみがあるのですから、世界は心がつくるのみと覚って実体観を離れれば、本来の世界をありのままに見ることができます。しかも、画工は、「自分のこころを知ることが出来ずにいて、しかもこころに由《よ》」るように、主体そのものは対象として捉えることはできません。対象に執著せず、主体を対象化せず、そのとき生命は流れるが如きひびきをあげることでしょう。

そこが、「こころ、身に住せず、身もまたこころに住しないで、しかもよく仏事をなすこと自在であり、未曾有《みぞう》である」といわれていると思います。有るというかたちではつかまえられない、どこにも住さない、それは主体としての心のはたらきそのもので、しかも自在であり、よく仏事をなしうるのです。

このようにみますと、華厳の唯心思想は、単に世界を心に帰するものではありません。無住にして世界を描き続け、はたらき続けてやまないもの、そこに世界の根本を見る思想といえるでしょう。

ちなみに、この偈文《げもん》の最後、「人もし三世一切のほとけを知ろうとおもうならば、まさにかように観ずるがよい。――『こころ、もろもろの如来をつくる』と」の詩は、「破地獄《はじごく》の偈」といわれています。それは次の故事によるものです。

唐の都・洛陽に王明幹という者があって、何の善をなすこともなく病死した。引かれて地獄に着くと、門に地蔵菩薩がおられたので、救いを求めると、次の一偈を誦《じゅ》すれば地獄を脱《のが》れるであろうと教えられた。

若人欲了知　三世一切仏　応当如是観　心造諸如来（若し人三世の一切の仏を了知せんと欲せば、応に是くの如く観ずべし、心は諸の如来を造ると）

閻魔王の糾明に対して、この四句の偈を誦すると、果して地獄を脱れることができたという。これによってこの偈は、「破地獄の偈」と呼ばれている。（末綱恕一『華厳経の世界』春秋社）

さて、王明幹は、地獄を逃れてどこへ行けたのでしょうか。心がつくると知るというより、その心に成り切るとき、真如にまみえることでしょう。

現在、東大寺では、ここの偈の中、『六十華厳』の「心如工画師」から「心造諸如来」までの次の百文字を、「華厳唯心偈《けごんゆいしんげ》」と称して、写経に供しています。

心如工画師　画種種五陰　一切世界中　無法而不造
如心仏亦爾　如仏衆生然　心仏及衆生　是三無差別
諸仏悉了知　一切従心転　若能如是解　彼人見真仏

心亦非是身　身亦非是心　作一切仏事　自在未曾有
若人欲了知　三世一切仏　応当如是観　心造諸如来

その写経は、なんとあの大仏様の胎内に納められるそうです。すばらしいことですね。ただし、写経のほんとうの功徳は、一心に写しているその主体そのもの、決してつかまえ、とっておくことのできないそのはたらきそのものにあることでしょう。

十重唯識の見方

以上、『華厳経』の唯心思想、唯識思想を見てみました。それは必ずしも精緻なものではありません。しかし、華厳宗の法蔵《ほうぞう》は、『探玄記《たんげんき》』において、『華厳経』「十地品」の「三界唯心」の句に対し、その唯心ということについて、十の立場から注釈を施《ほどこ》しています。それは、十重《じゅう》唯識と呼ばれます。一口に心といっても、その捉え方は、どこまでも深まっていき、究極的には重重無尽の縁起の世界そのものとして捉えられるに至るのです。そこで次に、この説を一覧することにしましょう。はじめに、十重唯識の各名称を先にあげると、次のようです。

第一　相見倶存唯識《そうけんくそんゆいしき》
第二　摂相帰見唯識《しょうそうきけんゆいしき》

第三　摂数帰《しょうすうき》王唯識《おうゆいしき》
第四　摂末《しょうまつ》帰《き》本唯識《ほんゆいしき》
第五　摂相《しょうそう》帰性唯識《きしょうゆいしき》
第六　転真成事《てんしんじょうじ》唯識《ゆいしき》
第七　理《り》事《じ》無《む》礙《げ》唯識《ゆいしき》
第八　融事《ゆうじ》相入唯識《そうにゅうゆいしき》
第九　全事《ぜんじ》相即唯識《そうそくゆいしき》
第十　帝網《たいもう》無《む》礙《げ》唯識《ゆいしき》

この十重唯識は、法相宗の慈恩大師窺基《じおんだいしきき》が唱えた、五重唯識観を参考にしたものと考えられています。その五重唯識説は、

一　遣虚存実識《けんこそんじっしき》　実我《じつが》・実法《じっぽう》を否定し、八識《はっしき》及び真如《しんにょ》を存す
二　捨濫留純識《しゃらんるじゅんしき》　相分《そうぶん》を捨てて見分《けんぶん》等の後三分を残す
三　摂末帰本識《しょうまつきほんしき》　相見二分を自体分に帰す
四　隠劣顕勝識《おんれつけんしょうしき》　心所を隠して心王《しんのう》のみを顕す
五　遣相証性識《けんそうしょうしょうしき》　識としての相用《そうゆう》を遣《や》って真如を証す

というもので、かなりむずかしい言葉によるものですが、十重唯識の前段と近いものです。ただ、この唯識の五重唯識観は、真如・法性を証することで終わっていて、そこから再び現実世界へ帰ってくる道筋が説かれていません。無分別智《むふんべっち》によって真如を証すれば、おのずから分析的な後得智《ごとくち》が発動してくるわけですから、観法《かんぼう》としてはこれで十分に役割を果たしているわけですが、華厳は十重唯識を説いて、さらに事事無礙《じじむげ》の世界までも唯識において説くのです。

各唯識の見方①——前半の五つ

以下、十重唯識の各々について、簡単に説明してまいりましょう。

まず第一の「相見倶存唯識《そうけんくそんゆいしき》」とは、世界は唯《た》だ識のみということを前提として、その識の中にある対象面（相分《そうぶん》）と主観面（見分《けんぶん》）ともに有るという立場で世界を見るものです。前にもいいましたように、唯識では、識の中にその対象が現し出されるといいます。私たちが色・音などを見たり聞いたりしているとき、それは脳がつくり出した映像であり、それは脳のはたらきの中にあるでしょう。脳のはたらきを心、もしくは識と呼ぶならば、心・識は、その中に対象像を描き出してそれを認識していることでしょう。

とすれば、心・識の中に、対象の面と主観の面とが具《そな》わっているということになります。唯識の用語で、前者を相分、後者を見分というのです。その双方はあるものの、それらをもとにしてその上に構想された実我・実法（実体としてのアートマンとダルマ）は決して存在していません。そのことを表すのが、この「相見倶存唯識」です。護法の立場を尊重する法相宗の基本的な考え方が、この立場です。

次に、第二の「摂相帰見唯識《しょうそうきけんゆいしき》」は、識の相分を見分に帰して、世界は各識の見分のみというかたちで見ていく立場です。確かに相分は識の所現で、その識とは見分ともいえますから、こういう考え方も成り立つわけです。

なお、法相宗では識について相分・見分の他、自証分《じしょうぶん》、さらに証自証分《しょうじしょうぶん》と、全部で四分《しぶん》を立てています。自証分は見分の見たものを確認し、証自証分は自証分の見たものを確認します。証自証分の見たものは自証分が確認するということで、悪無限にならず、四分となっているのです。私たちの意識の世界を考えれば、何かを考えたり判断したりする、そのことをさらに見ているものがあることは自覚されるでしょう。そのような識の構造を論理的に把握し、これをすべての識に適用して、識には四分があるというのです。

しかし、あとの三分（見分・自証分・証自証分）をまとめて見分ということもあります。ですから、相を摂して見に帰するというときの「見」は、識の体をも意味する後三分としての見分ということであることに留意しましょう。

次に第三の「摂数帰王唯識《しょうすうきおうゆいしき》」ですが、その「数」というのは、心数、つまり心所有法《しんじょうほう》（心所）のことです。その旧訳は心数といいました。法相唯識は、五位百法のアビダルマを説き、心というものをさまざまに分析しています。まず心王として八つの識があるといいます。この心王といっしょになってはたらく個々の心を、心王に所有される法（心王に帰属する法）として、心所有法と呼び、それに五十一の心を分析しました。

仏教は昔から、心を一つのものとみません。一つの心が種々に作用するとはみず、別々のさまざまな心が縁に応じて組み合わさって心理現象を形成するとみるのです。唯識、唯識といいますが、実のところ、唯《た》だ心王と心所のさまざまな心があるのみというのがその実際の意味なのです。

唯識では、その心王・心所のダルマは各々ほぼ実質的なものですから、心所をまったく否定することはできません。そこで唯識の五重唯識では、隠劣顕勝《おんれつけんしょう》と、心所（劣）の存在を否定せずに隠すといいました。しかし、華厳宗では心所は心王が現し出すものという見方をします。そこでここでは、心所を摂《おさ》めとって心王に帰すということになっています。

次いで第四の「摂末帰本唯識《しょうまつきほんゆいしき》」は、残った心王（識）に八識あるとして、その八識の中、末となるものを本となる識・本識に帰するということです。八識とは、眼識《げんしき》・耳識《にしき》・鼻識《びしき》・舌識《ぜっしき》・身識《しんしき》・意識《いしき》・末那識《まなしき》・阿頼耶識《あらやしき》ですが、もちろん根本は阿頼耶識です。その他をまとめて七転識《しちてんじき》といいますが、それらはすべて阿頼耶識の中の種子から生起します。そこで、七転識を末とみて、本識の阿頼耶識に帰して、そこで世界は唯だ識のみとみるのがこの立場です。

「阿頼耶」というのは、サンスクリットの「アーラヤ」の音写で、アーラヤとは「蔵」の意味です。つまり、過去一切の経験を蔵しているのが阿頼耶識です。この過去というのも、仏教の場合、生まれてからだけではありません。無始以来、生死輪廻してきたその間のすべてを含みます。いわば生命の誕生以来の経験のすべてを納めているのが阿頼耶識で、私たちが今見たり聞いたりしているのはそういう過去一切の経験をふまえてのものなのです。

時には、はじめて見たことなのに、過去にどこかで見た気がするなどということがあったりします。古い時代の弥生式土器とか須恵器などを見て、妙に心ひかれるといったことが起きるのも、単に美しいからというだけではなく、過去世の記憶がよみがえるからなのかもしれません。ともあれ、こうして一切の現象はついに根本の阿頼耶識に帰することになりました。

さらに第五の「摂相《しょうそう》帰性《きしょう》唯識《ゆいしき》」は、阿頼耶識も刹那刹那に生滅しつつ相続する有為法《ういほう》であり、現象世界であって、「相《そう》」とされます。一方、その現象世界・有為法の本質・本性は空というあり方（空性）であり、その空性こそが有為法の本性として「性《しょう》」といわれます。これをまた、真如とも法性とも呼ぶのですが、かの有為の世界、識を真如・法性に帰して世界をみるのが、この「摂相帰性唯識」です。

法相宗では、この性、すなわち真如・法性を、相すなわち有為法とまったく異なる無為法《むいほう》とみています。同宗は智《ち》を有為法とみますので、その性に智はまったく含まれないことになります。性《しょう》を理《り》とも呼びますので、この立場は「理智隔別《りちかくべつ》」ということになります。しかし、如来蔵思想や華厳思想では、真如・法性が智を含むとみるのであり、この立場を「理智不二《りちふに》」といいます。ともあれ、ひとたびは一切の現象を本性に帰してみていくことが必要となります。実践的には、一切の分別を消して平等な世界に入るということになります。

各唯識の見方②――後半の五つ

十重唯識では、第五で前半が終わるのですが、ここに至って心の源底にまで降り立った感があります。しかし、まだあと後半の五つがあります。次の第六からは、また現象世界へとよみがえっていく道筋となります。よく禅において「大死一番《だいしいちばん》、絶後蘇息《ぜつごそそく》」といいますが、分別を殺しつくして無分別《むふんべつ》に入ると不思議と世界を的確に知る智慧が発起してくるのです。

第六の「転真成事唯識《てんしんじょうじゆいしき》」は、まさにそのことを述べています。すなわち、真如・法性が転じて一切の現象世界を成じていくとみる段階です。といっても、何か真如・法性というものが先に独立にあって、そこから現象世界が流れ出てくるというわけではありません。たとえば「色即是空《しきそくぜくう》・空即是色《くうそくぜしき》」で、現象世界を離れた空性がそれだけで存在しているわけではないからです。むしろ、いったん平等真如を証することによって、平等真如と一つの現象世界を自覚することが開けるということなのでしょう。

また、華厳宗ではよく「真如不守自性《しんにょふしゅじしょう》」（真如は自性を守らず）といいます。真如は、もとより自らを保持せず、自らを消して無となり、現象世界を支えるといいます。西田幾多郎の無の思想に通じるものがここにあります。この根本原理があるからこそ、転真成事ということがあるといってよいでしょう。

心の源底が真如・法性にあって、しかもそれが自らを否定して現象世界として展開していくのですから、もはや現象世界そのものが心であるということになるのでしょう。ただしその心とは、物に対する心ではまったくなく、いわば生命そのものとしての心です。

そして第七は、第六の転真成事唯識をふまえて「理事無礙唯識《りじむげゆいしき》」となります。転真成事は、本来、一つである世界を、真如・法性と現象世界とに分けて、真如・法性から現象世界に展開するというかたちで、ことがらを分解して示したのでしたが、ここではそこを本来の一つのところによって示したものです。

「理事無礙」の「理」とは、真如・法性、「事」は有為法の一切、現象世界の一切、分ければこの両者になるのですが、その両者は礙《さまた》げなく完全に融け合っているというのが、理事無礙ということ、第七章で四法界の説について説明しますが、その理事無礙法界と同じことです。

いよいよ、佳境に入ってきましたが、このあとの第八・第九・第十は、いずれも四法界の説にいう事事無礙法界を表すものです。第八は「融事相入唯識《ゆうじそうにゅうゆいしき》」、第九は「全事相即唯識《ぜんじそうそくゆいしき》」でした。相入というのは、事と事とが用《ゆう》、つまり作用において影響し合い、互いに成立させ合い、浸透し合っていることをいいます。理事無礙のあり方をふまえて、事が理を通じて相互に関係し合い、融け合っている、その関係を用において取り出したのが「融事相入唯識」です。

これに対して第九の「全事相即唯識」の相即は、体、つまり存在そのものに関して関係し合い、融け合っていることをいいます。ですから、実は事事無礙ということは、この用と体を合わせて成立しているわけで、そこをあえて別々に分けてみたのが第八の「融事相入唯識」と第九の「全事相即唯識」です。これら事事無礙のありようについては、のちの四法界を解説する章でもう少し詳しく述べることとします。

さて、第八の「融事相入唯識」と第九の「全事相即唯識」とは、一重の関係をいうのみなのでしょう。AがB・C・D……に用、もしくは体において関係する、と同時に、B・C・D……がAに関係する、この双方向の関係が、一重の関係です。しかし、この際、同時にAに関係するBがまたA・C・D……と、CがまたA・B・D……と、DがまたA・B・C……と関係し合っているわけで、事事無礙ということが成立している世界の関係性は、多重にある、さらに無限にあるといってさしつかえありません。ここを華厳では、「重重無尽」というのでした。

第十の「帝網無礙唯識《たいもうむげゆいしき》」は、この事事無礙法界の重重無尽の関係を織りなす姿を、譬喩でもって示したものです。「帝網」というのは、帝釈天の宮殿にかかる飾りの網のことで、その網には結び目の一つひとつに宝石がくくりつけられています。それらは、相互に照らし合い、映り合っています。たった二枚の鏡を合わせても、無限に映し合うように、そのことが多数の宝石の間で起きているわけです。その関係は無限の次元にまで及ぶことでしょう。そのように、帝網は重重無尽の関係を表すものです。ここに至って、事事無礙の世界が円成《えんじょう》するとともに、唯識の世界そのものも円成したのでした。

華厳宗からみると、三界唯心というその唯心は深められ、掘り下げられていって、ついには事事無礙法界そのものにまで到達するのです。心は、世界の総体、全体をふまえた事の世界に他ならないということになったのでした。

華厳唯識の意味

最後に、唯心・唯識が重重無尽の事事無礙法界に究まるという思想の意味について考えてみましょう。

私たちは心というと、すぐ物に対するものを考えてしまいます。しかし、実は私たちが見たり聞いたりしているものは心の中にあるのです。そういう心は、自分という存在の中にある心ではなく、自分もその中に浮かぶような心です。心の中に見たり聞いたりということが成立し、その見たり聞いたりの事柄の上に自分や物などが想定されているのです。

私たちはふつう物―心、主観―客観という二元論に支配され、その枠組みが固定的に考えられてしまって、ついに自由がきかなくなります。ですから、その固定的な枠組みの中にある自分や物などという考え方を脱すると、より深い生命が実現してきますし、一方、そのいわば根源的な心をみることで、表層的な自分や物への執著から解放されていきます。

しかし、そうした根源的な心というものが、何か存在としてあるわけではありません。むしろ心はその深みを追求していくと無となります。しかし、それは単なる無ではなく、自ら無となることによって世界を成立させているようなものとなります。まさに生命の本源のようなものです。そこにおいて自己も世界も成立しているように、心は事に成りつくしてしまいます。

ここに自己も世界も成立するわけですが、その自己ないし世界は、あらゆるものが相互に無限に関係し合っている世界です。そこでは、一つのもの（事）を取り上げると他の一切が同時に取り上げられてきます。自己は他者のすべてと関係しての自己なのです。他者のすべてが自己であるような自己だったのです。そこに、小さな自己にしがみついて苦しんでいた自己が解放されていきます。近代合理主義的な人間観・世界観を超える深い人間観がここにあるでしょう。

華厳のみる唯識はそこまで展開していきます。十重唯識の説は、まことに華厳らしい華麗な説というべきでしょう。

第四章　大悲の妙用はてしなく

如来出世の本懐

仏教は、釈尊から始まったと考えられていますが、大乗仏教では、その歴史上の釈尊を超える、眼に見えない仏の存在をも語るのでした。むしろ歴史上の釈尊は、そうした根源的な仏のことを語る役割を担ってこの世に現れたかのようです。

眼に見えない仏が眼に見える仏として姿を現す、その背景にはどのような想いがあるのでしょうか。その想いのことを、古来、仏教では、如来の「出世《しゅっせ》の本懐《ほんかい》」と呼んだのでした。本懐とは、ほんとうの懐《おも》いということです。

たとえば、『法華経《ほけきょう》』では、仏がこの世に現れたのは、人々に、仏の知見《ちけん》を、開かしめ・示し・悟らしめ・入らしめるためであると明かしています。いわゆる開《かい》・示《じ》・悟《ご》・入《にゅう》といわれるものです。経典には、次のようにあります。

諸《もろもろ》の仏・世尊《せそん》は、唯、一大事の因縁《いんねん》をもっての故にのみ、世に出現したまえばなり。舎《しゃ》利弗《りほつ》よ、云何《いか》なるをか諸《もろもろ》の仏・世尊《せそん》は唯、一大事の因縁《いんねん》をもっての故にのみ世に出現したもうと名づくるや。諸の仏・世尊は、衆生《しゅじょう》をして仏の知見を開かしめ、清浄なることを得せしめんと欲するが故に、世に出現したもう。衆生《しゅじょう》に仏の知見を示さんと欲するが故に、世に出現したもう。衆生をして、仏の知見を悟《さと》らしめんと欲するが故に、世に出現したもう。衆生《しゅじょう》をして、仏の知見の道に入らしめんと欲するが故に、世に出現したもう。舎利弗《しゃりほつ》よ、これを諸仏は、唯、一大事の因縁《いんねん》をもっての故にのみ、世に出現したもうとなすなり。

さらにこのすぐあと、「仏は舎利弗に告げたもう〈諸《もろもろ》の仏・如来《にょらい》は、但《ただ》、菩薩《ぼさつ》のみを教化《きょうけ》したもう。諸有《すべて》の所作は、常に一事のためなり。唯《ただ》、仏の知見をもって、衆生《しゅじょう》に示し悟らしめんためなり。……〉」などとあります。仏の知見を開・示・悟・入させるということは、声聞《しょうもん》の覚りや縁覚《えんがく》の覚りではない、大乗ないし一仏乗の覚りを実現させるということです。その覚りを、阿耨多羅三藐三菩提《あのくたらさんみゃくさんぼだい》、すなわち無上正等覚《むじょうしょうとうがく》といいます。

私たち人間存在にとっては、この無上正等覚を実現することこそ、一大事なのだ、そのためにこそ、仏は世にお出ましになるのだと『法華経』は説くのでした、

また、『無量寿経《むりょうじゅきょう》』では、仏が世にお出ましになったのは、真実の利益《りやく》を人々に恵み与える

ためであると明かします。その真実の利益とは、やはり無上正等覚に至る道には違いないでしょうが、それを阿弥陀仏《あみだぶつ》の極楽浄土《ごくらくじょうど》に迎えとっていただいて実現していくという、凡夫《ぼんぶ》にとっての大いなる救いのことに他なりません。経典には、次のようにあります。

よいかな、阿難《あなん》よ。問えるところ、甚だ快《こころよ》し。(汝)深き智慧と真妙《しんみょう》の弁才《べんざい》を発《おこ》し、衆生《しゅじょう》を愍念《みんねん》して、この慧義《えぎ》を問えり。(そもそも)如来《にょらい》、無蓋《むがい》の大悲をもって、三界《さんがい》を矜哀《こうあい》したまう。所以《ゆえ》に世に出興《しゅっこう》して、道教を光闡《こうせん》し、群萌《ぐんもう》を拯《すく》い恵むに真実の利をもってせんと欲す。(しかも如来の)無量億劫《おくこう》にも、値《あ》い難く見たてまつり難きこと、なお、霊瑞《れいずい》華《け》の時ありて時にいまし出ずるがごとし。いま、問えるところ、多く饒益《にょうやく》せられ、一切の諸天・人民を開化《かいけ》す。

仏が世に出られるのは、あくまでも真実の利益のためだという言葉は、ある意味で厳しいものです。私たちは仏教に、ふつうの生活の快適さなどを求めても、それは見当違いなのかもしれません。仏教に問うべきことは、まさに一大事についてこそなのかもしれません。それはともかく、このように仏という方は、たまたまこの世に生を受けて、たまたま修行の道に入って、そしてたまたま覚りを開いたがゆえに人々に教えを説いたわけではなさそうです。少なくとも大乗《だいじょう》仏教では、そのように決してたまたまのことではないと見ています。それは、釈尊という存在を考えているうちに、その背景にある深い意思というものを考えずにはいられなかったからでしょう。このことは、特に仏伝文学において追求され、見出された仏の真実なのです。

中でも「燃燈仏授記物語《ねんとうぶつじゅきものがたり》」では、釈尊が、この世にお出ましになってお覚りを実現した背景に、どのような動機があったかを興味深く描いています。

それによれば、はるかはるか昔、釈尊はスメーダという名のバラモンの青年だったのでした。以下、その物語の概要です。

スメーダ青年は若くして両親を亡くし、多くの財産を相続することとなった。しかし、その財産を両親も死ぬときに持っていくことができなかったことを想い、人生の意味を考えてしまうのであった。結局、スメーダ青年はヒマラヤ山中に入って、生・老・病・死の苦について、瞑想するのだった。

そのころ、弟子を従えて諸国を歴訪していたある仏が、山のふもとのある町にやってくるということがあった。スメーダ青年はそのことを知って、ぜひその仏に会いたいと思って、山を降り、町の人とあたりを美しく飾って迎えることとした。特にスメーダ青年は、町の人に修行者と知られていたので、道がぬかるんで汚くなっているところを割り当てられて、その補修に一心にあたるのだった。しかし、道の修理が終わらないうちに、仏は町にやってくることになった。

スメーダ青年は、仏がどろどろの道にはまらないよう、自分の背中を渡っていただこうと思い、長い髪も泥の上にしき、うつ伏せになって身体を泥上の橋とした。

ついに仏が、スメーダ青年の背中を渡っていかれることになり、その姿にふれたとき、スメーダ青年はハッと気づくものがあった。「私一人が力を得ても、私一人が迷いを渡ったとしても、それに何の意味があろう。むしろ一切の人々を迷いから渡す人に、自分もなろう」。こう、覚悟を定めずにはいられなかった。

こうしてスメーダ青年は、自分一人の救いよりも他者の救いのために、誓願を立て、それから修行を重ねて、ついにはあの釈尊として世に現れ、覚りを完成して人々の救済に奔走したというわけです。

スメーダ青年の出会った仏は、青年の心に菩提心を灯した仏として、燃燈仏《ねんとうぶつ》(ディーパンカラブッダ)といわれます。また、スメーダ青年がいつか仏としての自己を実現しようと思って誓願を立てたとき、燃燈仏は、「彼は遠い世に、きっとゴータマという覚者になるであろう」と予言し、かつその保証を与えるのでした。この予言・保証の宣言を、授記《じゅき》(記莂を授ける)といいます。

この話は、文学上の話であり、とうてい史実ではありえないわけですが、この文学上の仏の追求が、大乗仏教の仏陀観に大きな影響を与えていると思われます。早い話が、阿弥陀仏が、もと国王であり、世自在王仏とまみえて菩提心を起こし、四十八の本願を立て、兆載永劫《ちょうさいようごう》の修行をして仏となり、西方に極楽浄土を完成してそこに住しているというのは、まさにこの「燃燈仏授記物語」のモチーフを下敷きにしていると考えられるわけです。

いずれにせよ、仏が世に現れるのは、その背景に明確な願い、想いがあってのことと大乗仏教では考えるようになったのでした。

『華厳経』「性起品」の内容

では、以上のことに関して、『華厳経《けごんぎょう》』はどのように説いているのでしょうか。実は『華厳経』には、このことについて集中的に説く品《ほん》（章）があります。それは、「宝王如来性起品《ほうおうにょらいしょうきぼん》」（以下、「性起品」とも記す）という品です。

この品は、「十地品《じゅうじぼん》」などと同様、もとは独立に流行していた経典のようで、漢訳では、『如来興顕経《にょらいこうけんきょう》』という名の経典として翻訳されたりしています。

「性起」というのは、元来、如来の出現ということであり、「性起品」は、どうして如来が世にお出ましになったのかについて、さまざまに説くものです。ただし、この漢訳の「性起」の語から、のちに華厳思想においては、「縁起」と「性起」とを対比させ、「性起」の世界観の独自性について強調するようになりました。

では、「宝王如来性起品」には、どのようなことが説かれているのか、簡単に見ていくことにしましょう。

はじめに、如来が口中から無量の光を伴った無礙無畏《むげむい》という名の大光明を放つなど、不可思議な奇瑞を示現します。如来性起妙徳菩薩《にょらいしょうきみょうとくぼさつ》が、そのいかにも不思議な神変に対し、「そもそもこれは何の瑞相であろう」と普賢菩薩《ふげんぼさつ》に問うと、普賢菩薩は、「仏子よ、自分の忖度《そんたく》するところに依れば、自分の曾て拝見したことのある過去の如来・応供・等正覚のごときは、大光明をお放ちになって、かならず如来性起の正法をお説きあそばした。それゆえに仏がいま大光明を放って自在力を現わしたもうのは、必ずや如来性起の正法をお説きになる瑞相でなければならないと思う」と答えるのでした。

これに対し、如来性起妙徳菩薩は、普賢菩薩に、「菩薩大士はいかにして如来・応供・等正覚の『性起の正法』を知りうるであろうか」と問いを発し、あなたは深い修行をなされ、すべてを知りつくしておられるのだから、「願わくば我等のために『如来性起の正法』を説きたまえ」と請《こ》い願います。こうして、普賢菩薩による「如来性起の正法」についての説法が始まるのです。

以下のテーマを、先にあげてみますと、次のようになります。

(1) 如来はいかなる因縁をもって等正覚を成就し、世に現れたもうたか。
(2) どんなふうに如来を知見すべきか（身業《しんごう》）。
(3) どんなふうに如来の微妙な音声《おんじょう》を知見すべきか（語業《ごごう》）。

(4) どんなふうに如来の心を知見すべきか（意業《いごう》）。
(5) どんなふうに如来の境界を知見すべきか。
(6) どんなふうに如来の行《ぎょう》を知見すべきか。
(7) どんなふうに如来の菩提を知見すべきか。
(8) どんなふうに如来の転法輪《てんぽうりん》を知見すべきか。
(9) どんなふうに如来の大般涅槃《だいはつねはん》を知見すべきか。
(10) どんなふうに如来のみもとにおいて、仏を見聞し、恭敬し、種《う》ゆるところの善根を知見すべきか。

以上の十の主題に関し、譬喩を用いるなどして、詳しく説かれていくのであり、また各々その内容をまとめる偈文《げもん》（詩）がおかれています。

最後に、この経は、「一切諸仏微密法蔵経《いっさいしょぶつみみつほうぞうきょう》」と名づけるものであり、この経典を受持すべきことが説かれ、普賢菩薩の「一心につねに奉持するがよい」などの偈《げ》がおかれてこの品は結ばれます。

結局、如来は何ゆえに世にお出ましになるのかということと、如来とはそもそもどのような存在であるのかということとが、ここに詳しく説かれており、その全体が、「如来性起」の教えとされていることが知られます。

如来出世の十種の因縁

その内容をもう少し詳しく見ていきましょう。はじめに、如来が世に現れる十種の因縁が明かされています。それは、次のようです。

仏子よ、如来・応供・等正覚の性起の正法は思いはかることが出来ない。なぜなら、如来はわずかな因縁で等正覚を成就し、世にあらわれたもうのでないから。仏子がたよ、如来は十種の無量無数百千阿僧祇の因縁をもって、等正覚を成就し、世にあらわれたもう。十種とは何であるか？

一に、無量の菩提心をおこして、一切衆生を捨てたまわぬ。
二に、過去無数の劫にもろもろの善根を修めたまえる正直の深心のゆえに。
三に、無量の慈悲をもって衆生を救護したもう。
四に、無量の行をおさめて大願を退きたまわぬ。
五に、無量の功徳を積みて心に厭足したまわぬ。
六に、無量の諸仏を恭敬し供養して衆生を教化したもう。
七に、無量の方便智慧を出生したもう。
八に、無量のもろもろの功徳の蔵を成就したもう。

九に、無量の荘厳智慧を具足したもう。

十に、無量の諸法の実義を分別し演説したもう。

仏子よ、如来はこのような十種の無量無数百千阿僧祇の法門をもって、等正覚を成就し、世に出現したもうのである。

如来出世の因縁は、どこまでも一切衆生《いっさいしゅじょう》を捨てることなく、救護するためということが根本と考えられましょう。以下、このことがさまざまなたとえ、とりわけ大雲の雨（法雨《ほうう》）の種々の側面などによって語られていきます。一、二、例をあげてみましょう。

如来・応供・等正覚もまた此のごとく、世に出現して種々の法雨を降らしたもう。除滅と名づける法雨は、衆生の煩悩の燃えさかる炎を消滅する。能起と名づける法雨は、よく衆生の一切の善根を生起する。能壊と名づける法雨は、よく衆生のもろもろの邪悪の見解をやぶる。成宝と名づける法雨は、よく衆生の一切の智慧のたからを成就する。分別と名づける法雨は、衆生の心・心のはたらきを分別する。仏子よ、これが等正覚を成就し、世にあらわれたまう第五の因縁である。菩薩大士は此のごとく知るがよい。

また次に仏子よ、たとえば大雲は一味の水を降らすけれど、その雨降る所にしたがって差別が生ずる。如来・応供・等正覚もまた此のごとく、大悲をもって一味の法雨を降らしたもうけれど、応化する所にしたがって種々の不同が生ずる。仏子よ、これが等正覚を成就し、世に現われたもう第六の因縁である。

（中略）

大慈は衆生の帰依となり、大悲は衆生を救済し、大慈大悲は衆生を利益する。大慈大悲は方便智に依り、大方便の智慧は如来に依る。しかして如来には依るところなく、無礙の慧光あまねく十方一切の世界を照す。仏子よ、これが等正覚を成就し、世に現われたもう第九の因縁である。菩薩大士は此のごとく知るがよい。

……如来・応供・等正覚もまた此のごとく、世に出現して種々に一切衆生を利益したもう。如来を見聞して歓喜踊躍し、もろもろの善根をおさめ、持戒に住するものは、ほとけの戒のたのしみをえ、四禅・四無量に住するものは、汚れなき無上の智明のたのしみをえ、法門に住するものは真実のたのしみをえ、照明に住するものは浄智のたのしみをえる。かような無量の法門は、種々に一切衆生を利益する。仏子よ、これが等正覚を成就し、世に現われたもう第十の因縁である。菩薩大士は此のごとく知るがよい。

これらを見ますと、『華厳経』では、仏が世にお出ましになる因縁は、唯一突き詰めた問題のためにではなく、一切衆生の境界に応じて各々真実の楽しみをもたらすためという、多分に優しく包み込む大悲のおもむきがあるように思われます。どうも華厳は、ふところが深いのです。

このあと、以上をまとめる偈文がありますが、そこでは如来の本性が有・無を離れ、無自《むじ》性《しょう》・空《くう》であって、寂滅《じゃくめつ》であり、不生《ふしょう》・不滅《ふめつ》であり、言語の境界を超越しているといったことが強調されていることが目につきます。しかも、そこから如来は、身《しん》・語《ご》・意《い》の三業《さんごう》を起こしていくのでしょう。

如来のはたらきの諸相

さて、第二の主題以下は、如来のあり方を種々明かしていくものですが、もちろんここではそのすべてを取りあげることはできません。ここでもいくつか、興味深い例を紹介していくことにいたします。

まず、第二の主題（如来の身業《しんごう》）に関して、次のような教えがあります。

また次に仏子よ、たとえば日いでてまず一切もろもろの大山王《だいせんのう》を照し、つぎに一切の大山を照し、つぎに金剛宝山《こんごうほうせん》を照し、しかして後にあまねく一切の大地を照すけれども、日は「自分はまずもろもろの大山王を照し、次第して、ないし、あまねく大地を照そう」とはおもわない。ただかの山地に高下あるがために、日の照しに前後の別が生ずる。如来・応供・等正覚もまた此のごとく、無量無辺の法界の智慧の日輪を成就して、つねに無量無礙の智慧の光明をはなち、まず普賢菩薩大士等のもろもろの大山王を照し、つぎに縁覚を照し、つぎに声聞を照し、つぎに決定の善根の衆生を照し、宜しきに随って教化を受けしめ、しかして後にことごとく一切衆生を照して、ないし邪悪の衆生におよび、ために未来の利益の因縁をなす。しかも如来の智慧の日光は「自分はまず菩薩を照し、ないし邪悪の衆生に及ぼそう」とはおもわれない。ただ大智のひかりを放ってあまねく一切を照すばかりである。仏子よ、たとえば日月この世にあらわれて、ないし深山幽谷にいたるまでも、あまねく照さぬということはない。如来の智慧の日月もまた此のごとく、あまねく一切を照らして明了ならしめぬということはない。ただ衆生の希望・善根に不同あるがために、如来の智光に種々の差別が生ずる。仏子よ、これが如来を知見する菩薩大士の第四の勝行である。

日光はまず高山を照らしというのは、『華厳経』に説かれるところとして有名ですが、ここを見ますと、強調されていることは、仏の智慧の光に分別はないこと（おのずからのはたらきであること）、一切衆生をすみずみまで照らすこと、邪悪の衆生にまでも及ぶことにあるようです。

次に、第七の主題、如来の菩提をどのように見るべきかの箇所をとりあげてみましょう。

仏子よ、菩薩大士はどんなふうに如来・応供・等正覚の菩提を知見するかというに、仏子よ、この菩薩大士は如来の菩提を下のごとく知見する。すなわちそれは一切の義において観察する所なく、法において平等であって、疑惑する所なく、二なく相なく、行なく止なく、無量・無際で、二辺をはなれて中道に住し、あらゆる言語・文字を超絶し、一切衆生の心念の所行と、根性と、欲行と、煩悩と習気とを知る。一言でいえば、一念のうちにことごとく三世のあらゆる諸法を知る。

仏子よ、たとえば大海は一切衆生の色像をよく印現する。それゆえに大海を名づけて印という。如来・応供・等正覚の菩提もまた此のごとく、菩提のうちに一切衆生の心念と諸根とを現出して、しかも何ものをも現出しない。それゆえに如来を一切覚と名づける。

（中略）

仏子よ、如来はその御身のうちに、ことごとく一切衆生の菩提心をおこし、菩薩の行を修め、等正覚を成就することを見たもう。ないし、一切衆生の寂滅涅槃することを見たもうことも同様である。皆ことごとく一性でしかも無性であるから。無相・無尽・無生・無滅であるから。我も我性でないから。衆生も衆生の性でないから。覚《さとり》も覚《さと》るところがないから。法界も無自性であるから。虚空界も無自性であるから。かように等しく一切の無性をさとり、無尽の智慧と、自然の智慧と、あらゆる如来の無極の大悲とをもって、衆生を済度したもうのである。

（中略）

また次に仏子よ、菩薩大士は一の毛孔において、ことごとく一切衆生に等しい如来の身を知る。一の毛孔におけるごとく一切の毛孔、あらゆる法界の処においてもまた同様である。なぜなら、如来の菩提身は処として至りたまわぬことなく、処として在《まし》まさぬことはないから。如来・応供・等正覚は、もとより菩提をもとめ、勤めて修め、精進して怠ることなく、道場の菩提樹下におもむき、獅子座に坐して無上のさとりを成就し菩提を究竟したもう。

如来の菩提、覚りは、無自性《むじしょう》に貫かれたものであり、しかも一念のうちに一切衆生の心念をはじめ、三世《さんぜ》のあらゆる諸法を現し出すといいます。そこから、無極の大悲が湧出し、一切衆生を済度されるのでした。

第九の主題、如来の涅槃をどう見るかについては、たとえば、「如来はただ衆生を歓ばしめんがために世に出現したまい、衆生を哀慕せしめんがために涅槃を示現したもう。が、実には如来に出世もなく、また涅槃もない。なぜなら如来は法界のごとく常住であるから。如来はただ衆生を教化せんがために、涅槃を示現したもうのである」とあり、『法華経』の説くところと共通のことが説かれています。

その説明の一つに、次のものがあります。

また次に仏子よ、たとえば幻術にくわしい大幻術師があって、その術に安住し、三千大千世界のあらゆる都市・村落・王都において、あまねく幻の身をあらわし、幻の身をたもって命を終らしめないとする。その幻術師が都市・村落・王都のいずこにも、事の終るにしたがって、幻の身を棄てるとする。諸大士よ、何《ど》うおもう？　彼は三千大千世界における幻の身をことごとく捨てたのであろうか？　答えていう、「いな」と。如来・応供・等正覚もまた此のごとく、よく大智慧の幻術を知り、たくみな方便の智慧をつぶさに起し、あらゆる法界において、能くあまねく如来の幻身を示現したまい、法界のごとく常住に、虚空のごとく究竟し、諸仏の国にしたがって教化済度し、すでに事のあまねく畢《おわ》ったところに涅槃を示現したもう。一仏国土に涅槃を示現したもうのゆえをもって、如来は究竟して永く滅度したもうのでないと知るがよい。仏子よ、菩薩大士は如来・応供・等正覚の大般涅槃をかく知見する。

幻身《げんしん》というと、本来、存在しないものであり、したがってそれが消えたとしても何も消えたわけではない、ということがいえそうです。般若・中観では、現実世界もちょうどそのようだと、よくそのことを説きます。しかし、ここの主旨は、如来は三千大千世界のあらゆる場において、幻身を示現しては衆生救済にはたらいているのであり、ある一箇所における幻身の般涅《はつね》槃《はん》にふれたからといって、如来のそのはたらきの消滅と見なしてはならないということにあります。つまり、如来とは、十方《じっぽう》に身を示現しては一切衆生を救済し続けるはたらきのことなのであり、それは決して止むことのないものなのだというのです。

そのことを、『華厳経』の作者は、私たちの生命の根底に見出していたのでした。

衆生も如来の智慧を具足する

ところで、前の第七の主題、如来の菩提についてのところには、一切衆生の心中にも、諸仏の菩提があるということが説かれています。

すなわち、「また次に仏子よ、この菩薩大士は、みずからその身のうちに、ことごとく一切諸仏の菩提の存することを知る。彼等菩薩のこころは、あらゆる如来の菩提をはなれないから。彼等は自身の心中におけるごとく、一切衆生の心中もまた同様であると知る。げに如来の菩提は無量無辺であって、処として存せぬことなく、破壊することが出来ず、思議することが出来ない」というのです。

人々の心の中に、如来の菩提が実は存在しているということは、いわゆる如来蔵思想《にょらいぞうしそう》と呼ばれる考え方ですが、『華厳経』はこのことも説いているわけです。さらに、このことをもっと詳しく説くのが、第四の主題、如来の心をどう見るかの箇所に見られます。それは如来蔵思想の淵源であるといわれています。

それについて、やや長くなりますが、つぶさに見ることにしましょう。

また次に仏子よ、如来の智慧は処として至らぬということはない。なぜなら、衆生ひとりとして、如来の智慧を具足して居ないものはないから。ただ衆生は顚倒のゆえに如来の智慧を自覚せざるのみ。もし顚倒をはなれるならば、すなわち一切智・無師の智・無礙の智をおこすだろう。

仏子よ、たとえばここに一巻の経典があって、その大きさが一個の三千大千世界のそれに等しいならば、三千大千世界のありとあらゆることを、それに記録して余すことなかるべく、もし二千世界に等しいならば、ことごとく二千世界のうちのことを記すべく、小千世界に等しいならば、小千世界のうちのことを記し、四天下に等しいならば、ことごとく四天下のことを記し、須弥山王に等しいならば、ことごとく須弥山王のことを記し、地天の宮殿に等しいならば、ことごとく地天の宮殿のうちのことを記し、欲天の宮殿に等しいならば、ことごとく欲界天の宮殿のうちのことを記し、色天の宮殿に等しいならば、ことごとく色界天の宮殿のうちのことを記し、もし無色天の宮殿に等しいならば、ことごとく無色界天の宮殿のうちのことを記すだろう。その三千大千世界に等しい経巻は一個の微塵のうちに在る。しかしてあらゆる微塵もまた同様である。

ときに一人の賢明な人が世にあらわれ、浄らかな天眼をつぶさに成就し、その経巻の微塵のうちに在ることを見ておもうよう、「このような広大の経典が微塵のうちに在って、しかも衆生を利益せぬということは何《ど》うした訳であろう。自分はよろしく勤めて方便をもうけ、この微塵を破って経典を取りいだし、もって衆生を利益しよう」と。そこで、その人は方便をもうけ、微塵を破ってかの経巻を取りいだし、もって衆生を利益する。

仏子よ、如来の智慧・無相の智慧・無礙の智慧は、まどかに衆生の身のうちに在るけれども、ただ愚癡の衆生は顚倒のおもいに覆われて、それを知らず、見ず、信心を生じないのみである。そのとき如来は無礙の浄らかな天眼をもって、一切衆生を観察したまい、観察しおわって次のように仰せられる、——「奇なるかな、奇なるかな、衆生はなにゆえに、その身のうちに如来のまどかな智慧を抱いておって、しかもそれを知見せぬのであろう？自分はよろしく彼等衆生におしえて聖道をさとらしめ、永《とこし》えにあらゆる妄想顚倒の垢縛《くばく》をはなれしめ、如来の智慧のまどかにその身のうちに在って、ほとけと相違しないことを自覚せしめよう」と。そこで如来は即座に彼等衆生におしえて、八聖道を修めしめ、虚妄顚倒を棄てしめたもう。衆生がすでに顚倒を離れてしまえば、如来の智慧をそなえて如来と等しく衆生を利益する。

仏子よ、これが如来・応供・等正覚のこころを知見する菩薩大士の第十の勝行である。

この箇所は、如来が、「奇なるかな、奇なるかな」と言って、人々に自分の有する智慧と同じものがあることを驚嘆する言葉があることで有名です。

もう一度、この箇所の内容をなぞってみますと、はじめに、この箇所で言いたいことが、簡潔に提示されます。次いで経巻（サンスクリット文では、画布）のたとえが説かれ、一微塵の中に広大な経典があるという不思議な事態と、一人の賢明な人が方便を設けてその微塵を破って経典を取り出し、人々を利益することが説かれます。そのあとこの譬喩を絵解きし、仏は種々教化して人々の中にある如来の智慧を実現させて利益することを明かします。

以上がこの箇所の内容ですが、すでに人々の中に如来の智慧が円《まど》かに存在していることを説くことで、のち、如来蔵思想といわれる思想のもととなったのでした。

やがて『如来蔵経《にょらいぞうきょう》』がつくられ、そこでは、凡夫の中にも如来の智慧が具《そな》わっていることが、①枯れ萎んだ蓮華の中の如来、②蜜蜂の群れに守られた蜂の巣の中の蜜、③固い外皮に包まれた穀物、④ごみ捨て場の中に埋もれている金塊、⑤貧家の地下の大宝蔵、⑥樹木の種子、⑦ぼろ布に包まれた仏像、⑧転輪聖王《てんりんじょうおう》の子を懐胎した身寄りのない女性、⑨鋳型の中の金仏という、興味深い九つのたとえによって説明されていきます。

さらに、『涅槃経《ねはんぎょう》』では「一切衆生悉有仏性《いっさいしゅじょうしつうぶっしょう》」（一切の衆生は悉く仏性を有す）の句が語られるなど、いくつかの経典で如来蔵思想が語られていきます。

また、『宝性論《ほうしょうろん》』という如来蔵思想を主題とする論書も編まれました。有名な『大乗起信論《だいじょうきしんろん》』も、インドで成立したのか中国で成立したのか、いまだはっきりとはしていませんが、その流れの中の一書であるといってよいでしょう。

如来蔵思想の意味

そのように、後世の仏教に如来蔵思想は大きな影響を与えていきますが、その原点ともいうべき『華厳経』「性起品」のこの一節では、元来、何を説こうとしていたのでしょうか。

まずこの箇所は、如来の心をいかに知るかが主題なのでした。つまり、如来の智慧というものがいかなるものなのかを明かすことを目的としたところです。そこで確かに、如来の智慧は円《まど》かに人々の身中に存在していること、処として至らぬということはないことが明かされています。このことは、如来の天眼によって観察されることだともいいます。私たちはこの経典のメッセージをどう受け止めるか、考えてみなければならないでしょう。

もちろん智慧ははたらきであり、それが何か実体的なものとして、人々の身中にあるというのではないでしょう。しかも、人々は如来蔵を持つと説くのは、一種、方便の教えなのだということを、如来蔵を説く論書『宝性論』自身が明かしています。自分自身を軽蔑して菩提心を発《おこ》さない人々のため、あるいはいまだ菩提心を発さない人々を軽蔑する人々のため、あるいは自他平等の心を持たない人々のためなど、だれもが同じく如来蔵を持っていると説くのだというのです。このことも重要なことですし、その結果、その人に如来の智慧そのものが実現したときは、もはやそれについて語ることは止むしかないことでしょう。

ただ、『華厳経』では如来の観察の結果としてもこのことが説かれているのであり、そのことをまったく無視することもできないであろうと思われます。まして経典は、仏説ともいわれるものです。如来の智慧は一切に浸透して至らないところはない、その一環として、どんな人々にも、この私にも、如来の智慧が具足しているという主張は、私たち凡夫には不可思議な事態ではありますが、不可思議なままに深く受け止めておいてよいでしょう。

私は、今のこの一節において、そのこと以上に重要なことが指摘されていると思います。まず第一に、たとえ人々が如来の智慧を具足しているとしても、人々はまったくそのことに気づいていないという哀れな様子のことです。それは、ただ「顛倒のゆえ」です。「ただ愚癡の衆生は顛倒のおもいに覆われて、それを知らず、見ず、信心を生じないのみ」だからです。人々は、そのことにまったく自ら気づくことができないまま、如実に真実を見ることができず、顛倒したままに流浪するのみとして描かれているのです。

このような私たちは、自ら菩提心を発すことなどとうていできないでしょう。私たちは、仏教にしたがって仏道を歩めば、本来の自己を実現しうるにもかかわらず、そのことを知らないままに世俗の快楽に埋没し、実は真実の楽しみを知ることなく根本的な苦悩におびやかされ続けている存在であることが、ここに示されているのです。

そのように如来蔵思想とは、むしろとこしなえに妄想顛倒の垢縛を離れることのできない、どうにも救われようのない凡夫の姿をあぶり出しているものと見るべきだと思うのです。

さらに、ここでもっとも強調されていることは、そのように自分で自分を開く力を持っていない人々に対し、如来が人々にはたらきかけて、その人の本来のあり方を実現させていくという、その如来の慈悲心と具体的な力、如来の大悲のはたらきのことでしょう。

経典ではそこを、「そこで如来は即座に彼等衆生におしえて、八聖道を修めしめ、虚妄顛倒を棄てしめたまう」とありました。八聖道《はっしょうどう》とある以上、八正道《はっしょうどう》のことになると思われますが、要は真実の自覚の道を授けて、無明《むみょう》・煩悩に基づくさかさまの見方（『般若心経《はんにゃしんぎょう》』の顛倒《てんどう》夢想《むそう》）を離れさせるのだというのです。その場合、前に示された譬喩からして、方便を設けてのことであることも、十分に考えられることでしょう。

ともあれ、この箇所のもっとも重要な主題は、如来がひたすら虚妄顛倒の中にいる私たちを哀れんで、如来の側から私たちにはたらきかけてくださるということだと思うのです。

その場合、何のためにはたらきかけてくださるかというと、自分と同じ仏となさせるためです。声聞《しょうもん》でも縁覚《えんがく》でもない、まさに仏・如来と実現させるためです。ということは、他者に開かれた自己と実現させていくためといってよいかと思います。というのも、私たちが「すでに顛倒を離れてしまえば、如来の智慧をそなえて如来と等しく衆生を利益する」からです。最終的に、人々を利益する自己と実現させていただくのです。こうして、如来の大悲に転ぜられて、如来の大悲を転じてゆく、そのことが、念々に、時々刻々に行われている世界が、華厳の世界なのでしょう。

如来の出現は、そのこと自体を私たちに教えてくださるためなのでした。

性起の思想

以上、「宝王如来性起品」の内容を簡単に見てきました。実は華厳宗では、この「性起」の語に基づいて、独自の思想を展開していきます。賢首大師法蔵《げんじゅだいしほうぞう》の『華厳経探玄記《たんげんき》』には、次のようにあります。

自性住より得果に来至するが故に、如来と名づく。不改を性と名づけ、用を顕わすを起と称す。即ち如来の性起なり。又、真理を如と名づけ性と名づけ、用を顕わすを起と名づけ来と名づく。即ち如来を性起となす。

自性住《じしょうじゅう》とは、ふつうの人間のまま真如《しんにょ》そのものと一体であるところといってよいでしょう。まだ修行前から、私たちは世界の本性（空性《くうしょう》）としての真如と一つのあり方にあります。そこから修行して仏果に至ります。真如の世界より仏果に来至するというので、如来ですが、この場合は、性の起によって如来が実現します。これが如来の性起（如来と実現した性起）です。一方、その仏果の世界から、人々を救済するはたらきを起こすでしょう。これも性の起ですが、それ自身、如来です。ここが、如来即性起なのでしょう。

いずれにしてもここでは、性起を如来との関係で見ていることを忘れてはなりません。しかし、やがて性は不改、起は顕用として、不改のままに用《ゆう》を起こすのが、この現象世界のあり方であると、性起は如来に限られず世界のあり方の華厳的な見方として受け止められるようになっていきます。それは不改（真如・法性）の世界を顧慮しない、ただ現象同士の関係のみを見ていく縁起の世界観とも違うし、天台でよくいう性具《しょうぐ》とも異なるとして、華厳の独自の世界観を示すものと考えられていくのでした。

性起の性は、不改なのですから、それが現象世界に流れ出るというような発出論でもないのでしょう。いわば、この性は無自性ゆえに不生不滅の世界で、そのあり方は変わらないまま、しかも用が起きるというのです。

たとえば、「性起品」の第七の主題、如来の菩提をどう見るかには、「仏子よ、たとい一切衆生が一念のうちにおいて、ことごとく正覚を成就し、あるいは未だ成就しないとしても、皆ことごとく平等である。なぜなら、菩提は無性であるから、不増不減であるから。げに如来の菩提は皆ことごとく一性である、すなわち無性である。仏子よ、菩薩大士は如来・応供・等正覚の菩提をかく知見する」とあり、あるいは、第九の主題、如来の涅槃をどう見るかにおいても、「また次に仏子よ、この菩薩大士は如来の涅槃を下《しも》のごとく知見する。それは無量無辺であって、法界を究竟して障礙するところなく、不生不滅であって浄きこと虚空のごとく、実際に安住し、その所応にしたがってこれを示現し、本願に支持せられて、一切の衆生・一切の仏国・

一切の諸法を棄てたまわぬ」とあります。これらに、性の世界、あるいは性起の世界が語られています。

結局、不改なる性の世界から、どうして起が出てくるのか、もちろん、はじめに性の世界があってそこから起が出てくるというより、性のままにそのまま起でもあるということでしょうが、その性起はなぜありうるのか、それが問題となります。それは、如来の出現の根本にかかわることです。それをひと言でいえば、『華厳経』によれば、やはり大悲ゆえというしかないでしょう。

『華厳経』は繰り返し繰り返し、そのことを語ってやまないのでした。

第五章　自己を求めて

旅と宗教

人生は旅であるとは、よくいわれることです。このことは、さまざまな出会いを経ながら生涯という道中をわたっていくことをいうものでしょう。もっとも人によっては、一生をまさに旅の中に暮らす人もいました。ことに日本では、そのような漂泊型の人生が憧憬のまととなっており、西行《さいぎょう》、芭蕉《ばしょう》、山頭火《さんとうか》ら、またフーテンの寅さんも広く人気を集めています。

漂泊の旅は、一所に住することがありません。それはどこにもとどこおらず、とどまらない無住の実践であり、仏教の説く「空《くう》」の境涯を生きぬくことにも他なりません。旅は日常を超え出ていくことでもあり、同時に無執著の実践として、本質的に宗教的な行為なのでしょう。

禅の修行者を雲水《うんすい》といいますが、雲水さんはよく行脚《あんぎゃ》に出ます。あたかも雲のように水のように、流れ流れてとどまらない生き方を修行の一つとするのです。と同時に、雲水さんの行脚は、ふだん自分がついて学んでいる師匠から離れて、他の禅匠を訪ね、問答商量し、さらに境地を高めていくことも目ざします。

古来、禅の世界では、「病は一師一友にあり」といって、一人の先生や一人の友だちだけでは偏った育ち方になるとし、あまねく多くの師に参禅する「遍参《へんざん》」ということをとても大切にしたのでした。

旅はそれ自身宗教的なのでしたが、明らかに宗教的実践を行じる旅というものも多くあります。はるか遠方の聖地を訪問して帰ってくる旅、いくつもの聖地を順に経めぐる旅、いろいろな宗教的な旅がありえます。それには、自分を見つめ直す旅、傷を癒《いや》す旅、宗教的義務を遂行する旅など、さまざまな性格の旅が見られるでしょう。その中、雲水さんの旅は、道を求めての旅、求道《ぐどう》のさすらいというべきものでしょう。

実は、あたかも雲水さんの行脚の原型ともいうべきものが、『華厳経《けごんぎょう》』に描かれています。『華厳経』の後半に、全体の三分の一ほどの分量を誇る「入法界品《にゅうほっかいぼん》」(Gaṇḍavyūha)という品《ほん》にそれが描かれています。すなわち、善財童子《ぜんざいどうじ》(Sudhana)という少年が、次々と師となる方(善知識《ぜんちしき》)を訪ねては教えを受けてしだいに向上していき、ついには仏となるという物語です。

ここに一少年の求道遍歴物語があります。ほんとうの自己、真実の自己を求めて、ひたすら師を訪ね、教えを求めて行脚していくのです。それはまさに「自分探しの旅」といえるでしょう。

この「入法界品」は絵巻物にもなっています。『華厳五十五所絵巻《けごんごじゅうごしょえまき》』には、善財童子がみず、らの髪型でかわいらしく描かれています。「入法界品」で善財童子が訪ねる善知識は五十三人ですが、重複して教えを受けた人もあり、ともあれ全部で五十五所において教えを受けたと解されているのです。

なお、よく東海道五十三次の駅は、善財童子が訪ねた善知識の数に由来しているといわれますが、これは必ずしも真実ではないようです。

文殊菩薩の登場

さて、善財童子の自分探しの旅、「入法界品」の概要を紹介しましょう。釈尊（実は毘盧舎那仏《びるしゃなぶつ》）は、祇園精舎《ぎおんしょうじゃ》の一角にある大荘厳重閣講堂《だいしょうごんじゅうかくこうどう》におられます。周りには普賢菩薩《ふげんぼさつ》、文殊師利菩薩《もんじゅしりぼさつ》（文殊菩薩）等々の菩薩ら、また舎利弗《しゃりほつ》、目連《もくれん》等々の声聞《しょうもん》ら、さらに天王らとともにいました。

釈尊は、獅子奮迅三昧《ししふんじんざんまい》という三昧《さんまい》に入りますと、その祇園の場はきらびやかな宝石で飾られたような厳浄《ごんじょう》の仏国土《ぶっこくど》に変わります。そこには無数の菩薩らが十方から来集して充満しますが、それもみな釈尊（毘盧舎那仏）の威神力《いじんりき》によるものです。

しかし、声聞らはこの神変《じんぺん》を見ることができません。この菩薩らの姿やはたらきを見ることができなかったのです。なぜなら、仏の世界は「甚深広大《じんじんこうだい》であって、知りがたく、見がたく、源底を究めがたく、限量あることなく、もろもろの世間を超え、不可思議であり、不可壊《ふかえ》であって、声聞や縁覚《えんがく》の境界ではないから」だといいます。

このあと、この集会に参集していた菩薩らが仏の威神力を受け、仏を讃える偈文《げもん》（詩）を次々と唱えます。最後に普賢菩薩が、獅子奮迅三昧について十義をもって説明し、そのことを重ねて偈文で説明します。すると釈尊は、諸々の菩薩を獅子奮迅三昧に安住せしめんがために、眉間の白毫相《びゃくごうそう》から普照三世法界門《ふしょうさんぜほっかいもん》と名づける光明《こうみょう》を放ち、不可説の世界の微塵数《みじんすう》に等しい光明をその眷属《けんぞく》として、あまねく十方一切《じっぽういっさい》の世界海を照らすという神変を示します。祇園に来集した菩薩たちは、不可思議の光明を得て、無量の功徳《くどく》を成満し、そのゆえに不可説の仏国土の微塵数に等しい大神変荘厳《だいじんぺんしょうごん》の雲を起こしたりします。

このような事態を受けて、文殊菩薩は仏の威神力を受け、重ねて祇園の林の無量の荘厳を讃嘆するために偈文を唱えます。そうしますと、

時にかの一切もろもろの菩薩達は、如来の三昧の光明に照されたがために、何れもみな不可説の仏国土の微塵数にひとしい大悲の法門をえて、一切衆生を利益《りやく》し安楽にされました。かのもろもろの菩薩はその身中の一々の毛孔から、みな不可説の仏国土の微塵数の光明をはなち、その一々の光明からみな不可説の仏国土の微塵数の菩薩を化現し、その身の形相は世の諸王のごとく、あまねく一切衆生の前にあらわれ、十方の法界《ほっかい》至るところに行きわたり、種々の方便をもって教化《きょうけ》し訓練される。

ということになります。さらにこれらの菩薩らは、

……或《ある》いは地獄・餓鬼・畜生のところを現じ、大悲・智慧・および阻壊《そえ》すべからざるもろもろの大願とをもって、衆生を摂取して方便を捨てられない。或いは名号《みょうごう》をもって教化し、或いは憶念をもって教化し、或いは音声《おんじょう》をもって教化し、或いは円満なる光明をもって教化し、或いは光明の網をもって教化し、その所応にしたがって悉《ことごと》くその前にあらわれ、処々の荘厳《しょうごん》を現じて仏のみもとを離れず、楼閣《ろうかく》の座を離れないでしかもあまねく十方に現ぜられる。或いは又、変化身《へんげしん》の雲を現じ、或いは無二の身を現じて、十方に遊歴して衆生を教化される。

といいます。現ずる姿は、声聞・梵天《ぼんてん》・あらゆる苦行・良医・商人・正しき生活・芸人・天人等々であり、しかも至るところに示現して衆生を教化し、成就されるけれど、しかもまた祇園林の如来《にょらい》のみもとを去らないというのです。

以上は、「入法界品」冒頭のきわめて簡略な内容です。これらのことが、例によっていかにも『華厳経』らしく、神秘的・幻想的な光景の中に描き出されています。菩薩らは、はるか昔に菩提心《ぼだいしん》を発し、そして修行しているのです。

さて、このとき文殊師利菩薩は仏のみもとを辞し、大勢の眷属とともに南方に赴きます。これに舎利弗および弟子のたくさんの比丘《びく》（修行僧）らがついていきます。さっそく文殊は比丘らを教導します。すなわち、十種の大心を成就するなら、すみやかに如来地（仏の境界）に入ることができると教えるのです。それは、次のようです。

一には、あらゆる善根《ぜんごん》を積集《しゃくじゅう》して疲厭《ひおん》のおもいを生じない。

二には、あらゆる仏を拝みまつり恭敬し供養して疲厭のおもいを生じない。

三には、まさしく一切の仏法をもとめて疲厭のおもいを生じない。

四には、あまねく菩薩の諸波羅蜜《しょはらみつ》を行じて疲厭のおもいを生じない。

五には、あらゆる菩薩の三昧を具足《ぐそく》して疲厭のおもいを生じない。

六には、三世一切《さんぜいっさい》の流転《るてん》において疲厭のおもいを生じない。

七には、あまねく十方の仏国を厳浄して疲厭のおもいを生じない。

八には、一切衆生を教化し訓練して疲厭のおもいを生じない。

九には、あらゆる国土とあらゆる劫《こう》のうちに菩薩の行を行じて疲厭のおもいを生じない。

十には、広大のこころを起してあらゆる仏国土の微塵にひとしい諸波羅蜜を修習し、一切衆生を度脱《どだつ》して仏の十力を具《そな》えしめて疲厭のおもいを生じない。

ここには、大乗仏教徒の生き方の基本ともいうべきものがあるでしょう。文殊は、「比丘よ、もし善男子・善女人にしてこの十種の大法を成就するならば、よく一切の善根を長養し、生死の巷とあらゆる世間性とを離れ、声聞・縁覚の地を超出して如来の家に生まれ、菩薩の行を修め、菩薩地に住し、如来の功徳力を成就し、衆魔を降伏し、諸々の外道《げどう》を制御するだろう」と語りかけます。

このとき、諸々の比丘はみな如来の世界のあり方を了解し、いわば菩薩に確定してしまいます。そこで文殊菩薩は、諸々の比丘に「普賢の行」を勧め、行ぜしめます。すると、「もろもろの比丘は、それによって大願海を出生しました。すでに大願海を出生して身心清浄《しょうじょう》となり、不死の通明をえました。すでに不死の通明をえたがゆえに、文殊師利の足下を離れないで、あまねく十方一切の仏のみもとに悉くその身を現じて、一切の仏法を具足し成就しました」ということです。

このように、「入法界品」だけでなく『華厳経』全体がそうなのですが、普賢行というもの、普賢菩薩の願行《がんぎょう》が主題となっているのです。

善財童子と五十三人の善知識

このあと文殊は眷属とともに南方に向かい、覚城《かくじょう》の東に至って荘厳幢娑羅林《しょうごんどうさらりん》のうちの大塔廟に住します。人々は文殊がそこにいることを知って集まってきますが、文殊はその中に善財童子がいることを知ります。そこで一切の仏法を善財童子および集まってきた人々に説きます。そうして信解《しんげ》の力を増長させ、菩提心《ぼだいしん》を起こさせたのでした。

文殊は南方に遊行に発ちますが、善財童子はこれに随従しつつ、文殊菩薩を讃える偈文《げもん》（詩）を唱えます。その内容は、文殊菩薩の徳を讃えると同時に、我を守護し、抜済し、教示し、大乗に載せたまえというもので、その結びは、「願わくば慈みて我をかえり見たまえ」というものです。これに対して文殊は、「もろもろの善知識（仏道上の師）に親近《しんごん》し供養するのは一切智を具足するがための最初の因縁である。それゆえに善男子よ、まさに善知識をもとめて親近し、恭敬し、一心に供養して、厭《あ》き足ることなく菩薩の行を問うがよい」と教誡し、善財童子のために次の偈文を説きます。

善いかな、功徳の蔵よ、よく我がもとに来って、広大の悲心を起こし、もっぱら無上道を求めたことである。
まずもろもろの大願をおこして、衆生の苦を除滅し、菩薩の行を究竟《くぎょう》して、無上道を成就するが可《よ》い。
もし菩薩あって、生死の苦を厭わずに、普賢の行を具足するならば、何者にも阻壊されないであろう。

要は、普賢の行を完成させよ、というのです。「入法界品」の菩薩道は、徹頭徹尾、普賢行なのです。今の文殊の偈文の最後は、「無量のもろもろの衆生は、汝の願を聞いて歓喜し、みな菩提を求める心をおこし、願って普賢の乗を学ぶだろう」とあります。

この偈文を説き終わると、文殊は善財に南方の可楽国《からくこく》に和合山《わごうせん》があり、そこに功徳雲《くどくうん》という比丘がいるので訪ねて問うがよいと勧め、「どんなふうに菩薩の行を学び、どんなふうに菩薩の行を修め、ないしどんなふうにして普賢の行をすみやかに円満すべきであろうか」質問するようにと告げます。

善財童子はこの語を聞き終わり、「歓喜踊躍《かんぎゆやく》し、頭面に足を礼して幾度《いくた》びとなく右に繞《めぐ》り、ねんごろに瞻仰《せんごう》し、涙を垂れながら辞退して、南をさして歩を運ばれ」たのでした。こうして、善財童子の求道遍歴《ぐどうへんれき》、いわば自分探しの旅が始まるのです。

善財童子は功徳雲比丘《くどくうんびく》を訪問しますと、功徳雲比丘は自分の仏道についての領解《りょうげ》を語ったあと、次はどこそこのだれそれのもとを訪ねなさいと勧めます。以下、このことが何回となく続いていくというわけです。その中で、善財童子は貴重な教えを幾多も授かり、真実の自己に出会っていくことになるわけです。

ここで、善財童子が訪ねた人々の名を一覧表としてあげてみましょう。

①文殊師利菩薩《もんじゅしりぼさつ》　②功徳雲比丘《くどくうんびく》　③海雲比丘《かいうんびく》　④善住比丘《ぜんじゅうびく》　⑤良医弥伽《ろういみが》　⑥解脱長者《げだつちょうじゃ》
⑦海幢比丘《かいどうびく》　⑧休捨優婆夷《ぐしゃうばい》　⑨毘目多羅仙人《びもくたらせんにん》　⑩方便命婆羅門《ほうべんみょうばらもん》　⑪弥多羅尼童女《みたらにどうにょ》
⑫善現比丘《ぜんげんびく》　⑬釈天主童子《しゃくてんしゅどうじ》　⑭自在優婆夷《じざいうばい》　⑮甘露頂長者《かんろちょうちょうじゃ》　⑯法宝周羅長者《ほうぼうしゅらちょうじゃ》

⑰普眼妙香長者《ふげんみょうこうちょうじゃ》　⑱満足王《まんぞくおう》　⑲大光王《だいこうおう》　⑳不動優婆夷《ふどううばい》　㉑随順一切衆生外道《ずいじゅんいっさいしゅじょうげどう》
㉒青蓮華香長者《しょうれんげこうちょうじゃ》　㉓自在海師《じざいかいし》　㉔無上勝長者《むじょうしょうちょうじゃ》　㉕師子奮迅比丘尼《ししふんじんびくに》　㉖婆須蜜多女《ばしゅみったにょ》
㉗安住長者《あんじゅうちょうじゃ》　㉘観世音菩薩《かんぜおんぼさつ》　㉙正趣菩薩《しょうしゅぼさつ》　㉚大天天《だいてんてん》　㉛安住道場地神《あんじゅうどうじょうちじん》
㉜婆娑婆陀夜天《ばしゃばだやてん》　㉝甚深妙徳離垢光明夜天《じんじんみょうとくりくこうみょうやてん》　㉞喜目観察衆生夜天《きもくかんざつしゅじょうやてん》
㉟妙徳救護衆生夜天《みょうとくくごしゅじょうやてん》　㊱寂静音夜天《じゃくじょうおんやてん》　㊲妙徳守護諸城夜天《みょうとくしゅごしょじょうやてん》　㊳開敷樹華夜天《かいふじゅげやてん》
㊴願勇光明守護衆生夜天《がんゆうこうみょうしゅごしゅじょうやてん》　㊵妙徳円満林天《みょうとくえんまんりんてん》　㊶瞿夷《くい》（釈迦族の女）　㊷摩耶夫人《まやぶにん》
㊸天主光童女《てんしゅこうどうにょ》　㊹遍友童子師《へんゆうどうじし》　㊺善知衆芸童子《ぜんちしゅげいどうじ》　㊻賢勝優婆夷《けんしょううばい》　㊼堅固解脱長者《けんごげだつちょうじゃ》
㊽妙月長者《みょうがつちょうじゃ》　㊾無勝軍長者《むしょうぐんちょうじゃ》　㊿尸毘最勝婆羅門《しびさいしょうばらもん》　(51)徳生童子《とくしょうどうじ》　(52)有徳童女《うとくどうにょ》
(53)弥勒菩薩《みろくぼさつ》　(54)文殊師利菩薩《もんじゅしりぼさつ》　(55)普賢菩薩《ふげんぼさつ》

この中、(51)と(52)は、いっしょにいてともに説きますので、一人の善知識と見なします。さらに①と(54)と二度の文殊を一人と数えると、五十三人の善知識ということになるのです。

こうしてみますと、菩薩方の他、比丘、比丘尼、外道、仙人、婆羅門、天（男神・女神）、夜天（夜の女神）、王、長者、医、海師（船頭）、遊女、優婆夷（在家の女性の信者）、童子、童女らが含まれていて、実に多彩な顔ぶれになっています。女性が多いことも、一つの特徴でしょう。あとのほうになるにつれて童子、童女が多く出てくることも、興味深いことです。

参考までに、五十三人の善知識と、前にもふれた菩薩の修行の階梯としての十信・十住・十行・十回向・十地・等覚・妙覚の五十二位との関係についての、法蔵の説を紹介しておきましょう。

①文殊菩薩により十信が成就し、初めの②功徳雲比丘は初発心位にあたります。

以下、⑪弥多羅尼童女までが十住、

次の⑫善現比丘から㉑随順一切衆生外道までが十行、

次の㉒青蓮華香長者から㉛安住道場地神までが十廻向、

次の㉜婆娑婆陀夜天から㊶瞿夷までが十地です。

そのあと㊷摩耶夫人から㊾有徳童女までは、「会縁入実相の善知識」とされています。

ついで、㊿弥勒は摂徳成因相、(51)文殊は智照無二相、最後の(52)普賢は顕因広大相の善知識とされています。少なくとも、瞿夷までの四十一人は、十地までの階位にあてられているわけです。

青蓮華香長者らの教え

善財童子がこれらの善知識を訪ねて授かる教えのすべては、ここにはとうてい紹介しきれません。そこで、興味深いほんのいくつかの例のみをあげてみましょう。

第二十二番目に青蓮華香長者のもとを訪ねますが、この方はまるでアロマセラピーの元祖のような方です。

善いかな、善いかな、善男子よ、御身はよくこそ阿耨多羅三藐三菩提心《あのくたらさんみゃくさんぼだいしん》をおこされた。善男子よ、自分はよく分別《ふんべつ》して一切もろもろの香を知り、また一切の香を調合する法を知っている。また一切の香・一切の焼香・一切の塗香・一切の末香等、かようなあらゆる香王の出処を知っている。またよく天香・龍香・夜叉《やしゃ》香・乾闥婆《けんだつば》香・および阿修羅・迦樓羅・緊那羅……等のあらゆる諸香を了知している。又よく分別して諸病を治する香・諸悪を断つ香・歓喜《かんぎ》を生ずる香・煩悩を増す香・煩悩を滅する香・有為《うい》に執著心を生ぜしめる香・有為に厭離心《おんりしん》を心ぜしめる香・もろもろの憍逸心《きょういつしん》を捨てしめる香・発心《ほっしん》して仏を念ぜしめる香・法門を証解《しょうげ》せしめる香・聖者の受用する香・あらゆる菩薩の差別の香・あらゆる菩薩の地位の香を知っている。かような一切の香の形相と、生起と、出現と、清浄と、安穏と、方便と、境界《きょうがい》と、成就と、威徳と、業用と、根本とにことごとく通達している。

善男子よ、人中に大象蔵と名づける香がある。この香は龍の闘いによって生ずるもので、その一丸を焼けば大光網の雲をおこして甘露味国をおおい、七日七夜香水の雨を降らす。もし身につくれば身がすなわち金色となる。衣服や宮殿や楼閣につけても皆ことごとく金色となる。もし人あってこの香をかげば、七日七夜、歓喜悦楽して一切の病いを滅し、恐怖や危害のこころを離れ、もっぱら大慈に向い、あまねく衆生を念ずる。自分はこれを知って法を説き、彼等をして阿耨多羅三藐三菩提において不退転をえしめる。

まだまだ奇特な香の説明も続きますが、何やら神話的世界と現実世界の交錯する不思議な世界です。もちろん、象徴的な表現を用いているのでしょうが、何らか香の実際の効用をふまえたものでもあるでしょう。香は、種類によって、身の病や心の邪悪、汚れを除いていき、浄化して、身心を調和・安定させていく様子がよくうかがえます。

善財童子はこの長者と出会って、香の世界の奥義にふれた喜びに満たされます。思うに、おそらく香だけでなく、どんな世界にも奥義はあり、またさまざまなものにも身心の浄化・安寧に資する効能があることでしょう。

第三十六番目の寂静音夜天の教えには、修行の意味についての解説が見られます。まずこの夜天は、

善男子よ、自分は衆生のために憂悩と無量の衆苦とを除滅して、彼等をして永《とこしな》えにもろもろの不善の色《しき》・声《しょう》・香《こう》・味《み》・触《そく》・法《ほう》を捨離せしめ、愛別離苦《あいべつりく》・怨憎会苦《おんぞうえく》・及び余の一切のもろもろの悪因縁・壊滅の大苦・生死に住する苦・老病死憂悲の苦悩を除滅して、如来の無上の快楽をえしめ、あらゆる都鄙《とひ》の衆生をことごとく救護して安楽をえしめ、彼等のために広く法を説き、教えて次第に一切種智を求めしめる。

等々と語ります。さらに、

もし衆生の境界に執著するのを見ては、彼等のために法を説いて如来の甚深なる境界をえしめる。

もし衆生の瞋恚（怒りの心）をおこすのを見ては、彼等のために法を説いて、如来の忍《にん》辱《にく》波《は》羅《ら》蜜《みつ》をえしめる。

もし衆生の懈《け》怠《たい》するのを見ては、彼等のために法を説いて菩薩の浄らかな精《しょう》進《じん》波《は》羅《ら》蜜《みつ》をえしめる。

乱心の者のためには正《しょう》法《ぼう》を演説して如来の禅《ぜん》波《は》羅《ら》蜜《みつ》をえしめる。

邪癡の者のためには正法を演説して般《はん》若《にゃ》波《は》羅《ら》蜜《みつ》をえしめる。

三界に執著する者のためには正法を演説して三《さん》有《ぬ》を出でしめる。

小法を楽《ねが》う者のためには正法を演説して菩薩の大願を満足せしめる。

みずから安んずる者のためには正法を説いて大願を具して一切を利益せしめる。

心の劣弱なる者のためには正法を演説して菩薩の智《ち》波《は》羅《ら》蜜《みつ》をえしめる。

無智の者のためには正法を演説して菩薩の智波羅蜜をえしめる。

等々と語っています。この部分の最後には、

善男子よ、自分はこのような無量の法施《ほっせ》をもって衆生を摂取し、悪道の苦を滅して天・人の楽に住せしめ、三界の縛を脱して一切智に住せしめる。かくのごとく自分はもろもろの功徳を具足し、種々の方便をもって衆生を化度し、歓喜すること無量である。

とまとめています。この夜天の説くところは、「無量《むりょう》歓喜《かんぎ》荘厳《しょうごん》法門《ほうもん》」なのですが、菩薩行を行じては無量の歓喜を生じ、菩薩の大海を観察しては無量の歓喜を生じ、毘盧舎那仏の様子を見ては無量の歓喜を生じます。この法門のはたらきは無量無辺であるともいいます。善財童子は寂静音夜天に、「どんな法を修めてこの法門をえられたのですか」と問うと、夜天は十種の妙法をもって答えます。それは、以下のようです。

一には、布施《ふせ》を修行して一切衆生海《いっさいしゅじょうかい》を皆ことごとく歓喜せしめる。
二には、浄戒《じょうかい》を修行して諸仏の功徳の大海を成満する。
三には、忍辱《にんにく》を修行して一切諸法の真性を了知する。
四には、精進《しょうじん》を修行して一切智において堅固にして退かない。
五には、禅定《ぜんじょう》を修行して一切衆生の煩悩を除滅する。
六には、智慧《ちえ》を修行して一切の法界を分別し了知する。

七には、方便《ほうべん》を修行して一切衆生海を教化し成就する。
八には、大願を修行して一切の仏国土海において未来の果てまで菩薩行を修める。
九には、諸力を修行して念々のうちにあらゆる国土に現じて大覚をひらく。
十には、無尽智《むじんち》を修行して三世《さんぜ》の法を了知して障礙《しょうげ》する所がない。

ここには、十波羅蜜《じっぱらみつ》の教えがあります。菩薩行は十波羅蜜にきわまるということにもなります。なお、ここで忍辱について、「一切諸法の真性を了知する」とありますが、忍辱の徳目の中には、無生法忍《むしょうぼうにん》（諸法は本来、無生＝不生不滅であると認ずること）という忍辱があるからです。

寂静音夜天は、これらの修行を無量劫《むりょうこう》の過去から続けてきたのですが、経典が描くその様子は日常の人間の感覚をはるかに超えたものになっています。

聖母・摩耶夫人の教え

ところで、善財童子が訪ねる善知識の中には女性や子どもなどもけっこういるのでしたが、今、その中の一人を紹介してみましょう。ここでは、摩耶夫人を取り上げてみたいと思います。摩耶夫人は、釈尊の生母としてよく知られている方ですが、善財童子は四十二番目にこの方を訪ねます。

一般に仏教とキリスト教とを比較したとき、東洋の仏教は母性的、西洋のキリスト教は父性的と思われるのではないでしょうか。しかし、キリスト教のカトリックにはマリア様がいて、聖なるイエスを胸に抱いた像などをよく見かけます、イエスは神と一体（三位一体）ですから、その母は神の母でもあるわけで、マリア様こそが神の根源ですらあるということになりそうですが、実際はそのような教義にはなりません。しかしそれにしても、キリスト教では母・マリア様が実に重要な役割を果たしているのを見ることができます。

一方、仏教では、釈尊の母・摩耶夫人は、釈尊の生後一週間ほどで亡くなったといわれ、経典などでも母の姿はあまり説かれていません。『法華経』を見ても、実にやさしい慈父は出てきますが、母のほうはほとんど出てきません。出てきても、釈尊によって励まされるような存在として出てきます。仏教はむしろ母の姿は希薄で、父性的な宗教というべきなのかもしれません。ただその父が、母性をも兼ね備えたような慈悲深い存在なのです。

しかしながら『華厳経』「入法界品」は、釈尊の母・摩耶夫人を登場させて、諸仏の根源のような性格を持たせています。東洋的な大地性というものがもし仏教にあるとすれば、それは『華厳経』にこそあるといってよいでしょう。

善財童子が摩耶夫人にお会いしたいと思っていると、宝眼《ほうげん》と名づける城天《じょうてん》や、法妙徳《ほうみょうとく》と名づける天、善現と名づける羅刹鬼王《らせつきおう》が種々教えを説いて導きます。ときに善財が羅刹の教えに随順すると、同時に大宝蓮華《だいほうれんげ》が地から湧出するのを見ます。そこに、不可思議の眷属に囲まれながら、一切衆生の前において無量の清浄なる色身《しきしん》を現じている摩耶夫人がおられるのを目にします。やがて摩耶夫人は、自分は毘盧舎那仏《びるしゃなぶつ》の母となったのであり、同様にあらゆる過去の仏・現在の仏・未来の仏の母となるのだと語ります。その間に、

善男子よ、自分がかつて蓮華池神となっていた際、蓮華蔵において忽然として化生《けしょう》した菩薩のあったのを、自分が手をかけて大切に養育したので、あらゆる世間は自分を呼んで菩薩の母と言った。また、かつて自分が菩提場神であった時、自分の懐中に菩薩が忽然と化生したので、世間はまた自分を呼んで菩薩の母と言った。善男子よ、無量の最後身の菩薩がこの世界において種々に方便して受生を示現する場合、自分は皆ことごとくその母となる。

とも語ります。

善財が「この法門をえてどのくらいの時が経《た》つのですか」と質問しますと、摩耶夫人は次のように答えるのでした。

善男子よ、遥かに遠い昔、もろもろの菩薩の通明をさえも超えた不可数劫以前に、浄光明と名づける劫があって、世界を妙徳須弥山王《みょうとくしゅみせんおう》といい、その世界は清浄《しょうじょう》であってもろもろの垢穢《くえ》がなく、衆宝をもって合成し、種々に厳飾《ごんじき》されて、見る者をして飽き足ることを

知らしめなかった。かの世界のうちに千億の四天下《してんげ》があって、その四天下の一つに八十億の大王の都があった。

しかしてそのもろもろの王都のうちに智幢《ちどう》と名づける一王都があって、王を勇盛《ゆうじょう》といい、転輪王《てんりんおう》であった。その王都の北に月光明《がっこうみょう》と名づける道場があって、道場神を慈妙徳《じみょうとく》と称した。時に離垢幢という菩薩がいて、道場に坐してまさに成道しようとする時に臨んで、金剛光明《こんごうこうみょう》と名づける悪魔が眷属とともに菩薩のもとに来て、その道行を壊《やぶ》ろうとした。そのとき勇盛王が菩薩の神力自在を具足し、かの魔軍よりも更に多数の兵衆を化作《けさ》してこれを摧伏《さいぶく》した。かくてかの菩薩は正覚《しょうがく》を成《じょう》ずることをえた。時に道場神はこのことを見て歓喜すること限りなく、かの王に対して子の想いを生じ、仏足を頂礼して発願《ほつがん》するよう、「この転輪王が成仏するに至るまで在在処々において自分はその母となろう」と。かように願をおこして、復《ま》たその道場において十那由他《なゆた》のほとけを供養したてまつった。

善男子よ、御身はどう思う？　かの道場神は余人ではなく自分自身であり、転輪王は盧舎那仏である。善男子よ、自分はかの発願以来、この仏世尊（盧舎那仏）が十方国土のあらゆる境界において処々に受生し、もろもろの善根を種《う》え、菩薩の行を修め、一切衆生を教化し成就して、乃至《ないし》、最後の受生にいたるまで、常にその母となった。善男子よ、過去・現在の十方無量のあらゆる世界の諸仏如来も、まさに成仏せられようとする時、みな臍中において種々広大の光明を出現して我が身・我が眷属・及び我が居住の宮殿を照したまい、その最後身において皆ことごとく自分を母とする。

いったい、自分がその者の母となろうと思ったというその思いの、根本にあるものは何でしょうか。産み出し、守護し、養育し、一人立ちさせたい一心のことではないでしょうか。『華厳経』によれば、世界の根源には毘盧舎那仏があるかと思われるのですが、さらにその根源に、母のような想いが存在しているといいます。

私の師・秋月龍珉《あきづきりょうみん》老師は、しばしば「初めに大悲ありき」といわれましたが、『華厳経』のこの箇所はあますところなくそのことを語っていると思われます。

ともあれ、このようにして善財童子は、会う人ごとに無上の教えを授かり、さらに道を求め、真実の自己を求めて遍歴していくのでした。

弥勒菩薩との出会い

善財童子は、終わりのほうにいくと弥勒菩薩（Maitreya）にお会いし、また文殊菩薩にお会いし、そして最後には普賢菩薩にお会いします。その中、まず弥勒菩薩は訪ねてきた善財童子に対し、

善財よ、御身《おんみ》はいま最大の利をえた。無量の劫に見聞しがたいものを御身はことごとく

見聞してその功徳を知った。——すなわち文殊菩薩を見ることをえて無量の徳を積み、あらゆる険難・悪道を遠離して正法に安住し、愚蒙の地を過ぎてもろもろの菩薩の功徳地に住し、智慧地を具えて諸仏地と菩薩の行海とをえ、虚空に等しい諸仏の智蔵を成満し、もっぱら無量のもろもろの妙功徳をもとめて心に厭き足ることがない。

（中略）

善財よ、御身まさに大いに歓喜するがよい。久しからずして大果報を得るであろうから。無量の菩薩が無数の劫において修めるところの菩薩の行を、御身はしかもこの一生において皆ことごとく具足することが出来た。それはひとえに直心《じきしん》の精進力に由るが故である。もしかような結果を得ようとおもうものは、よろしく善財の修学の仕方に倣《なら》うがよい。

などと讃えます。弥勒菩薩は、善財童子の遠い道のりも厭わずに求道の一心で善知識を訪ね、素直に教えを吸収する「直心の精進力」を褒め讃えるのでした。この「直心の精進力」こそ、人生にとってもっとも大切な心でしょう。

その後、弥勒は菩提心の諸徳について説いて聞かせ、さらに自分の住む楼閣に入らせて、めくるめくような神変を見せます。ここの描写はもう、「入法界品」の圧巻であり、ここ こそ華厳の堂奥を示す箇所なのですが、今は紙数の関係で省略します。ぜひ他の書物でお読みください。

そのあと善財童子が、「このもろもろの微妙《みみょう》の荘厳はどこへ去るのでしょうか」と尋ねると、弥勒は、幻事のように「来ることもなく、去ることもなく、住することもなく、著することもなく、生ずることもなく、滅することもない。ただ菩薩の学修せる智・願力のゆえに、このようなことを顕現するのである」と答えます。『華厳経』の根本に、空観《くうがん》があることがうかがわれます。

さらに善財が、「大聖よ、大聖は何処からお出でになられましたか」と尋ねると、弥勒は、

仏子よ、菩薩というものは来ることのない境地・行きも止まりもしない境地・著する所のない境地・不生不死の境地・住せず至らぬ境地・離れず起らぬ境地・捨てず著せぬ境地・業なく報なき境地・無起無依の境地・不常不断の境地より来る。善男子よ、菩薩はただ衆生を教化し救護せんがために大慈悲より来る、衆生の苦を滅せんがために。

などと説き、さらに、

善男子よ、しかも御身が自分にどこから来至したかと問うならば、自分は自分の生地の摩離国《まりこく》から来たと答えるだろう。善男子よ、かしこに楼観《ろうかん》と名づける村落があって、瞿波羅《ぐはら》という長者子がそこにいる。自分は彼のために法を説いて菩提心をおこさしめた。また

自分の生地のもろもろの群生《ぐんじょう》のために化《け》すべき所にしたがって説法し、且《か》つまた父母、及び親属のために応ずる所にしたがって法を説き、彼等を大乗に安立せしめてここに来至したのである。

と答えるのでした。どこから来てどこへ行くのか、この問題は私たちの「自己とは何か」の問題にかかわる最重要の問題ですが、弥勒菩薩はその答えをみごとにここに示しているでしょう。

普賢菩薩との出会い

弥勒菩薩はこのあと善財童子に、「善男子よ、御身いま往いて文殊師利に詣でて問うがよい、『菩薩は如何ようにして菩薩の行を学び、菩薩の道を修め、普賢の所行を具足し成就すべきであろうか』と」と勧めます。善財が長い道のりを経て文殊師利菩薩（Mañjuśrī）に会いにいき、普門城《ふもんじょう》のほとりで「どうしたらお目にかかって慈顔《じげん》を仰ぎまつることができるだろう」と一心に考えていますと、文殊菩薩が現れ、種々教誨《きょうかい》を垂れ、慰喩《いゆ》して歓喜踊躍せしめ、無量の法門を成就させ、普賢の所行の道場のうちに入ることを得しめて、自らは姿を消してしまいます。そこで善財童子が一心に普賢菩薩（Samantabhadra）にお会いしたいと念じていますと、数々の瑞相を見、ついに普賢菩薩にまみえます。

普賢菩薩は、如来の御前において蓮華蔵獅子座《れんげぞうししざ》に座り、一一《いちいち》の毛孔から無量の光明・香雲・

華雲・仏国土・諸仏・諸菩薩等々を出すなどの不可思議なる自在神力を発揮されています。普賢菩薩は、自分の修してきた菩薩行の様子を語って聞かせ、善財童子に「御身かさねて我が清浄なる法身《ほっしん》を観ぜられよ」と促します。善財が見る普賢菩薩の様子は、次のように語られています。

そのとき善財は普賢菩薩の相好の肢節、およびもろもろの毛孔のうちに、不可説不可説の世界海の諸仏が充満して、一一の如来が不可説不可説の大菩薩衆をその眷属としたまえるのを拝みました。その一一の如来の世界海の所依は不同であり、形色もそれぞれ相違し、金剛囲山《こんごういせん》に大雲の弥覆せることも、仏が世間に現われて転じたもう法輪も、すべてこれらのことは一様ではありません。また普賢菩薩が十方の国土に一切世界微塵数の如来の化身を現じて衆生を教化し阿耨多羅三藐三菩提心《あのくたらさんみゃくさんぼだいしん》をおこさしめたもうのを拝みました。

このことを経て、善財童子はもはや普賢菩薩と同等の存在となるのです。

何んとなれば、いま善財童子は念々のうちに不可説不可説の仏の世界海に入り、不可説不可説微塵数のもろもろの功徳蔵をえ、諸仏海の次第に出世して菩薩衆海に囲繞《いにょう》せらるるを知り、衆生の根をさとり、自在力を現じてこれを化度《けど》し、あるいは一世界に一切のうちにおいて菩薩の行を修め、乃至、不可説不可説世界微塵数劫に菩薩の行を修め、この世界に没せず彼の世界に生ぜずして、しかもよく無量無辺の世界の衆生を教化して阿耨多羅三藐三菩提心をおこさしめるからであります。

この時にあたり、善財童子は次第に普賢菩薩のもろもろの行願海をえ、普賢と等しく、諸仏と等しく、一身、一切世界に充満し、国土等しく、行等しく、正覚等しく、神通等しく、法輪等しく、弁才等しく、言辞等しく、音声《おんじょう》等しく、力・無畏《むい》等しく、仏の所住等しく、大悲等しく、不可思議なる解脱の自在も皆ことごとく異なるところがありません。

こうして善財童子の「自分探しの旅」は完成したのでした。普賢菩薩の願行の一切を、童子は一生において、数々の善知識に会うことの中で体現しえたのです。

このあと、普賢菩薩は諸々の菩薩に対し、「自分はいま仏の功徳海の一滴の相を説こうと思う」といって、やや長い偈文を説きます。そこにはまたしても、仏・菩薩の充満した世界が説かれたり、さまざまな化用《けゆう》が説かれたりしていますが、「入法界品」はこの偈文をもって終了するのです。その最後のほうの一部をここにあげておきましょう。

如来清浄の法身は三界に比すべきものなく、もろもろの世間を超出して、有《う》でもなければまた無でもない。

所依なくしてしかも住し、去らずしてしかもあまねく至る、たとえば夢中の所見のごとく、また空中の彩画のよう。

色《しき》にあらず、無色にあらず、有相《うそう》にあらず、無相にあらず、有にあらず、また無にあらず、その性あたかも虚空のよう。

仏身の差別は、大海の摩尼《まに》の無量の色のごとく、如来は色でもなく、非色でもなく、しかも応ずる所にしたがって現じて住するところがない。

大仙の現じたもうは虚空のようなもので、真如・自性《じしょう》・実際・涅槃《ねはん》・離欲・滅――これらは皆ことごとく一性である。

衆生心の微塵は数え知るべく、大海の水は飲み尽すべく、虚空は量るべく、風は繫《つな》ぐべくとも、ほとけの功徳はついに説き尽すことができない。

もしこの法を聞いて歓喜し、信解して疑心を生ぜぬならば、すみやかに無上道を成じて、もろもろの如来と等しきものになるだろう。

以上、「入法界品」の概要をだいぶ省略しつつ紹介しました。実にファンタスティックな光景がふんだんに織り込まれながら、善財童子の求道遍歴を物語り、童子自身が普賢菩薩そのものとなり、仏にも等しくなる菩薩道の道ゆきが説かれていました。それはまた、普賢行ともいわれるのですが、その根底にあるのは一切の生命ある者を救済したい、守り育《はぐく》みたいとの意志であろうと思われます。

その根源的な意志のもとに、あらゆる衆生が導かれつつ生きている、そのいのちの秘密を伝えようとすることが、この物語の核心ではないかと私は思うのです。

II

第六章　すべての法門を見わたす

インドの仏教

中国仏教においては、しばしば「教相判釈《きょうそうはんじゃく》」ということが行われてきました。教相判釈とは、さまざまな仏教の思想のあり方をすべて理解して、それらの相互関係を判定していくことです。

一口に仏教といっても、実は多様なものがあります。いわゆる小乗仏教もあれば大乗仏教もあります。禅のように無神論的な立場に立つ仏教もあれば、浄土教のように阿弥陀一仏をたのむ仏教もあります。インド仏教自体にさまざまなものがあって、それが中国に一挙に流入してきたら、中国人たちはその中でどれが釈尊の真意にもっとも親しいのか、いい換えればどれが真実の仏教なのか、よほど考えざるをえなかったでしょう。

仏教はインドだけでなく、中国で独自に展開したものや、また日本で独自に展開したものもあります。今日の私たちとしてみれば、それら全体の中でどれが真実の仏教なのか見出していかなければならないわけで、私たちは実はたいへんな宿題を負っているということにもなります。それはともかく、まずはインド・中国・日本の多彩な仏教について、簡単に一覧しておきましょう。

いうまでもなく仏教は、釈尊より始まります。釈尊の教えは、今日、漢訳で『阿含経《あごんぎょう》』、パーリ語で『ニカーヤ』に収録されていると考えられています。確かにこれらは、釈尊の言葉、説法をまとめたものといえますが、ただしかなり後世の人の手が加わっていることも事実です。その釈尊の教えを原始仏教、または根本仏教などと呼びますが、しかし釈尊自身の教えのままともいえないということで、初期仏教と呼ぶべきだとの主張もなされています。

釈尊が亡くなって百年くらいたつと、それまで一つのものとして運営されてきた教団が大きく二つに分裂します。それには、変化した社会状況にどう対応していくかの問題で、意見の対立が激化してきたということがあったようです。分裂した二つの教団の名前は、上座部《じょうざぶ》と大衆部《だいしゅぶ》です。この分裂を「根本分裂《こんぽんぶんれつ》」といいます。

いったん教団が分裂すると、しだいにそこからさらに多くの教団に分かれていきます。その分裂を「枝末分裂《しまつぶんれつ》」といいます。仏滅（釈尊が亡くなったこと）後、二百年から四百年くらいのうちに、根本分裂と枝末分裂を合わせて、二十の教団が成立したと伝えられています（『異《い》部宗輪論《ぶしゅうりんろん》』）。そこで成った個々の教団を部派と呼び、それらの仏教を「部派仏教」といいます。概してこの部派仏教では、人間や世界を哲学的に詳しく究明していきますが、その究明の営みを「アビダルマ」と呼びます。アビダルマというのは、法《ダルマ》の分析、世界を構成している要素の分析、あるいは真実への志向といった意味です。

一方、西暦紀元前後に、新しい仏教として大乗仏教が興《おこ》ってきます。大乗仏教は、それまでの仏教を小乗（劣った教義）と呼び、自らを大乗（偉大な教義）と自称して、その優越性を誇示するのでした。当初、『般若経《はんにゃぎょう》』『法華経《ほけきょう》』『華厳経《けごんぎょう》』『無量寿経《むりょうじゅきょう》』などの経典を制作して、これを広めていきます。

やがて、それらの経典に盛られた思想をさらに哲学的・論理的に整理し、体系的な教理としてまとめていく作業が行われていきます。中でも、龍樹《りゅうじゅ》（一五〇～二五〇年ごろ）に発する中《ちゅう》観派《がんは》と、弥勒《みろく》・無著《むじゃく》（三九五～四七〇年ごろ）・世親《せしん》（四〇〇～四八〇年ごろ）に発する瑜伽行派《ゆがぎょうは》（唯識学派《ゆいしき》）とは、インド大乗仏教の二大思潮を形成しました。

龍樹は『中論《ちゅうろん》』を著し、無著は『摂大乗論《しょうだいじょうろん》』、世親は『唯識三十頌《ゆいしきさんじゅうじゅ》』などを著しています。また、如来蔵思想という、どんな人もすでに如来の胎児を有しているといった思想も、ひとつの流れとしてありました。他に、阿弥陀仏信仰の運動などもインドですでにあったと考えられますが、宗派、学派としてはよくわかりません。七世紀ごろからは、大乗仏教の理想を受け継ぎつつも独自の修行法を唱える密教が現れてきます。

以上は、インド仏教史のごくごく簡単な描写ですが、特に部派仏教はいくつにも分かれていて、けっこう異なるあり方の思想が主張されていました。大衆部の思想には、確かに大乗仏教に近いものが認められます。また、大乗経典も種々のものがつくられていったわけで、たくさんの仏・菩薩も語られましたし、仏教の思想、信仰はきわめて多様であったといえましょう。

中国・日本の仏教

中国に仏教がはじめて伝わったのは、永平十年、西暦六七年といわれてきました。中国には小乗仏教と大乗仏教とが同時に入ってくるわけで、その後、さらに種々の仏教が伝来します。のちに中国では、次の十三宗の仏教が成立したといいます。

毘曇宗《びどんしゅう》・成実宗《じょうじつしゅう》・律宗《りっしゅう》・三論宗《さんろんしゅう》・涅槃宗《ねはんしゅう》・地論宗《じろんしゅう》・浄土宗《じょうどしゅう》・禅宗《ぜんしゅう》・摂論宗《しょうろんしゅう》・天台宗《てんだいしゅう》・華厳宗《けごんしゅう》・法相宗《ほっそうしゅう》・真言宗《しんごんしゅう》

ほぼ、成立順になっているものですが、はじめの毘曇とは阿毘曇すなわちアビダルマのこと、三論宗はいわば中観派、法相宗はいわば瑜伽行派です。地論宗は『十地経論《じゅっじきょうろん》』によるもの、摂論宗は『摂大乗論釈』（真諦《しんだい》訳）によるもので、どちらも瑜伽行派の流れの中にありますが、ともに華厳宗に深くかかわっていきます。

日本では、中国からそれらの仏教が入り、また日本人自身による仏教もつくられていったわけで、さらに多彩になったのはいうまでもありません。奈良時代の仏教には、南都六宗、すなわち、三論宗・成実宗・法相宗・倶舎宗・華厳宗・律宗がありました。平安時代には、最澄の天台宗と空海の真言宗が加わります。鎌倉時代には、法然・親鸞・一遍らの浄土教、すなわち浄土宗・浄土真宗・時宗、栄西・道元の禅宗、すなわち臨済宗・曹洞宗、日蓮の日蓮宗も出てきます。

前にもいいましたが、禅と念仏では少なくとも表面的にはまるで異なる仏教のようにみえたりするのですが、それらも同じく仏の教えとして日本人の思想史を形成し、日本文化に多大の影響を与えてきたのでした。

教相判釈の比較思想

以上のように、一口に仏教といっても実に多種多様なものがあるので、いったいその中のどれが自分の生命を託すに値《あたい》するものなのか、道を求める者は真剣に考えなければならなかったことでしょう。しかし、いずれも釈尊の教えとされているのですから、自分にとって最高と思われる教え以外のものに、もの足りない面があったとしても、まったく間違っているということはあまりにも不遜ということになります。

だいたい仏教は、覚りへの道として説かれたものであり、単なる客観的な真理というより、教導的というか、実践的な側面を多分にもったものです。よく対機説法ということがいわれるように、教えの真理性はそれを受け止める主体（機《き》、衆生《しゅじょう》）との関係の中で決まってくるものです。つまり、真実とされることは、その人の宗教的な資質に応じて変わってくることもありうるものなのです。

とすれば、自己にとって真実と思われるもの以外でも、まったく誤りと決めつけてしまうことはできません。古来、仏教ではこのような立場から、多様な仏教を漏らさず扱いつつ、それらを自らの真摯《しんし》な求道《ぐどう》と思索の末に段階的に位置づけ、相互の関連を認めてそれぞれに意味を与えていったのですが、それが教相判釈というものです。

それは、ひとつの比較思想であり、しかも単なる類似点や相異点を指摘するだけの比較思想ではなく、自己の生の足場をどこに求めるかという観点から行う、きわめて主体的な比較思想の営みです。また、他をまったく排除しないという意味では、独善的な排他主義を避けたものになります。

今日、グローバルにも地域的にも社会が多元化した状況にあり、多様な文化・思想・信仰などに生きる者が共存・共生しうる道を探ることが緊要の課題となっています。そこで、宗教の世界にも「宗教多元主義」というものが語られたりしています。これは、自教の唯一絶対主義を克服し、少なくとも真実を語っているとみられる宗教は、唯一の神的実在に対する各々の経験・応答を示しているのだとして、相互の対話を深めようとするものです。人間の経験を超えた唯一の神的実在と人間の経験という、いわば二元論的な枠組みが果たしてすべての宗教にとって適切であるか疑問も出されていますが、まったく排他的な自宗絶対主義は、今後の社会にとってはやはり克服されるべきものでしょう。その意味で、宗教多元主義が唱えられた意義は少なくないと思います。

教相判釈は主体的に自宗を中心・最高と見なしますが、同時に他を包摂していこうとします。自己の救いはかけがえのないものとしてどこまでも究明しつつ、他者の各々の道を容認しようとします。そこに、ひとつの可能性が探れるのではないかと思ったりします。いずれにしても、異なった立場同士、対話を重ねることはたいへん意味のあることでしょう。

種々の教相判釈

さて、教相判釈はインドにも後世になるとないわけではありません。唯識を説く『解深密経《げじんみっきょう》』には、いわば原始仏教・般若中観・唯識の順により深い真実が明かされてきていると説く、「三時教判《さんじきょうはん》」なるものが示されています。そのようにインドに教相判釈がなかったわけではありませんが、しかし、中国ではよりさかんに多くの教判が唱えられたことも事実です。今、その中から代表的な教相判釈の例をいくつかあげてみましょう。

まず、華厳宗の源流をなす地論宗の光統律師慧光《こうずりっしえこう》は、漸《ぜん》・頓《とん》・円《えん》の三種教を立てたといいます。漸教とは、まだ根未熟の者に対し、最初に無常・空《くう》と説いて、のちに常・不空《ふくう》という深妙の義を説くもので、浅い教えから深い教えへと漸次に説く立場のものです。

頓教というのは、すでに根熟の者に対して、今の無常と常、空と不空などを同時に説いてしまう、つまり一つの法門において一切の仏法を説いてしまうもので、漸次にということが無い立場のものです。円教というのは、修行がさらに進んだ上位の者に対して、「如来の無礙解《むげげ》脱《だつ》・究竟果海《くぎょうかかい》・円極秘密《えんごくひみつ》・自在法門《じざいほうもん》」を説くものだといいます。仏の覚りの世界を明かす教えということなのでしょう。

一方、隋の大衍寺の曇隠律師は、因縁宗《いんねんしゅう》・仮名宗《けみょうしゅう》・不真宗《ふしんしゅう》・真実宗《しんじつしゅう》の四宗の教えをもって一切の仏教を包摂したといいます。因縁宗は小乗の説一切有部《せついっさいうぶ》などの教え、仮名宗も小乗の『成実論《じょうじつろん》』などの教えで、一切諸法を虚仮《こけ》・無自性《むじしょう》と説くものです。不真宗は、『般若経』の教えで、やはり空《くう》ということを説き、諸法が実体としての存在ではない（不真）ことを明かします。真実宗は、仏性の真理を説く『涅槃経《ねはんぎょう》』や法界の真理を説く『華厳経』の教えだといいます。

以上は、法蔵の『五教章《ごきょうしょう》』によって紹介したのですが、どこまで正確かわかりません。ともかく、種々の教相判釈が唱えられていたことだけは、この少ない例からもうかがわれると思います。

その中、もっとも代表的な教相判釈の一つに、天台大師智顗《てんだいだいしちぎ》の「五時八教判《ごじはっきょうはん》」があります。八教判というのは、化儀《けぎ》の四教と化法《けほう》の四教を合わせていうもので、したがって五時八教判には三つの教判が含まれているわけです。「五時」は説法の時間的順序によって整理するもの、「化儀」は説法のしかたによって、「化法」は説法の内容によって整理するものです。つまり智顗は、それまで唱えられていた教相判釈の判釈の基準が雑多であることに対し、その基準を整理し、明確にすることを試みたわけです。

五時の教判は、華厳時《けごんじ》・鹿苑時《ろくおんじ》・方等時《ほうどうじ》・般若時《はんにゃじ》・法華涅槃時《ほっけねはんじ》という五時を立てるもので、釈尊は成道《じょうどう》するとただちに『華厳経』を説いて自ら覚った世界のありよう（自内証《じないしょう》の世界）を示し、ついでわかりやすい『阿含経』を説き、しだいに深い教えを順に説こうとして、まず『維摩経《ゆいまぎょう》』『勝鬘経《しょうまんぎょう》』などの諸大乗経典を説き、さらに諸部の『般若経』を説いて、最後に『法華経』『涅槃経』を説いたというのです。

また、化法の四教についていいますと、これは三蔵教《さんぞうきょう》・通教《つうぎょう》・別教《べっきょう》・円教《えんきょう》の四教で、はじめは小乗の教え（三蔵は、経蔵《きょうぞう》・律蔵《りつぞう》・論蔵《ろんぞう》）、第二は小乗の者すなわち声聞《しょうもん》と縁覚《えんがく》、および大乗の者すなわち菩薩《ぼさつ》に対して、空の教えを説いたもの、第三は菩薩らに大乗の無量の功徳を説いたもの、最後は最上利根《さいじょうりこん》の菩薩に対して一つ一つの事象に真実をみる中道実相の義を説いたものというものです。智顗はこのように、『法華経』こそを最高の教えと判断するのでした。

華厳教の五教十宗判

こうして中国においては種々の教相判釈が説かれ、智顗はそれらをさらに整理、再組織したのでしたが、その智顗の教判をも視野に入れてもう一度、新たな一切の仏教の把握を試みたのが、華厳宗第三祖の賢首大師《げんじゅだいし》法蔵《ほうぞう》でした。

その主著の一つ『五教章《ごきょうしょう》』は『華厳経』を中心・最高とした新たな教相判釈、華厳の五教《ごきょう》十宗判《じっしゅうはん》からみた仏教はどのようなものか、詳しく解説したものです。法蔵はそれまでのあらゆる教相判釈を研究して自らの教相判釈を編んだのであり、その教判は、教判の教判という性格をも有するものです。以下、この華厳の五教十宗判についてやや詳しくみていくことにしましょう。

まず、五教判の名称・順序は次のようです。

小乗教・大乗始教・終教・頓教・円教

一方、十宗判のほうは、我法俱有宗《がほうくうしゅう》・法有我無宗《ほううがむしゅう》・法無去来宗《ほうむこらいしゅう》・現通仮実宗《げんつうけじっしゅう》・俗妄真実《ぞくもうしんじつ》宗《しゅう》・諸法但名宗《しょほうたんみょうしゅう》・一切皆空宗《いっさいかいくうしゅう》・真徳不空宗《しんとくふくうしゅう》・相想俱絶宗《そうそうくぜつしゅう》・円明具徳宗《えんみょうぐとくしゅう》で、上述の五教と十宗とを対応させると、次のようになります。

小乗教
- 我法俱有宗
- 法有我無宗
- 法無去来宗
- 現通仮実宗
- 俗妄真実宗
- 諸法但名宗

大乗始教——一切皆空宗

終教――真徳不空宗
頓教――相想倶絶宗
円教――円明具徳宗

ここにはまだ密教は現れていませんが、少なくとも法蔵が見わたせた仏教のほぼ一切を網羅していることが知られるでしょう。以下、五教判に沿いつつその内容をみていきます。

小乗教の立場

はじめに小乗教です。前にもふれたように、小乗という言葉は大乗仏教徒の側がいっているもので、いわれた側がそのことを認めているわけではありません。むしろ自分たちは、釈尊以来の正系を脈々と保持している正統の者であると自任していることと思います。しかし、大乗仏教運動を始めた者たちは、従来の仏教の一定の部分に不十分なものを認め、その徒を小乗と称したのでした。

五教判の小乗教は、十宗判との対応によって知られるように部派仏教の教えが中心となります。中でも、これを代表するのは、説一切有部の教え、十宗判の第二、法有我無宗でしょう。説一切有部の教えは、世親の『倶舎論《くしゃろん》』にたいへん要領よくまとめられていて、仏教のアビダルマ（法の分析、世界の分析）の基本となるものとなっています。そこでは、五位七十五法という、七十五のダルマの分析が説かれます。

大乗仏教の唯識・法相宗は、五位百法のダルマを説いて、大乗のアビダルマを展開しますが、その理解のためにも、説一切有部の五位七十五法を理解することは、とても重要なことです。よく「唯識三年、倶舎八年」といわれるのですが、この句は、『倶舎論』を八年かけて勉強しておけば、唯識は三年ですむということを意味しているといいます。

説一切有部は、色《しき》・心王《しんのう》・心所《しんじょ》・心不相応《ふそうおう》・無為《むい》の五つのグループの、合わせて七十五の法を説くのでした。この場合の法とは、「任持自性《にんじじしょう》、軌生物解《きしょうもつげ》」と定義されるもので、千変万化していく世界にあって自分の特質を維持し続けるもののことです。ですから法とは、世界を構成している基本的な単位となるものです。物質現象・精神現象など、すべての現象界の中で、変わらずに自分自身の特性を維持し続けるものが法《ダルマ》で、その内容は次ページの表のようです。

これらの法は縁起によって組み合わさり、一定期間、存続したりします。諸法の縁起による集合・離散によって世界や自己としての現象があるのみというのです。その場合、説一切有部では、法そのものは三世《さんぜ》に実有《じつう》であり、法体恒有《ほったいごうう》であるともいわれ、いわばダルマが実体的存在として考えられているのです。

そして世界にはこれらの法が存在するだけであり、決して常住で単一でしかも主体的存在である（常《じょう》・一《いつ》・主《しゅ》・宰《さい》）ような我（アートマン）は存在しないのだと説きます。この立場を「法有我無《ほううがむ》」ないし「我空法有《がくうほうう》」とまとめることができます。「我空法有」というこの語句に、

- 心王──意識
- 心所
  - 大地法──受・想・思・触・作意・欲・慧・念・勝解・三摩地
  - 大善地法──信・勤・慚・愧・無貪・無瞋・不害・軽安・不放逸
  - 大煩悩地法──無明・放逸・懈怠・不信・惛沈・掉挙
  - 大不善地法──無慚・無愧
  - 小煩悩地法──忿・覆・慳・嫉・悩・害・恨・諂・誑・憍
  - 不定地法──悪作・睡眠・尋・伺・貪・瞋・慢・疑
- 色──眼根・耳根・鼻根・舌根・身根・色境・声境・香境・味境・触境・無表色
- 心不相応──得・非得・同分・無想果・無想定・滅尽定・命根・生・住・異・滅・名身・句身・文身
- 無為──択滅無為・非択滅無為・虚空無為

（説一切有部の五位七十五法）

小乗教の代表的な考え方をみることができるでしょう。

このように、小乗仏教は我の空を説きます。これは、私たちがありもしない常住の自我の存在を認めてこれにしがみつき、執著しているところに諸々の苦しみの原因があるとみたからです。この苦悩から救済するために、執著している対象の自我が実は虚妄なものにすぎないことをこのようなかたちで提示して、我執に基づく苦しみから解放させようとするわけです。しかし法《ダルマ》は有と見なされており、そこがまだ不十分な点であると大乗仏教は見るのでした。

小乗各宗の諸相

小乗教の代表的な立場は以上のようですが、実際には部派によってさまざまな思想が語られ、大乗の一切法空《いっさいほうくう》を説く立場に近いものもあったようです。十宗判のうちでは、第一から第六までが小乗であり、それらについてざっと見てみましょう。

第一は「我・法ともに有る」と説く立場です。仏教は無我が旗印で、我も有ると説くというのはどうにも腑に落ちないでしょうが、生死輪廻《しょうじりんね》するものは何かという問題に対するひとつの解答として、特殊な我は有るとする部派もありました。

犢子部《とくしぶ》では、「非即非離蘊《ひそくひりうん》の我（個体の構成要素としての五蘊《ごうん》と同じでもないが異なるのでもない何らかの我）」を説き、あるいは有為法《ういほう》でも無為法《むいほう》でもない、不可説の存在としての我を説いたともいいます。もちろん、通常私たちが執著している自我については、否定したわけです。

次に、第二の「法有我無宗」は、さきほどすでに述べた説一切有部の説のことです。我執を断つと、生死輪廻を脱して涅槃の世界に入ります。しかし一切法空を知らないので、生死輪廻の世界にまた戻ってきてその世界にとらわれず、自由に活動するということができません。ただ涅槃に安らって自己満足で終わってしまいます。この点が大乗仏教から批判される最大の点です。

次の「法無去来宗」は、大衆部などの説だといいます。説一切有部では、法を三世に実有とみました。過去の法も未来の法も現に存在していると主張し、その立場で世界を説明したのです。しかし、過去や未来が、現在に存在しているとはふつう考えられません。この立場では、有為法は現在の法のみ有るのであり、過去や未来の法は体・用ともにないとみました。おのずから、法空の意義をいくらかは含むものとなります。

次の「現通仮実宗」では、現在の法の中にも実質的なものと仮に立てられているのみのものと双方あるとして、実法と仮法とを見究めていこうとするものです。世界を構成している実質が何であるのかを、より狭めて特定しているとみてよいでしょう。これは、説仮部《せっけぶ》の他、『成実論』の立場ともいいます。

次の「俗妄真実宗」は、現在の法であれ、世間を構成しているものはすべて仮法で虚妄であり、ただ覚りの世界のみが真実であると主張するもので、説出世部《せつしゅつせぶ》の説といいます。覚りの世界というのは出世の法とされているもののことで、その出世の法とはもう少し詳しくいうと、出世間の因果、すなわち諸々の修行とその成果としての涅槃、換言すれば四諦《したい》の中の道諦《どうたい》と滅諦《めったい》とが含まれます。

最後の「諸法但名宗」は、世間であれ出世間であれ（有漏《うろ》であれ無漏《むろ》であれ）、一切の術語で語られているものは、ただ言葉のみがあって対応する本体はないとみるものです。これは一切法空を説くのとかなり近いものです。ただしここでは、理論的に空《くう》を説くのみであって、その空のあり方を体得しつつ説いているわけではないとされます。あるいは、ある物を分析・分解して空と説くもので、そのものそのままに空と説く立場ではないとされます。これは一説部の説といいます。一切の法をただ仮名と説くので、一説部というのだそうです。

以上、小乗教の内容を十宗判にも基づいてみてきましたが、仏教の世界観の基本はアビダルマにあり、その法《ダルマ》と我《アートマン》というものが絶えず意識されつつ教理が構成されていることが知られたことでしょう。

大乗始教の立場①——唯識

次に、五教判の第二は大乗始教です。これには、「相始教《そうしきょう》」と「空始教《くうしきょう》」の二つがあります。簡単にいえば、相始教は唯識、空始教は般若中観で、いずれも我《アートマン》だけでなく法《ダルマ》も空と説くものです。一切法空を説くことこそ大乗の旗印ですが、その空ということを否定的に、消極的に示すだけですと、実はそこにある肯定的な側面、積極的な方面を見落としてしまうことになります。そこでその限り、この教えもまだ始教として位置づけられているのです。

まずはじめに、「相始教」の唯識について簡単に説明しましょう。所依《しょえ》の経典は、『解深密経』です。また、『瑜伽師地論《ゆがしじろん》』や『摂大乗論』『唯識三十頌』といった論書があります。法相宗の根本聖典は、『唯識三十頌』に対する詳しい注釈書の『成唯識論《じょうゆいしきろん》』です。

唯識は、八つの識を説きます。眼識《げんしき》・耳識《にしき》・鼻識《びしき》・舌識《ぜっしき》・身識《しんしき》・意識《いしき》、それに末那識《まなしき》と阿頼《あら》耶識《やしき》です。はじめの六つは、五感すなわち五つの感覚と、意識とであり、わかりやすいでしょう。末那識は恒常的な我執の識で、しかも意識が起きていなくてもこの識ははたらいているといいます。阿頼耶識は蔵《くら》の識であり、過去一切の経験を貯蔵しており、また、他の七つの識(七転識《しちてんじき》)が生まれるもととなっています。

実は唯識では、私たちが見たり聞いたりしているもの、各識の対象はその識自身の中にあるといいます。色は眼識の中に、声《しょう》(音)は耳識の中に、一切の知の対象は意識の中にあるというのです。こうして八識の中に色・音・匂いなどがあることになります。八識《はっしき》はすべて刹那刹那に生じては滅し、生じては滅ししながら相続していくとも語られます。阿頼耶識と七転識が刹那滅の中に縁起の関係を結びつつ流れていくというわけです。その八識の世界において数々の物や自我が想定される、しかし、実体(常住不変《じょうじゅうふへん》)としてのもの(法)も、常・一・主・宰の我もそこには一切存在しないのだと論じるわけです。つまり、八識を語りつつ我・法の空を説くわけで、ここに一切法空の立場が強調されます。

前にもいいましたが、唯識は大乗のアビダルマの性格を持ち、五位百法を説きます。五位とは、心王・心所・色・心不相心・無為というもので、この中、ふつう識というのは心王のことです。しかし五位を説くのですから、ダルマ（法）として識以外（心王以外）のものもけっこう説くわけです。

では、このことと唯識ということとは、どのような関係になるのでしょうか。まず、無為法は六つありますが、これは真如を別々に呼んでいるだけで、実は真如一つとなり、それは法性ともいわれるもののことです。この真如・法性は有為法の本質・本性のことですから、有為法に帰させることができます。次に不相応法は、色法と心王・心所の上に仮に立てられたもので、実質のあるものではありません。さらに色法は、心王・心所の中の対象面に見出されるべきもので、心王・心所と別のものではありません。

こうして、心王・心所が残るのですが、唯識は、実は唯《た》だ心王（識）のみ有るという説ではなく、心王とともにはたらく心所は有るという説なのです。ですから唯識とは実は唯心王・心所ということなのです。そういうさまざまな心王・心所の組み合わせが、そのつどそのつど変化しつつ相続していく、その各々の心王・心所に色・音・匂いなどが現れており、その流れがあるだけであって、そこに実体としての我も法も存在しないというのが唯識の説です。

前にもいいましたが、心王・心所は刹那滅といって、すべて刹那刹那、生じては滅し、生じては滅し、しているものです。ですから、唯識というその識（心王・心所）それ自体、自性を持たない、空なるものなのです。しかし、その識を立てて世界のありようを説明していくので、「相始教」と呼ばれます。

大乗始教の立場②――般若中観

一方、「空始教」は『般若経』、そして龍樹の中観派の教えが相当します。『般若経』は『八千頌般若経』『二万五千頌般若経』『金剛般若経』などを総称していうもので、有名な『般若心経』もその中の一つといってよいでしょう。

総じて『般若経』は、とにかく一切法は空であると示し、したがって一切に執著するなと説きます。空とはある事象にその本体のないこと、それが実体ではないことを意味します。なぜ空なのかという説明は、とりわけ初期においては必ずしも詳しくは説かれませんが、一つの説明は、縁起のゆえに無自性、無自性のゆえに空というものでしょう。すべては他との関係の中にあってはじめて成立しているがゆえに、自体を持たない、本体を持たない、ゆえに実体的存在ではないというのです。

一方、龍樹は『中論』において、言語（特に命題）の分析を通じて言語と不可分の実体観を解体していきます。私たちは言葉を用いて、何かを主語として立ててこれに述語しますが、このとき主語に対応するものが対象化され、また一つのものとして固定化されます。松は青いというと、そこに松という一つのあるものの実体視が含まれてしまうわけです。しかし、もし、実際にはそのときそのときの事の世界しかないのだとしたら、そこに実体を捉えてしまうことは事実の世界を離れてしまうことになります。龍樹はそのことを問題としていくわけです。

ほんの一例をあげますが、「新幹線が走る」ということは正しいでしょうか。まず、止まっている新幹線は、あくまでも止まっていますから、走るとはいえません。走っている新幹線はすでに走っているのですから、それがさらに走るということはありません。このように、実は「新幹線が走る」という命題は矛盾をはらむしかないのです。

もう一つあげましょう。「私は見る」といいます。この場合の「私」は、見るなどの作用を持たないもの、基体として考えられたものにならざるをえません。では、あらゆる作用を持たない「私」は、どこにあるのでしょうか。一方、私に「見る」作用が本来ないとしたら、「見る」作用のみがどこかになければ、私が見ることは成立しません。はたしてそんなことはあるのでしょうか。ですから私と見る作用とは異なるとは言いえず、さりとて一つとも言いえません。なぜなら一つとすると、見る作用がないときは私もなくなってしまうからです。

このことは、走る・走らない、同じ・異なるなどという、対立する二元的価値だけでは世界の真実は記述しえないということです。しかし言語は、有る・無い、同じ・異なるなど、あらゆる二元対立の論理に貫かれています。そして同一律・矛盾律・排中律などの論理の中で世界は認識されます。

しかし、事実そのものはそのような二元的価値を超えたところにあります。早い話が、私たちが見たり聞いたりしている色・音などは、有る（無くならない）ともいえませんし、無いともいえません。そこで、龍樹は、二元対立の論理に貫かれた言語世界を徹底して解体していきます。これを象徴するのが、『中論』の冒頭に掲げられている八不の説、「不生亦不滅、不常亦不断、不一亦不異、不来亦不出」です。こうして、戯論寂滅《けろんじゃくめつ》した世界、かえって真実の生成している世界にひとたびは出会わせようとするのが、『中論』の立場です。

このように、中観派の教えは八不中道に代表され、その内容は決して消極的でもないのですが、どうしてもその教説は否定的な表現に傾きがちです。そこで、この立場にとどまるものを華厳宗では始教として、大乗仏教の初歩に位置づけるのです。

なお、十宗判においては、「一切皆空宗」として、

謂く大乗始教に、一切諸法は皆悉く真空なりと説く。然るに情外《じょうげ》に出て分別無きが故に。般若等の如し。

とあります。無分別《むふんべつ》のところに空を体得している世界を説くものという意味です。ここでは、相始教は省いて空始教のみを掲げています。もっとも、唯識の教理も実に無分別智へと進ませることにその意味があるのでした。

終教の立場

次に「終教」です。終教は、覚りの世界において証される真実の世界の肯定的な側面を積極的に説くものです。空ということを通じて、私たちの真実の生命の世界を証することができますが、その世界は、さまざまなすばらしい性質を有し、優れた性能を発揮します。しかもその世界は、自己に忽然として現れるものでなく、もとよりあったと知られます。それらはただ煩悩に覆われていただけだと知られるのです。

そのように、終教は人の生命の中に本来備わっていたすばらしい性質を積極的に指摘しようとする立場であり、この思想は一般に「如来蔵思想」といわれます、如来蔵とは、人が如来の胎児を蔵しているという説です。本来、人は仏の子だというのです。このような教えは、『勝《しょう》鬘経《まんぎょう》』『涅槃経《ねはんぎょう》』『楞伽経《りょうがきょう》』などにおいて説かれていますが、実はその淵源は、前にも申しましたように、他ならぬ『華厳経』に求められます。すなわち、『華厳経』「宝王如来性起品《ほうおうにょらいしょうきぼん》」には、次のようにあります。

仏子よ、如来の智慧・無相の智慧・無礙の智慧は、まどかに衆生の身のうちに在るけれども、ただ愚癡の衆生は顚倒のおもいに覆われて、それを知らず、見ず、信心を生じないのみである。そのとき如来は無礙のきよらかな天眼をもって、一切衆生を観察したまい、観察しおわって次のように仰せられる、――「奇なるかな、奇なるかな、衆生はなにゆえに、その身のうちに如来のまどかな智慧を抱いておって、しかもそれを知見せぬのであろう？　自分はよろしく彼等衆生におしえて聖道をさとらしめ、永えに《とこしなえに》あらゆる妄想顛倒の垢縛《くばく》をはなれしめ、如来の智慧のまどかにその身のうちに在って、ほとけと相違しないことを自覚せしめよう」と。そこで如来は即座に彼等衆生におしえて、八聖道を修めしめ、虚妄顛倒を棄てしめたもう。衆生がすでに顛倒を離れてしまえば、如来の智慧をそなえて如来と等しく衆生を利益する。

ここに如来が衆生を観察すると、不思議にも（奇なるかな、奇なるかな）、その衆生は如来の智慧をそっくり備えていることが知られたとあります。覚りの眼から見ると、実は人々は仏の智慧を有しているというのです。それは決して空ということと矛盾することではなく、空というあり方の中にある尽きせぬはたらきの内容なのでしょう。

この『華厳経』の一節がもととなり、『如来蔵経《にょらいぞうきょう》』や『不増不減経《ふぞうふげんぎょう》』などの如来蔵経典がつくられ、のちには『宝性論《ほうしょうろん》』という論書もつくられたのでした。華厳宗ではこの如来蔵を説く思想のほうが、単に空を説く思想よりさらに深いとみたのです。それは、一切法空を通過したあとのものなのでした。

十宗判では、この終教を「真徳不空宗」と呼び、謂《いわ》く、終教なり。諸経に一切の法は唯だ是れ真如なりと説く。如来蔵の実徳なるが故に、自体有るが故に、性徳を具するが故に。

とあります。如来蔵とは、煩悩にまみれた真如・法性（在纏《ざいてん》の法身《ほっしん》）のこと、それを無と見ず、しかもそこに無量のすばらしい性質・性能があるとみていくわけです。

頓教の立場

さて、華厳宗の五教判および十宗判では、決して如来蔵を説く立場が究極なのではありません。その次に「頓教」の立場があります。五教を「頓」と「漸」（始教・終教）とに分けることがありますが、そこで「頓」については、

言説《ごんぜつ》頓《とん》に絶《ぜっ》し、理性《りしょう》頓《とん》に顕《あらわ》れ、解行《げぎょう》頓《とん》に成《じょう》じて、一念《いちねん》不生《ふしょう》なる即《すなわ》ち是《こ》れ仏《ぶっ》等《とう》なり。

と説明しています。漸々の修行を経ず、即今の一念に仏を証すというもので、それは不生ということに真に契ったとき起きることといいます。

始教も終教も、たとえ八不をいい、如来蔵を説くとしてもそれは説明の世界で、その理論自

体は対象的に理解されるものとなっています。しかし、この頓教に至っては、「今・ここ」で、不生ということの中で真実の主体を証するところに、より深い真実があるとするものです。一念不生というのは、むしろ生・不生を超えた絶対の生の世界のことでしょう。それは、真に対象的判断を超えたとき証されるはずです。

この立場は、『維摩経』の維摩の一黙、『大乗起信論《だいじょうきしんろん》』の離言真如《りごんしんにょ》などに求められています。

一切の法は本来自正にして言説を待たず、観智を待たざるを以てなり。浄名（維摩）の黙を以て不二を顕わす等の如し。……

とあります。十宗判では、「相想倶絶宗」ですが、

頓教の中の絶言の教、絶言の理を顕す等の如し。浄名の黙理等の如し。之に準ぜよ。

とあります。内容は今述べたことと変わりありませんが、その宗名、相想倶絶というところに、主―客の分裂を超えたところの自覚を指示していることが注目されます。

この頓教は事実上、禅宗の立場と近いものです。禅はインドから菩提達磨《ぼだいだるま》が中国に伝えたといわれていますが、中国人自身の国民性の中で育《はぐ》くまれた要素が多分にあります。禅宗の代表

的な書物に『無門関《むもんかん》』があり、その第一則は「趙州無字《じょうしゅうむじ》」の公案です。

趙州和尚、因《ちな》みに僧問う、「狗子《くし》に還《かえ》って仏性《ぶっしょう》有りや」。州云く、「無」。

この「無」は有る・無いを超えた無だといいますが、この無字こそ、一念不生のところでしょう。日本の盤珪禅師《ばんけいぜんじ》は、激烈な修行の果てに、「一切は不生で調う」と覚ります。以後はひたすら不生の仏心を直指してやみませんでした。

実は不生ということは、仏教思想史を貫いて、きわめて重要であると思います。大乗仏教の八宗の祖師ともいわれる龍樹の『中論』冒頭の「帰敬偈《ききょうげ》」は、前に見たように八不で示されるのでしたが、それも最初の不生に究まることでしょう。

浄土教でも曇鸞《どんらん》は、「往生は無生の生」だといっています。また密教では古来、「阿字本不《あじほんぷ》生《しょう》」といって、世界の根本を象徴する阿字の本質を本来不生のところにみるのでした。教相を否定することの多い禅宗はそこを端的に証しようとするもので、華厳宗の教判でいうと頓教に比定されるのでした。

円教――華厳の立場

さて、最後に「円教」です。円教とは、円満な教え、完全な教えのことでしょう。これはもう『華厳経』の教え以外にないのですが、いったい『華厳経』のどのような教えが完全な教えなのでしょうか。

十宗判によれば、「円明具徳宗」であり、

謂《いわ》く、別教一乗《べっきょういちじょう》の主伴具足無尽自在所顕法門《しゅばんぐそくむじんじざいしょけんほうもん》の如《ごと》き是《こ》れなり。

とあります。主伴具足《しゅばんぐそく》・無尽自在《むじんじざい》ということが円教の世界のようです。要は、一念不生から一転して、現実世界の無限の関係性を説くものが円教だというのです。その無限の関係性、すなわち重重無尽《じゅうじゅうむじん》の縁起のことについては、相即相入《そうそくそうにゅう》とか、主伴具足とか、順逆自在《じゅんぎゃくじざい》とか、重重無尽とか、さまざまに表現されてきます。時間的にも空間的にも、多彩な関係性がそこに分析されてきます。

その内容は、たいへん興味が持たれますが、本書においては今後そのいくつかの側面を何回かに分けて詳しくお話ししていくわけですので、今、その内容はそれらにゆずることにしましょう。

以上、華厳宗の教相判釈、五教十宗判をみてきました。仏教には実にさまざまな教えがありましたが、華厳宗ではこのようなかたちで一切の仏教を見わたしているのです。

私がいちばん大事なことと思うのは、空思想も如来蔵思想も、いったん「一念《いちねん》不生《ふしょう》即是仏《そくぜぶつ》」

の頓教において否定されることです。そこでは、あらゆる対象的な判断を超えて主体そのものを証するのであり、このプロセスを経て、華厳の世界が出てくることを忘れることはできません。

禅宗では、「大死《だいし》一番《いちばん》・絶後蘇息《ぜつごそそく》」といいます。「無一物中無尽蔵《むいちもつちゅうむじんぞう》、花有り、月有り、楼台有り」といいます。否定を主体の底に証するとともに、どこまでも展開していく現実世界に入ってくる。ここに華厳仏教の大きな意味があります。そこを華やかにも、重重無尽の関係として説いていくのが華厳の思想なのでした。

第七章　松は竹、竹は松

玄の世界――事事無礙法界

華厳宗の第三祖、賢首大師《げんじゅだいし》法蔵《ほうぞう》は『華厳経《けごんぎょう》』に対して詳しい注釈を書きましたが、その書名を『探玄記《たんげんき》』といいます。その前、第二祖といわれる智儼《ちごん》の『華厳経』に対する注釈書は、『捜玄記《そうげんき》』という名前でした。

「捜玄」「探玄」とあるように、『華厳経』の世界はまさに「玄」の世界だといわれています。実に奥深い世界であることをいい表しているものと思われますが、そこを「玄」の語によって示すところに、中国的な感性をうかがうことができます。

「玄」というと、すぐ『老子』を思い出すことでしょう。『老子』には、「玄の又玄、衆妙の門」とあります。道家がみる究極の世界・タオを、「玄のまた玄」と呼んでいるわけです。『捜玄記』や『探玄記』の「玄」は、もちろんそういう語感を受け継いでいるでしょうが、しかしその内容は決して混沌であったり、無であったり、そのような意味での実在であったりするわけではありません。

「玄」という語によって表そうとしている世界は、事物と事物とが礙《さまた》げあうことなく融け合っている世界を表す事事無礙法界《じじむげほっかい》であるというのが、華厳宗の立場です。いわゆる重重無尽《じゅうじゅうむじん》の縁起の世界であり、まさに現実世界の論理そのものです。それは、仏教の中観《ちゅうがん》・唯識《ゆいしき》・如《にょ》来蔵《らいぞう》などをふまえて自覚された、仏教の中から構成される論理構造であって、決して老荘に直結したものではないでしょう。

法蔵がサマルカンド出身の家系の者であったということは有名ですが、最近では智儼も西域系だったのではないかと考えられてきています。また、智儼や法蔵の仏教は、当時インドからもたらされた経論（真諦《しんだい》訳や菩提流支《ぼだいるし》訳など）の研究の中で形成されたものです。それにしても、『華厳経』の究極の世界を「玄」と表現するところには中国的文脈が感じられ、華厳宗の思想はインド的論理と中国的感性の統合のもとに成り立っているような、壮大な気宇を感じます。

事事無礙法界という言葉は「四法界《しほっかい》」の説の中に出てくるものです。四法界とは、事法界《じほっかい》・理法界《りほっかい》・理事無礙法界《りじむげほっかい》・事事無礙法界というもので、「事」と「理」の概念を駆使して語られるものです。その究極は、理が消えてひとえに事事無礙といわれるのですから、これは「事的世界観」の一つといってよいでしょう。

なお、四法界が言われるのは澄観《ちょうがん》以後と言われますが、もちろんその考えに通じるものは、智儼・法蔵にすでにあったでしょう。

事的世界観の立場

四法界の説についてみていく前に、ここでこの「事的世界観」ということについて少々考えておきたいと思います。「事」という語は、「物」という語に対するものと考えられます。物は、固定的な存在で、変わらない存在であり、しかも一つ一つがはっきりした形を持って独立して存在していると考えられています。さらに物は心と相対していると考えられ、物を語るときはおのずから物—心二元論（主—客二元論）の枠組みの中にあることが予想されます。

　これに対して事は変化していく世界です。しばしば特定のかけがえのない、一回きりの事象として独自の相貌を有したものと考えられます。また、事は単なる客体的な世界のことではなく、そこに主体もかかわって成立しているような主—客相関の中のものと考えられます。物と心のようにそれぞれはっきり分かれるものでなく、そこに心もかかわってひとつとなっている、主—客を分けられない世界のことです。

　考えてみますと、この世はいろいろな物が集まって成り立っている世界なのでしょうか。それともさまざまな事の積み重ねの世界なのでしょうか。少なくとも私たちに直接認識されている世界は、瞬間瞬間ごとに変わっています。ちょっと向きを変えれば、見える姿も色も変わりますし、向きを変えなくても、時間の経過のもと、それらは微妙に変わっているはずです。変わっていないと思っても、ほんとうはかすかにであれ、変わっているはずです。

そのように、私たちは絶えず時々刻々に変わっている世界に住んでいるわけで、そのほうが私たちの生に直接的、第一次的な世界だといえましょう。しかしながら、大体はいつも同じような姿を眼にするものですから、そこに変わらない物があると考えてしまいます。けれども実はほんとうは、刻々変化していく世界、事の世界に住んでいるというべきでしょう。

本来、事の世界のほうが私たちに直接的なのに、その事の世界を固定化し、数々の物の世界と見なすことによって、私たちはその物を分析し、操作し、多大の益を得てきました。しかしその陰で、そのときその場にかけがえのない独自の個性を持つ事の豊かさや多彩な味わいを捨て去り、忘れてしまったのではないでしょうか。それは実は、一瞬一瞬に輝いている自己の生命の真実を見失ってしまっていることではないでしょうか。事を事として受け止めるとき、そこに独自の輝きを放つ世界、より味わい深い世界を見出すことができるはずです。

松尾芭蕉は、

よくみればなづな花さく垣ねかな

とうたいました。そのなずなは、単なる雑草の一種としてのなずなではなく、そのときその場でかけがえのない色・形・美を発揮し、全心の喜びにあふれているなずなだったのではないでしょうか。生け花なども花を選び、枝を調え、一本一本さしていくその過程こそがおもしろいのであり、生けたあとの固定した姿はもう何かが終わってしまった世界なのかもしれません。多くの西洋哲学は、物―心二元論に基づいていますが、その分割的な固定的な見解を克服するには、もう一度、事的世界観というものを考えてみることは大いに有効でしょう。

事と言葉と物

仏教は諸行無常をいい、縁起の世界を説くのですから、本来、事的世界観を唱えるものというべきです。それればかりか、固定的な物や我があると考えるのは顚倒妄想《てんどうもうそう》であり、迷いであるといいます。そういう固定的な存在の認定、実体視こそ、執著を引き起こし、ひいては諸々の苦悩を生むのだというのです。そこで、本来は事の世界なのにその上になぜ物を認め考えてしまうのか、錯覚してしまうのかということについて、相当掘り下げて究明しています。それには、言語の関与があるというのです。

実際、日本語の言葉は事の端を意味するように、それは事の表面にすぎないものなのでしょう。しかし私たちは、言葉になじむことによって事を物化していく、そこに大きな錯誤があると仏教は指摘するのです。このように、仏教の言語に対する洞察には、実に鋭く深いものがあります。

このことは、今日の言語哲学においても説かれていることです。ソシュールは、言語は名称目録なのではないといいます。つまり、すでに世界には各々自律的に存在している物があって、それに対応して数々の名前（名称目録）があるわけではないというのです。ふつう私たちはそのように、いろいろな物が自存していて、それらに対応して言葉があると考えていますが、そうではないというのです。

確かに、もし世界にすでに物が自存しているなら、各国の言語の名詞のあり方は、ほとんど共通になるはずでしょう。しかし実際はそうではありません。日本語では机を「つくえ」という語一つですますところ、英語では「テーブル」と「デスク」とに分けます。日本語で木を「き」の語一つですますものを、英語では「トゥリー」と「ウッド」とに分けます。逆に、日本語で「水」と「お湯」とを分けるのを、英語では「ウォーター」一つで表します。日本語で「兄」と「弟」とを分けるのを、英語ではいっしょに「ブラザー」といいます。

このように、実際には各言語ごとに、名詞の体系というものは異なって分かれています。フランス語の魚の名前はとても少ないですが、日本では同じ魚を東京地方ではワカシ、イナダ、ワラサ、ブリ、大阪地方ではツバス、ハマチ、メジロ、ブリと分けたりします。ということは、言語というものは外界に自律的にすでに存在している数々の物に対応したものなのではなくて、各国語ごとに世界を分けていく、その固有の分節のしかたを表しているにすぎないということになります。言葉は、客観的なものとはいいがたく、各国語を用いる集団の共同主観的な分節を表しているといっても決して過言ではなかったのです。

では、それぞれの言葉は何を表しているのでしょうか。言葉に対応する何らか積極的なものはないのでしょうか。ある意味では、やはりないといわざるをえません。たとえば、犬と山犬と狼という三つの分節を持つ言語と、犬と狼との二つの分節しか持たない言語を考えると、狼とは何かというとき前者では、犬と山犬を除いたもの、後者では犬ではないもの（山犬を狼に含める）ということになってしまいます。つまり、言葉の表すものは、隣接する他の言葉との関係の中で決まってくるのであり、全体を分節するその分節のあり方しだいということになるのです。

実はこのような考え方は、インド古代でもいわれていました。ディグナーガ（陳那《じんな》、四八〇〜五四〇年ごろ）は、「アポーハ説」を提唱し、言葉の表すものは「他の排除《アポーハ》」であるとしたのです。狼は、犬ではないもの、もしくは犬でも山犬でもないものです。つまり他ではないものです。牛は、犬でも馬でも象でも……でもないもの、牛でないものではないものです。言葉というものは、そのように、他の排除、他の否定しか表さないというのです。

しかし私たちは、そうした性格を持つ言葉を習う中で、言葉どおりに世界はあると考え、各々の言葉に対応して各々の物があると思い込み、そのものを実体化し、これに執著して苦しみを生じます。この過程の中で、物―心二元論の枠組みもまったく疑われないものとなっていきます。しかし、もし言葉どおりに世界があるのではないとするなら、その世界の真実をいったんは見届けておくべきでしょう。

言葉は物に対してではなく、刻々変化する世界、事の世界に対して立てられていると考えられます。とすれば、私たちは言葉の迷妄をいったんは見透かして、その事の世界の実相を見届けるべきです。そこにこそもっとも直接的な、もっとも生き生きとした生命の世界があると考えられるからです。

五感と物の関係

仏教の、事を物化する過程の分析は以上のことだけにとどまりません。もう一つの大切なことがあります。それは、五感は本来分かれているということです。唯識では、私たちの存在を八識《はっしき》によって示そうとしました。少なくともそこに、眼識《げんしき》・耳識《にしき》・鼻識《びしき》・舌識《ぜっしき》・身識《しんしき》という五感の識があり、それらは当然、視覚・聴覚・臭覚・味覚・触覚として、別々の感覚です。物は、これらの感覚によって捉えられると考えられますが、実は感覚そのものは元来、視覚・聴覚等々と分かれているのです。それらが分かれて与えられるというそのことこそが、私たちにとって直接的な世界、第一次的な世界でしょう。大脳生理学的に考えても、脳は眼から入った情報に色を、耳から入った情報に音をというように、情報ごとに別々のことを感覚しているはずです。要は、五感はもとより分かれているのです。

しかも、感覚は現在にしかありません。眼が過去の色や未来の色を見るなどということは考えられません。耳が過去の音や未来の音を聞くなどということも考えられないわけです。五感はそのつどの現在にしかなく、ということは刻々変化していくということでもあります。

そのように、もとより別々であり、しかも各々刻々変化していく世界が、私たちに第一次的に与えられている世界でしょう。ではそこにあって、物はいったいどのようにして知覚されるのでしょうか。

そこに介在するものが言語なのでしょう。この言語を操るのが第六意識です。第六意識のはたらきによって、時々刻々変化していく五つの感覚が言語によって束ねられ、固定化されて物として認識されてしまうわけです。本来、生命の世界であるものが固定的で静止した世界にもなってしまうわけです。

しかも言葉は、必ずしも客観的ではなく、いわば恣意的であり、たかだか他の否定しか表さないのでした。そのような言葉を、流動する事の世界に適用して、これを物化し、そこに実体的存在を認めてしまいます。実体的存在を認めるがゆえにこれに執著し、執著するがゆえにそこに苦しみが生まれます。仏教はこのような分析を遂行して、物化されてしまった世界、本来事のみの世界であったのに実体的な物があると考えられてしまった世界を、顛倒夢想《てんどうむそう》の世界（『般若心経』）だというわけです。ですから、仏教の覚りとは物的世界の根底に事的世界があるとはっきり了解すること、事的世界にいったんは徹底して、そこから自己や世界の問題を考えていくことといってよいでしょう。

いうまでもなく、事の世界はまったくの無秩序な、混沌の世界というわけではありません。そこに何らかの秩序を形成する動態もあるでしょう。キリンは首が長く、ゾウは鼻が長い。こうしたことは、私たちの主観の想いにかかわらず、おのずから生成されているわけです。

つまり、事の世界の中にも客観的なあり方を示す方面が備わっているということです。それにしても、この事の世界は動的世界であって決して固定的な世界ではないこと、絶えず主―客相関の中の事であること、そのことは忘れることはできません。しかし、言葉の呪縛の中にいるだけでは、主―客二元論の強固な枠組みの中に住むだけでは、その自己の生命の真実を知ることもできず、豊かな生命の味わいを味わうこともむずかしいでしょう。その意味で、事ということをもう一度自分の生命に取り戻すべきであろうと思われるのです。この事の世界について、華厳宗では四法界の説として分析して示すのでした。

法界の語の意味

さて、前おきがだいぶ長くなりましたが、以下、四法界の説についてみていきたいと思います。まず「法界」という言葉について少し説明しておきましょう。
法界《ダルマダートゥ》の語は、たとえば唯識などでは、真如《しんにょ》・法性《ほっしょう》・実際等々、現象世界の本性を意味する言葉と同義異語であると説明されます。一真法界《いっしんほっかい》などという語も用いられ、それは、勝義諦《しょうぎたい》を表す語として用いられます。唯識では、現象とその本性を明確に区別しますので、法界はもっぱらその本性の世界を表す言葉として用いられるのです。しかし、華厳宗では四つの法界を説くわけで、その各々に応じて法界の意味も変わってくるといいます。

この中、「法」（ダルマ）という言葉はきわめて多義的な言葉です。もともと保つという意味の動詞、「ドゥフリ」dhṛ からできた語で「保つもの、支えるもの」という意味があります。したがって、世界を保つ法則、摂理、社会を保つ法律もダルマです。さらに真理を意味することになり、ひいては真理を表現する説法もダルマとなります。この場合は、教法としてのダルマということです。

一方、アビダルマにおいて分析される法は、「自らの特質を保つもの」のことであり、古来、「任持《にんじ》自性《じしょう》、軌生物解《きしょうもつげ》」と定義されます。この場合の法は、色法《しきほう》や心王《しんのう》・心所《しんじょ》など、世界を構成する単位となるもの、要素となるもののことで、諸法《しょほう》とか一切法《いっさいほう》とかいわれる場合の法もそれを意味します。ただ万法《まんぼう》などといわれるときは、一切の現象のすべてといった意味に用いられているでしょう。そのように同じ法という語が、真理を意味するときもあれば、個々の法、個々の事象を意味するときもあります。

一方、「界」はダートゥが原語で、もともとものが置かれる場所や基盤を意味し、さらに鉱脈・鉱石のようなものも意味します。磨けば金や宝石となるもののことで、つまり「根源」の意味があります。この根源が、覚りの智慧の根源としてみられるといわゆる如来蔵となり、あるいは現象世界の本性としては真如・法性となります。「仏性《ぶっしょう》」という語の原語は、「ブッダダートゥ」です。

また、この語は一方で、諸法の根源の意味に使われることにもなり、すなわち個々の法の種子《しゅうじ》として考えられたりします。あるいはむしろ、さまざまな現象世界の基本となるものとしての諸法そのもの、ある一定の単位（要素）そのものの意味にもなります。六根《ろっこん》・六境《ろっきょう》・六識《ろくしき》の十八界の「界」は、その意味の界です。したがって、法と同様この界もまた、世界において何らか分析された単位となるものを意味することもあれば、本性そのものを意味することもあるのです。

こうして四法界をいうとき、各々の法界の意味、特に界の意味は変わってくるのです。

そこで第一に、「事法界」というとき、「事」は個々の事象、現象を意味します。したがってこの場合の「界」は「分の義」とされ、ある一定の分限を有するもの、何らか他と区別されたものを意味するものとして受け止めることになります。

一方、「理法界」の場合、「界」は「性《しょう》の義」とされ、本性としての理性《りしょう》、すなわち真如・法性を意味するものとして受け止めるのです。

「理事無礙法界」では、「界」が「分」と「性」との双方の意味を持つと読み込むことになります。性と分と、その両者が無礙に融じているからです。

「事事無礙法界」では、「界」はまた「分」の義になりますが、ここでは、「性」を通じて互いに融通し、重重無尽に関係している「分」の義になってきます（宗密《しゅうみつ》『註華厳法界観門《ちゅうけごんほっかいかんもん》』参照）。こうして四法界の各々に応じて、各法界の意味が異なって受け止められるのでした。

事法界の世界

さて、以上をふまえて四法界の説の内容をこれから考えていくことにしましょう。

まず、「事法界」です。これはいうまでもなく個々の事象のことで、それぞれが他と区別される世界のことです。仏教の思想の中でいうと、本来はアビダルマで分析されるような諸法のことでしょう。しかし、それをあえて事と呼んでいるわけで、その意味をくむべきです。

たとえば事として、松もあれば竹もあり、梅もあれば桜もあります。ウグイスは「ホーホケキョ」と鳴き、ホトトギスは「テッペンカケタカ」と鳴きます。それぞれ差別があり、相違があり、分限があります。ただし、それは対象物としての松や竹、ウグイスやホトトギスではありません。この私がある時ある場で見ている松あるいは竹であり、この私がある時ある場で聞いているウグイス、あるいはホトトギスであってこそ「事」であるでしょう。

それは各自のもとにその時その場であるわけです。これを差別の世界といったりしますが、そういう主―客相関の中に成立する特定の事象の世界が「事法界」でありましょう。

理法界の世界

次に「理法界」は、そうした個々の事象の本質・本性のことを意味します。理というと、一般には何か道理とか法則とかが想定されます。仏教にもそういう理が説かれないわけではありません。たとえば、「諸行は無常である」という道理、「諸法は無我である」という道理などがあります。

しかし、華厳宗でいう理とはこういう道理・法理のことではありません。それらをさらに超えた諸法に対する法性、いわゆる真性のことをいうのです。唯識の三性説《さんしょうせつ》でいうと、依他起性《えたきしょう》(縁起の世界)に対する円成実性《えんじょうじっしょう》(縁起の世界の本性)のことです。これは、どこまでも空性《くうしょう》そのものなのですが、その空性は単なる無ではなく、そこに積極的な性能があるものです。特に如来蔵思想の場合、理智不二《りちふに》といって理(空性なる本性)に智のはたらきを認めますので、決して消極的なだけのものにとどまりません。

また、「事」は本来かけがえのない個的なものです。一般的に対する個別的、普遍的に対する特殊的の特質を持っています。これに対し、この「理」は、まさに一般的・普遍的の側に相当するもので、しかもその普遍性はどんな意味でも限定されない最高度に広いものとなります。どんな事象をも貫いてこそ、すべての事象の理であるといえるからです。その意味で、理は相対に対する絶対でもあります。逆に事は、絶対に対する相対ということになるわけです。

理事無礙法界の世界

次いで「理事無礙法界」は、今の理と事とが礙《さまた》げあうことなく融け合っているところをみるものです。たとえば「事」を法、「理」を法性とみたとき、法を離れて法性だけがどこかにあるわけではありません。法性はあくまでも法の本性であり、法が空であるというその本性のこと、空性に他ならず、一方、法もその本性、空性を離れて存在しているわけではありません。『般若心経』に、「色即是空《しきそくぜくう》・空即是色《くうそくぜしき》」とあるとおりです。色《しき》と空《くう》（原語では空性）が別々にどこかにあって一つになるのでなく、もとより「色即是空・空即是色」なのです。事と理も同様です。四法界の説では、当初、事法界・理法界と、一応この両者を区別して示していましたが、ほんとうは事を離れた理はあるわけでなく、理を離れた事があるわけでもなかったのです。ここが、理と事が無礙に融け合っているといわれるところです。

唯識の三性説の言葉を用いますと、事は「依他起性」（縁起の世界）であり、理は「円成実性」（真如・法性）となります。この両者の関係を唯識にあっては、非一《ひいつ》・非異《ひい》と説明しています。それはあたかも、前に述べた個と一般、特殊と普遍の関係に似ているといいます。

この関係のことについて、もう少し具体的に、たとえば桜という特殊と、木という普遍の関係においてみてみますと、まず、桜は木を離れてはありません。桜は木ですから、桜と木は一つです。しかし、桜は特定の種類の木ですし、木はあらゆる種類の木を含みます。この点では、異なっているという他ありませんが、桜は木の中の一つですから、木とまったく異なっているわけでもないのです。

こうして、両者の間に同じともいいきれないが違うともいいきれないという、非一・非異の関係をみることができます。縁起の世界（事）と、その本性としての真如・法性（理）との関係、論理構造も、それと同様だというのです。ただしその理は、桜に対する木といった一定の普遍、有限な普遍ではなく、究極の普遍、最高の普遍としてむしろ限定しえないものなのでした。

ともあれ、華厳にいう事と理の間にも同様の事態、非一・非異の関係が成立していることでしょう。しかし、理においてこそ事が成立しているとき、事は全体、理に入り込んでいるとみることもできます。逆に事があってこそ理があるのである以上、理は事に全体、入り込んでいるとみることもできるでしょう。

華厳のほうでは、こうして事即理《じそくり》・理即事《りそくじ》で、しかもやはり事は事、理は理であると、そういうしかたでそこに無礙の関係をみていくのです。

事事無礙法界の世界

この理事無礙法界をふまえて、次の「事事無礙法界」が出てきます。あらかじめ指摘すれば、ここに二つの新鮮な視点があります。一つは、もはや理が消えてしまうことです。真如・法性ともいわれるべきもの、相対に対する絶対にも比定せられるべきものが、最後には姿を消してしまうのです。それも、その絶対の世界、究極の普遍、真如・法性が、実に空性にも他ならないこと、いわば絶えず自らを空じていくはたらきそのものだからでしょう。法蔵はしばしば「真如不守自性《しんにょふしゅじしょう》」(真如は自性を守らず)といっています。

こうして残った事の世界の各々の事は、互いに礙《さまた》げあうことなく融け合っているといいます。これが第二の要点です。

元来、事は時間的にも空間的にも個別・特殊であり、各々の特殊性の分限があるものと考えられます。しかし、事は決して「物」ではなく、実体的存在ではありません。それは空性を本性としていますが、その空性は究極の普遍にも他ならず、しかも事は全体、理と一つになっているので、それはこの本性を通じて他の一切の事と融け合うということになります。

さらにまた、事は個々独立して成立するものではなく、他の事とのさまざまな関係(縁起)のもとに成立することでしょう。ということは、ある事は他の事なしにはありえず、他の事あってのある事ということになります。こうして事は必ず多種多様な関係性の網の目の中で成立するものという側面もあります。このようにして、各々分限を守ると考えられる事も、実は他の多くの事と、実は一切の事と関係し、かつ本性を通じて融け合っていたのです。

個々の事が空性を本質とし、無自性ということを本質とするからこそ、このような事態が成立します。こうして華厳宗では、世界の究極の姿を、あらゆる事の、理も消えたあとの、無礙に融合し関係し合う世界として提示するのでした。

この世界では、事と事が相互に融け合っているのですから、たとえば松は竹であり、竹は松であるというような世界が広がっていることになります。海中の魚は天上の星であり、天上の星は山寺の柿の実だということにもなります。八っつぁんは熊さんであり、熊さんは八っつぁんであるということでもあり、あなたは私であって私はあなたであるということにもなります。

こうして、既成の分限にとらわれず、種々の事が真に交流し合い交響し合う生命の世界が眼前に開けてくるはずです。見た目には遠く離れたもの同士でも、実は深い緊密な関係の中にあるという実相がみえてくるはずです。

しかもこのことは、ある特定の二つのものの間のことだけではありません。茶わんは単に急須にだけでなく、他にやかんにも、茶卓にも座ぶとんにも、柱にも鴨居にも、その他宇宙の一切に融け込んでおり、その逆に宇宙の一切は一個の茶わんの中に摂《おさ》まっています。つまり、一《いち》即一切《そくいっさい》・一切即一《いっさいそくいち》、一入一切《いちにゅういっさい》・一切入一《いっさいにゅういち》の関係が成立しています。さらにこのことは、ある特定の一つ、たとえば茶わんだけのことではなく、どんなものにも成立していることですから、一切即一切・一切入一切の関係が成立しており、それも空間的だけのことでなく、時間的にも成立しているわけです。こうして、事事無礙法界は、実に動態における重重無尽の関係を説くものなのでした。

この、事と事同士が互いに融け合っているとみる世界観は、あまり西洋ではみないのではないでしょうか。この華厳の事事無礙法界の世界観こそ、東洋思想の精華というべきでしょう。この世界の論理構造が、さらに詳しく分析されて他の華厳宗の教理（十玄門《じゅうげんもん》、六相円融義《りくそうえんにゅうぎ》など）となっていきます。

それはまた、日本の社会生活の中にもひそかに流入しており、私たちは何かというと、どんな人に対しても、見知らぬ人に対しても、「おかげさまで」とあいさつするわけです。この「おかげさま」の心こそ、華厳の事事無礙法界を端的にいい表すものでしょう。

四法界説と人と神の関係

以上、四法界の内容を概略、説明しましたが、最後にこのことを人と神の関係において再度考え直してみたいと思います。

すでに述べたように、事は相対、理は絶対ということが一応いえます。それならば、事は人、理は神とも翻訳することができそうです。実際、事は事実上、主―客相関の中にあり、人《にん》を意味するといってもよいわけです。そのようにみたとき、理事無礙法界とは人と神とが無礙に融け合っている世界だということになります。

ふつうの宗教では、人と神との間には、絶対に超えることのできない深淵が横たわっているということでしょう。かつてのキリスト教では多分にこのことが強調されました。しかし仏教は、必ずしもそうとばかりはみません。仏身論《ぶっしんろん》の中で法身仏《ほっしんぶつ》という仏が説かれますが、この法身仏は私たちをも貫いているといいます。

私たちは法身と一つだけれども法身をそのままには体現していない、そこに私たちと仏との同一性と区別性とがあり、非一・非異の関係があります。

実は最近、キリスト教でも、人と神との関係を断絶面だけでみるのではない見方が現れています。瀧澤克己は「インマヌエル」という言葉こそ聖書の眼目であると見究め、その「神われらとともにいます」ということをキリスト教信仰の原点としました。私たちは気づこうが気づくまいが常に神とともにあり、神を離れることはないというのです。神と人が離れないということは、神から断絶しているわけでもないということを意味するでしょう。

瀧澤はその人と神の関係を、不可分・不可同・不可逆といいます。少なくともここに、不可分・不可同といっているわけで、このことは仏教の説く非一・非異の関係と同じことです。いわば、キリスト教でも人と神は区別されるが切り離せないというのです。

瀧澤克己の『佛教とキリスト教』の著作は、久松真一が無神論の禅ないし仏教こそ現代の宗教たりうると主張したことに対する、キリスト教の側からの応答でした。そこには、次のようにあります。やや長くなりますが、紹介させていただきます。

しかしそればかりではない。「わたくしはキリストを信じる」とキリスト教徒が云う時、それは決して単に博士の云われるような意味において「有神論的に信じる」ことを云っているのではない。いな、現実の人として今此処に生きているわたくしがイエス・キリストを信じるというのは、この身体がキリストの身体の触発を受けること、直接的には例えば聖書を読むことによって、それ自身神そのものである永遠の神の子が、今此処でこのわたくし自身を受け容れていることを信じるのである。云いかえると、罪人なるわたくしの座がすなわち聖なる神の座であること、絶対に決定せられたこの今がすなわち絶対に創造的な永遠（者）であることに目覚めるのである。この信仰、この覚醒は、たしかにわたくしの信仰、わたくし自身の覚醒である。しかしそれは決して単にわたくし自身の内部から、いわゆる近世的自律的に起ることはできない。却ってただそのような能動性、自発性がそこにおいて絶対に否定せられているこの今から、絶対「無我的」能動的な主体の働きとしてのみ起りうることは云うまでもない。……

それゆえに、イエス・キリスト自身においてまことの神の行いがすなわちまことの人の行いであったように、真実のキリスト者においては人それ自身の働きが神そのものの働きである。「此処を離れずに此処を脱する」、絶対に決定せられた現在がすなわち絶対に能動的な永遠の生命の始めとなるという、久松博士のいわゆる「仏行」は、そのかぎり博士をはじめ、多くの仏教徒の根強い疑いに反して、キリスト教徒がつつしんでそう呼んでいる「イエス・キリスト」においても、キリスト教徒自身においても、まったく同様に成り立っていると云わなくてはならない。

（瀧澤克己『佛教とキリスト教』法藏館）

こうして瀧澤克己は、キリスト教はふつうの有神論ではなく、イエス・キリストもキリスト者も等しく「無我的能動的絶対主体の活動」に生きるのであり、ともに「真に無神論的宗教的な人間」であって、禅仏教の説くところと何ら変わらないと説くのです。久松真一の説く無神論の立場こそ、正しいキリスト教の立場だと説くのです。こうして、キリスト教においても、人と神の非一・非異が説かれたわけです。

しかし、華厳は理事無礙というのに対し、瀧澤はさらに不可逆といいます。そこにひとつの違いはあるのかもしれません。それにしても、瀧澤において神は外に対象的に存在するものではなく、自己の直下《じきげ》に主体の底に存在する神でしょう。その永遠の創造者、絶対に能動的な主体としての神は、実体的存在としてよりは空性として考えられるべきなのではないでしょうか。

事事無礙法界と創造的世界

絶対者を空性として捉えることを哲学的に表現したのが西田幾多郎でした。興味深いことに、西田は絶対者は絶対者自らを否定するのだといっています。その絶対者に固有のはたらきの中に、私たち多くの人が成立してくるというのです。私たちの成立の根源には、神がいる、その点ではやはり瀧澤のいうように人と神との関係は、不可逆以外の何ものでもないでしょう。しかし仏教や西田では、その絶対者が姿を消してしまいます。そこに真に自由な人が成立してきます。何の制約も受けない、絶対に自由な主体がそこに実現するのです。

さらにそのように自己が絶対者の自己否定において成立していると自覚する人は、同時に他者も同様の根源において成立し、かつ自己はそのような他者と相互に関係し合って成立していることをも自覚することでしょう。このときおのずから、他者の苦しみは自己の苦しみとなり、他者の喜びは自己の喜びとなって感じられてくることでしょう。

実際、子に対する母のあり方は、まさにこのあり方そのものです。また禅語に「張公酒を喫して李公酔う」（「張公喫酒李公酔」）という語もあります。禅僧同士、互いに相手の名前を自分の名前としたといった故事もあります。そんな世界が開けてくるのです。

ですから、宗教の世界では、一方的に命令されてというようなことでは全然なく、まったくの自由意志において他者とかかわり、他者との関係を結び直し、築き直していく主体が発動してくるものと思われます。すなわち、真に自由な主体が成立するがゆえに、あらゆる人同士の関係を主体的に規定し返していく主体がはたらき出します。これはある意味では可逆という事態が展開するということであり、そこに華厳のいう理事無礙・事事無礙ということがあるでしょう。もちろん、根底に不可逆があってその中に可逆があるのだというべきです。しかし、人が自由を生きうるのは、それほどまでに神は自らを無にするからだったのです。人が自由に主体的に生きること自体が神のおのずからのはたらきの中でのことであり、また他との関係の中でこそ成立するような自由でもあります。

こうしてあらゆる事柄を謙虚に学びつつ、歴史を創造していく主体が成立してくる世界が事事無礙法界であると私は思うのです。

つまり、理が消えて相互の事のみとなった世界は、人々が互いに創造性を発揮して世界を生成し続けていく世界だということです。単に対象的に事と事とが無礙に関係しているとみるだけでなく、各々の自己が自己の責任において自他を考慮しつつ歴史を創造していく、主体的な世界とみるべきだと思うのです。

その意味で、華厳の世界観は個を重視する、非常に主体的な思想であることを見逃すべきではありません。と同時に、無限の関係を説くその教えは、私たちが人間として生きるということへの想像力を豊かにかき立ててくれることでしょう。

事事無礙ということは、人類の歴史、宇宙の歴史ということに広がってくるのです。菩薩道というものは、ここにつながってくることを思うべきでしょう。

第八章　響き合い無限

十玄縁起無礙法門義とは

華厳宗《けごんしゅう》の、もっとも根本的な聖典として、賢首大師《げんじゅだいし》法蔵《ほうぞう》の『華厳五教章《ごきょうしょう》』（以下『五教章』）があります。この聖典は、題名のとおり、小乗教《しょうじょうきょう》・大乗始教《だいじょうしきょう》・終教《しゅうきょう》・頓教《とんぎょう》・円教《えんきょう》と、あらゆる仏教を五教に分類しつつ、それらの思想内容や特徴について解説しています。

その中でも、特に華厳宗の思想内容についてまとめて説明する章が、「義理分斉《ぎりぶんざい》」第九です。「義」とはその思想の内容、「理」とはその論理構造、「分斉」とはその分限、すなわち位置づけやあり方・特質といった意味でしょう。

この「義理分斉」には、四つの主題があります。それは、三性同異義《さんしょうどういぎ》・縁起因門六義法《えんぎいんもんりくぎほう》・十玄縁起無礙法門義《じゅうげんえんぎむげほうもんぎ》・六相円融義《りくそうえんにゅうぎ》という四つなのですが、中でもあとの二つはまとめて「十玄・六相」といわれて、華厳のもっとも華厳らしい思想を展開するものです。いずれも、いわゆる事事無礙法界《じじむげほっかい》の論理構造を詳しく解明するものです。

本章では、その中、十玄縁起無礙法門義（十玄門）を、次の第九章では、六相円融義（六相）を学んでいくこととします。そのことによって、私たちが生きている世界に本来、存在しているはずの豊かな関係性、無限の関係性へのまなざしを深めたいと思うのです。

先に、十玄門の各門の名称をあげてみましょう。それは、以下のようです。

一、同時具足相応門《どうじぐそくそうおうもん》
二、一多相容不同門《いったそうようふどうもん》
三、諸法相即自在門《しょほうそうそくじざいもん》
四、因陀羅微細境界門《いんだらみさいきょうがいもん》
五、微細相容安立門《みさいそうようあんりゅうもん》
六、秘密隠顕倶成門《ひみつおんけんくじょうもん》
七、諸蔵純雑具徳門《しょぞうじゅんぞうぐとくもん》
八、十世隔法異成門《じゅっせいきゃくほういじょうもん》
九、唯心廻転善成門《ゆいしんえてんぜんじょうもん》
十、託事顕法生解門《たくじけんぽうしょうげもん》

なかなかむずかしい言葉が並んでいますが、同時にいかにも深そうな気配を感じることと思います。

これらをすみずみまで了解することは、短期間ではたいへんむずかしいことと思われます。ここでは、これらを見ていく際の基本的な考え方について、少していねいに学んでいくこととしましょう。

関係の基本的構造

本来、仏の覚りの世界のただ中は、言葉で説くことはできないのですが（果分不可説《かぶんふかせつ》）、そこをあえて説明したとき、その一つの説明が十玄門として説かれたのでした。この十玄門を了解するためには、そもそも関係ということに含まれている内容の基本的な分析を理解しなければなりません。

関係ということがあるためには、少なくともそこに二つ以上のものがなければならないでしょう。あるものと、それ以外のものとがあってはじめて関係ということがあります。しかし華厳では、そのように異なるもの同士が関係するということは、関係するあるもの自身に、他のものと関係することができる性質がもとより存在していなければならないと考えます。

つまり、あるもの自身の中に、そのものとしての性質だけでなく、他のものとしての性質も存在していて、それではじめて他のものと関係することができるというのです。

たとえば、私は教師であり、夫であり、父であったりします。それは、学生がいたり、妻がいたり、子がいたりするからだけでなく、私自身の中に学生に対する役割をつとめうる自分、妻に対する役割をつとめうる自分、子に対する役割をつとめうる自分等々があるからでしょう。私とは、それらの総和にも他なりません。

その場合、では私とは何なのだということが問題になってきますが、それはそのような諸関係を統合しつつ、自分自身のかけがえのない生命を発揮し、実現したいという深い願いのことである、ということがいえるかと考えます。そこを大乗仏教では、菩提心《ぼだいしん》と呼んだのだと思うのです。

それはともかく、華厳では、およそ関係を見る場合、一つは互いに異なるもの同士の関係、もう一つは関係を結んでいるある一つのものの中での多様な要素の間の関係、という二つの関係を考え、その両者あいまって関係が成立すると見るのです。

以上のことを、『五教章』では、次のようなしかたで論じています。

此の中に二有り。一には異体、二には同体なり。此の二門有る所以《ゆえん》は、諸の縁起門の内、二義有るを以ての故に。一には不相由の義。謂く、自《みずか》ら徳を具《そな》うるが故に。因中の不待縁《ふたいえん》等の如き是れなり。二には相由の義。待縁等の如き是れなり。初は即ち同体、後は即ち異体なり。

ここの説明は、因・縁に対する華厳の見方（縁起因門六義法）を下敷きにしていますが、要は、あるものに他との関係を結ぶ要因が内在している面と、他のものがあってはじめて関係が成立する面と、その両面をともに考えていく視点が必要であるということです。その場合、異なるもの同士の関係を異体の関係といい、ある一つのものの中での自と他の要素の関係を同体の関係といいます。

さて、関係を見ていく場合、もう一つの視点が導入されています。それは、あるものと他のものとが関係しているとき、作用《さゆう》において関係しているという面と、存在そのものにおいて関係しているという面と、その二つの面を分けて見ていくということです。

あるものが他のものにはたらきかけて関係していたり、その逆であったり、あるいは相互にはたらき合っていたりするなど、作用の関係ということはしばしば見られることでしょう。およそ関係するとは、何らかはたらき合っているということです。そのとき、作用、はたらきにおいて関係するだけでなく、実は存在そのものとしても関係し合っているがゆえに、その両者のはたらき合いの関係も成立するのだと思われます。

たとえば、私が音楽を聞くとき、私が耳を傾け、音響機器が音楽を奏でるという、両者のはたらき合いがあればこそ、音楽を楽しむということが成立します。しかしそれは、ここに私がいて、そこに音響機器がある、あるいは音楽があるからでありましょう。こうして、ある一つの関係には、作用の関係と存在の関係との二つの関係がありえます。ここを伝統的には、用の関係と体の関係といってきました。

ですから『五教章』十玄門は、一つの関係という事態に対し、異体・同体の関係と、体・用の関係とを分けて見る視点を提示しているのです。異体の中の体の関係を相即《そうそく》、用の関係を相《そう》入《にゅう》といいます。同体の中の体の関係を一即多《いちそくた》・多即一《たそくいち》、用の関係を一中多《いっちゅうた》・多中一《たちゅういち》といいます。これらが、それぞれどういうことをいっているのかを理解したとき、十玄門も解《わか》るということなのですが、ともかく、今は、名前のみあげておきます。

- 異体
  - 相即（体）
  - 相入（用）
- 同体
  - 一即多・多即一（体）
  - 一中多・多中一（用）

相即・相入の構造

さて、異なるもの同士の関係において、相即・相入と、二つの関係がありましたが、それはどのように説明されるのでしょうか。『五教章』は、次のようにいっています。まず、相即ということについてです。

初（相即）の中に、自若し有なる時は他必ず無なるに由るが故に、他、自に即す。何を以ての故に。他、無性なるに由て自作なるを以ての故に。二には、自若し空なる時は他必ず是れ有なるに由るが故に、自、他に即す。何を以ての故に。自、無性なるに由て他作なるを以ての故に。二有・二空、各々倶ならざるを以ての故に、彼れ相即せざること無し。有が無・無が有、無二なるが故に、是の故に常に相即す。若し爾らずんば、縁起成ぜず、自性等の過有らん。之を思て見る可し。

ここは、次のように考えていけばよいでしょう。あるものが、それ自身によって存在し、他の何ものともかかわりなく存在しえているものだとします。それは、自分だけで完結していて、他と関係する必要がありません。そういうもの同士の間には、関係は成立しないことになってしまいます。

逆に、およそ関係が成立している世界では、関係する各々が自己の本体、自己の自体を保持するのではなく、他に開かれていて、柔軟です。その、自体を有さないあり方を、無自性《むじしょう》と呼び、空《くう》と呼びますが、そのように空であるということは、全然ないということではなく、無自性であるけれどもあるものとして現象しているということです。関係の世界とは、そういうもの同士ではじめて成立しうるわけですが、したがってその各々には、有の面と空（無自性）の面とがあります。

ここを前提として、あるものと他のものとが関係しているとき、両者ともに空（無）とはいえませんし、両者ともに有ともいえません。両者が空（無）なら、関係するものはそこにないということになってしまいますし、両者が有なら、前にもいうように関係の必要がありません。そこで、無自性にして関係し合う両者の間において、あるものを有の方面で見るなら、そのあるものがあって他との関係が成立しているのですから、他のものはあるものに全面的によっていることになり、そこで他のものには無自性・空という性格が前面に出てくることになります。こうして他のものは無自性である以上、あるものに全面的に即する（一つになる）ということになります。

逆に、あるものが他との関係の中にあるのは、他のものがあればこそだと見れば、他が有となり、そのあるものは無自性・空となって、他のものに全面的に即することになります。しかも、この二つの事態は、同時に成立しているわけです。それであって、はじめて関係は成立します。そこが、「有が無・無が有、無二なるが故に、是の故に常に相即す」です。このような関係を見ていくのが、相即の関係です。

次に、異体における用の関係、相入です。

二（相入）に、力用の中に自に全力有り、所以に能く他を摂す。他、全に無力なるが故に、所以に能く自に入る。他有力・自無力、上に反して知んぬべし。自体に拠らざるが故に、相即に非ず。力用交徹するが故に、相入を成ず。又、二有力・二無力、各々倶ならざるに由るが故に、彼れ相入せざること無し。有力が無力・無力が有力、無二なるが故に、是の故に常に相入す。

ここは、作用、はたらきの関係についてですが、あるものと他のものと、ともにはたらかなければ、その関係はありません。また、両者ともに自分だけではたらきを発揮していると見ると、関係する必要はありませんし、むしろ互いに衝突するのみで、関係が成立しないことになってしまいます。

そこで、両者がはたらき合って互いに関係しているとき、そこにおいてあるもののはたらきの下《もと》にその関係が成立しているという面から見ると、他のものは全面的にあるもののはたらきによるのであり、したがってあるものは他のものを摂《おさ》めていることになり、他のものはあるものに入るということになります。しかし同時に、他のもののはたらきの下にその関係が成立していると見るときは、他のものがそのあるものを摂め、あるものは他のものに入るということになります。

こうして、存在そのものの関係でなく、作用の相互関係が取り出せますが、どんな関係であれ関係が成立しているところでは、互いに「力用交徹《りきゆうきょうてつ》」するという事態があるわけです。こうして、「有力が無力・無力が有力、無二なるが故に、是の故に常に相入す」ということになるのでした。

なお、今、存在（体）の関係と、はたらき（用）の関係とをあえて分けて分析したのでしたが、実際にはその両者、つまり体と用とは別々にあるわけではありません。体と用の両者は、同時に一つのこととして成立しているものです。そこを『五教章』は、

又、用を以て体を摂むるに更に別体無きが故に、唯だ相入す。体を以て用を収むるに別用無きが故に、唯だ是れ相即す。

といっています。用をいうときは、用の中に体が含まれており、体をいうときは、体の中に用が含まれていて、用だけ、体だけと分けられるものではないというのです。

以上、異体の中の相即・相入の関係の説明を見てきたのですが、これによりますと、根本には、無自性にして現象している世界があると見ていることが知られます。華厳の世界観の根本には、この無自性・空の世界があるのであり、それを根本として関係のあり方を多面的に分析究明しているわけです。無自性・空の世界では、実体的存在、本体・自体を持つと考えられる

ものは、まったく否定されます。そのような実体的存在は言語による把握と不可分であり、そこでは言語も徹底的に否定されます（戯論寂滅《けろんじゃくめつ》。『中論《ちゅうろん》』）。

しかし、無自性・空のゆえに縁起の世界が成立し、現象世界が成立しています。そこで、そのありようを一面的にとらわれることなく、双方向的に、複眼的に、全体的に描写しようとするのが華厳の世界なのです。

相入を十の数の中で考える

このあと、『五教章』はこの異体の関係について、十銭を数える法をたとえとして説明していきます。これは、『華厳経《けごんぎょう》』「夜摩天宮菩薩説偈品《やまてんぐうぼさつせつげぼん》」の一節によったものといわれています。そこには、

譬えば種種の数は、皆な悉く是れ数法なるが如く、
諸法も亦た是の如し、其の性に別異無し。
譬えば数法の十は、一を増して無量に至るも、
皆な悉く是れ本の数にして、智慧の故に差別するが如し。

という詩があります。これが、『五教章』の十銭を数える法のもとになっているのだといわれ

ます。

さて、その『五教章』の説明ですが、異体門の相入の説明から始まります。向上数《こうじょうすう》と向下数《こうげすう》の二門がありますが、向上数は、はじめに一を中心に他の数との関係を見、次に二を中心に他の数との関係を見、そうして最後に十を中心に他の数との関係を見るものです。

向下数はその逆で、はじめに十を中心として他の数との関係を見、次に九を中心として他の数との関係を見、そうして最後に一を中心として他の数との関係を見ていくものです。以下、『五教章』の文章をたどってみましょう。

中に於て先ず相入を明す。初に向上数に十門あり。一には、一は是れ本数なり。何を以ての故に。縁成《えんじょう》の故に。乃至十には、一が中の十。何を以ての故に。若し一無ければ即ち十成ぜざるが故に。即ち一に全力有り、故に十を摂するなり。仍《よっ》て十にして一に非ず。余の九門も亦た是の如く、一一に皆な十有り。準例して知んぬべし。

まずはじめに、一を、一から十の数の中で根本の数と見ます。一が根本となって他の数を成り立たしめると見るのです。一が他の数をつくるということは、一が一だけにとどまらず、二となったり三となったりしていくということで、自由自在に他と融じていきます。そこを縁成の一といいます。自己の本体を持たない、無自性の一ということです。だからこそ、他と関係しえて、関係の中で一そのものでありうるわけです。

この一があって、はじめて二もありえます。一に一を足して二ができます。もし、一が一に固定していて他と関係しなければ、一と一とがあってもそれはあくまでも一と一で、二とはならないでしょう。二となるということは、一が一を失って二に融じることです。

そのようにして、一が根本にあるからこそ、二も成立するのですが、ということは、そういう一のゆえに二が成立すること、つまり一が二を成じていること、したがって一に全力があって、それゆえ二を一の中に摂《おさ》めてしまうということになります。つまり、二は一に入ってしまうわけです。そのように、一に全力があるからこそ二も成立しますが、ということは一が二を自らに摂め、二は一に入り込んでこそ、二は二として成立するということです。

こうして、一の中に三も入って、そのうえで三であり、一の中に四も入って、そのうえで四であり、ないし十まで、このことがいえます。

一を本数として、その一と他の二ないし十までとの関係をこのように見た次には、今度は二を本数として、その二と他の一あるいは三ないし十までとの関係を同様に考察し、その次には三を本数として、その三と他の一、二あるいは四から十までとの関係を同様に考察します。

どの場合でも、本数がなければ、他（末数）が成立しない、したがって、本数に全力があり、他を摂めている、他は本数に入っている、だからこそ、他は他として成立している、と見ていくのです。こうして、本数を一から十まで上《のぼ》っていって、その本数と他の数とのこの関係をすべて見ていくのが、向上数です。

ここで、一を本数としたとき、それがあればこそ他の数が成立するということはわかりやすいだろうと思われます。しかし一以外の、他のいずれかの数を本数としたとき、それがあればこそ、その他の数（末数）が成立するということは、ややわかりにくい面があります。

たとえば、五を本数としたときのことを考えてみましょう。このとき、五の中に一が入り込んでいる。なぜなら、五がなければ一は成立しない。だから五に全力があって、一を摂めているのだ、と見ることになります。では、どうして五がなければ一は成立しないといえるのでしょうか。

このわかりにくさは、一が根本であるという私たちの先入観によるものでしょう。特定の視点に縛られなければ、一から十までの十個の数があるとき、そのどれを根本と見てもよいはずです。そこで五を根本として見れば、五から四を引けば一ができるのですから、五が根本となって一が成立する、五がなかったら一もありえない、と見ることができるのです。

そのように、華厳の世界には、視点の自在な移動・転換があります。関係の中の各々が中心になりうる、という見方があります。そこには、自我中心から世界中心へのものの見方の転換があるでしょう。

こうして、本数を一から十まで上がりつつ、摂めている・入っているという関係を見たあとは、本数を十から始めて順に九、八……と一まで下がりつつ、同様に摂めている・入っているという関係を見ていきます。

ただし、このときの説明は、「謂く、若し十無ければ即ち一成ぜざるが故に、即ち一、全力無うして、十に帰するが故に」という説明になっています。これは摂める側（本数）でなく、摂められる側（帰する側、入る側、末数）を主としていっているもので、前の説明を裏側から見たものです。

こうして、すべての数に、他のすべての数が入っていて、しかも各々の数として成立していることになります。ここが相入ということです。それぞれの数が他に入りかつ他を摂めているというところに、自己の本体を持つものでない、縁成のものであるということがあります。それぞれがそのような特質を持っているがゆえに、関係ということが成立するのであり、関係が成立しているとすれば、関係するものはおよそこのような特質を持っているというのです。

相即を同様に考える

以上は、異体門の用に関する関係のあり方の基本的な分析でしたが、次に相即について、つまり異体門における体の関係について見ることになります。ここも、向上去《こうじょうこ》と向下来《こうげらい》とがあります。まず、向上門のほうを見ますと、次のようにあります。

初の門（向上去）の中に十門有り。一には一。何を以ての故に。縁成の故に。

一即ち十なり。何を以ての故に。若し一無ければ即ち十無きが故に、一、有体にして、余は皆な空なるに由るが故に、是の故に、此の一、即ち是れ十なり。

是の如く上に向いて乃至第十、皆な各々前の如く準じて知るべきのみ。


まず、一を本数とします。一を他の数との関係の中で中心と見ることができるのは、一がそれ自体で完結する、自体あるものではなく、他に開かれた無自性の一だからです。

次いで、一は二だ、と見ます。というのは、一がなければ二がない以上、一が有体で二は空となり、二はすっかり一になりつくしてしまいます。ここで、二が一になりつくしているとき、その一のゆえに二がなるということでもあります。そこで、だからこそ、一は即ち是れ二なりということにもなるのです。そうであるからこそ二は二でもありうるのでした。こうして次に、一は三と見、一は四と見、その最後に一は十であると見ます。

その論理が、今、「若し一無ければ即ち十無きが故に、一、有体にして余は皆な空なるに由るが故に」とあったわけで、その結論として、「此の一、即ち是れ十なり」とあるのでした。この「即ち是れ」という表現を見過ごすことはできません。この「即ち是れ」に、「即」の意味をくむべきでしょう。

このあと、二を本数として、他の数との関係を同様に見ます。本数を一から順次上っていくのが、向上去、十から順次下《くだ》っていくのが向下来です。どれを本数としても、その本数がなければ、他はありえないと見る。その自在・柔軟な視点が要請されることは、前の相入の場合と同様です。

一が二であったり、三であったり十であったりするというのは、まことに奇怪でもありますが、しかし、一が一だけでしかないとしたら、一と一とがあっても、二は成立せず、一と一とがあっても三は成立しません。一が二でありえたり三でありえたりするから、二も成立し、三も成立します。また、二や三が成立するので、一も一でありえますが、一しかないところでは一もないということになるでしょう。

同体門の関係について

以上、異体門における相即・相入のあり方を見てきました。次いで、同体門における体の関係と用の関係を見ることになります。前者は、一即多・多即一といわれ、後者は、一中多・多中一といわれます。

『五教章』では、やはり後者の用の関係から説明しています。ここでは簡単に記しておきますが、まず、一中の多というのは、一を本数として、その一の中に、二を成り立たせる一、三を成り立たせる一、……というように、十個の一があると見るものです。一方、多中の一とは、十を本数として、その十の中に九、八……一があると見るものです。

そうすると、一中多と多中一とは別々のことが説かれていることになりますが、詳しくは、この両面ともに成立していると見るのでしょう。すなわち、一の中に十個の一があり、あるいは二、三ないし十もある。逆に、十の中に十個の十があり、あるいは九、八ないし一もある、というように。

前の異体でも、本数の中に他が入る（他を摂《おさ》める）という関係を見ましたが、しかし、異体門ではそのことをふまえて、そのうえで異なるもの同士の関係のところを見ます。一方、この同体門では、「一の中に自《みずか》ら十を具す」ところを見るのであって、自分の中にもとより他を入れている、あるいは具えているところをいうものです。

一方、体の関係、一即十・十即一の中、まず一即十は、まず一を本数とするとして、次に一即二と見ます。というのも、二を成り立たせている一は、まさにこの一そのものに他ならない（別の自体なし）からです。こうして、一即三、一即四とも見、一即十と見ます。ここは、本数がそのまま他の数（末数）そのものであるという事態が見られています。一を本数とする考察が終わると、次に二を本数とし、というように十を本数としての観察まで進みます。

次に、多即一ですが、まずは十を本数として、そして十即九と見ます。なぜなら、九は十があってこそ九なのであり、九は十に即すのでした。ここでは、九はまさに十なのであり（さらに自の九なし）、したがって、十即九となるのです。この場合は、末数が本数に他ならないということになり、そのことによって本数そのものの中で本数と末数が一つになっているということが成立しています。

ここでも、一即多と多即一と、やや内容の違いがありそうです。一即多は、本数が末数に即しているのであり、多即一は、末数が本数に即しているのです。しかし、一即多の中にも末数が本数に即している事態はあり、多即一の中にも本数が末数に即している事態はあるでしょう。

以上、異体および同体の、体と用との関係のあり方について見てきました。ともかく、関係の中にある、ある一つのものは、それ自身の中に他を入れている、あるいは他そのものと一つであるといった事態があり（同体）、かつ他のものと互いに摂め合ったり、他になりつくしていたりしているといった事態があって（異体）、それらが同時に成立しているのが関係の世界のあり方だというのです。

はなはだ複雑なことでしたが、ともかく以上が『五教章』の説く、関係性の論理構造の全容です。

十玄門の世界

さて、ようやく十玄門を見る用意ができました。しかし、紙数の関係で、ここではもはや簡単にしておきます。何しろ大事なことは、異体・同体の体・用の関係をつぶさに見ることにあったのですから。

まず、第一の「同時具足相応門《どうじぐそくそうおうもん》」は、とにかく第二以降のすべての関係（異体・同体の体・用の関係の一切）が、現に同時に成立していることをいうものです。『五教章』は、「此は海印三昧に依て炳然《へいねん》として同時に顕現して成ず」と言っています。

第二の「一多相容不同門《いったそうようふどうもん》」は、特に用の関係において、一と多とが互いに関係し合って、しかもそれぞれはそれぞれであることをいうものです（異体・同体を含む）。

第三の「諸法相即自在門《しょほうそうそくじざいもん》」は、特に体の関係において、諸法に相互の関係があることをいうものです（異体・同体を含む）。

第四の「因陀羅微細境界門《いんだらみさいきょうがいもん》」は、因陀羅網という帝釈天《たいしゃくてん》の宮殿にかかる網をたとえに用いて、用の関係につき、重重無尽《じゅうじゅうむじん》の関係があることをいうものです。第二の「一多相容不同門」は、ある一つのものと他の多との関係のみを見ていて、それは一重の関係しか見ていません。ここでは、そのことがあらゆるものの間で成立しているという多重の関係、重重の関係を見るのです。

第五の「微細相容安立門《みさいそうようあんりゅうもん》」は、一（微細）に多を容《い》れて（用）、しかも一も多も壊することなく整然とそこに現前していることをいうものです。相容とありますが、実際は一に多を容れる方向だけを意味します。なお、『五教章』の実際の説明では、微細を一念とし、そこに容れる多に時間的な広がりを見ています。

第六の「秘密隠顕倶成門《ひみつおんけんくじょうもん》」は、体の関係において、空・有ではなく、隠・顕が同時に成立しているというもので、そこが秘密（甚深微妙《じんじんみみょう》）ということでもあります（同体・異体に通じる）。

隠・顕の説明として、ある人が、親に対しては子、弟に対しては兄、妻に対すれば夫等々であるとき、常にそのすべてが成立していますが、子であることが表に顕れたときは兄・夫は隠れ、兄であることが表に顕れたときは子・夫は隠れというように、種々多彩な、無量の関係が隠顕同時に成立することをいうものです。

第七の「諸蔵純雑具徳門《しょぞうじゅんぞうぐとくもん》」は、特に体・用に限定されるものではなく、あるものが他の一切を摂めているところに着目したとき、摂めるものが純、摂められる一切のものが雑として、摂められるものは摂めるものの徳（性質・性能）となっているところを見るものです。諸蔵というのは、諸法がそのように能蔵（能摂・純）・所蔵（所摂・雑）となることから、この能蔵・所蔵を合わせていったものです。

『五教章』は、「是くの如く法界に繁興して、純雑自在にして、具足せざること無きものなり」といっていますから、互いに純・雑となり合って自在のところを見ているでしょう。

第八の「十世隔法異成門《じゅっせいきゃくほういじょうもん》」は、特に時間的関係における体・用の関係のすべてをいうものです。ただし、仏教では、時間を独立の実在と見ず、諸法のうえに仮りに立てられたものとしますので、結局、過去の法、未来の法、現在の法の相即・相入をいうものです。実際問題としては、過去の法や未来の法は存在しないのですが、いちおう、それらを想定して（華厳では過・未の現在を有体と見る)、そのうえで相互の関係をいうのでしょう。そこに、隔法異成ということがあります。

もっとも、過去・未来・現在だけでは、三世《さんぜ》です。ところが、過去は、過去のある時点を基準とすると、それを境《さかい》にさらに過去と未来が区別されます。つまり、過去のある現在を中心に、その過去と未来が区別されえます。こうして、過去の中に三世があり、同様に未来にも三世があり、現在にも三世があります。これらにおいて九世《くせ》が成立しますが、それは現在の一念に収まります。その九世と現在の一念を合わせて十世《じゅっせい》とし、その区別がありながら、相即・相入して一念に摂まる、そしてその一念に、十世がすべて同時に顕現するといいます。

第九の「唯心廻転善成門《ゆいしんえてんぜんじょうもん》」は、これまで述べてきた縁起の世界は、唯一心《ゆいいっしん》が転じて善く(能く)成じたものであることを示し、縁起の世界の本《もと》を明かしたものです。その唯心、唯一心は、自性清浄心《じしょうしょうじょうしん》のことであり、これが転じて無限の縁起の世界が展開するのだというのです。

そこを華厳では、性起《しょうき》ともいいますが、この性起ということについては、すでに第四章でふれておきました。

この転ずるということの中には、理事無礙《りじむげ》から事事無礙《じじむげ》へと、理が消えることも含まれていることでしょう。

第十の「託事顕法生解門《たくじけんぽうしょうげもん》」は、たとえによってこれらの教えの意義を明かすことで、華厳におけるたとえのはたらきの華麗なることを主張するものです。

『華厳経』には、宝・天・雲などいくつものたとえが説かれて、華厳の世界観が明かされますが、宝においてはその貴いこと、天においてはその自在なること、雲においてはその人々を潤し利益し、また幾重にも重なり合っていることが明かされているといいます。しかも、それら宝・天・雲などが、単なるたとえにとどまらず、実際に華厳の重重無尽の縁起の世界の中にあって、現実に各々が他の一切の徳を具えてもいるのです。

以上は、十玄門各門のごく簡単な解説です。『五教章』には、「然も此の十門、一門の中に随て即ち余門を摂して、皆な尽さざる事無し。応に六相の方便を以て而も之を会通すべし。此れを準ずべし」とあります。

十玄門は十の門があるのみでなく、その各々の一門は他の門を摂めつくしているともいい、このことは次に説く、六相円融義によって、ますます深く了解されてくるというのです。ぜひ次章もご参照ください。

インドラ網のたとえ

十玄門の各門は、詳しく見ていくと、いろいろと議論すべき点も出てくるようです。元来、異体・同体の体・用の関係の全体でよいはずですが、それがどうしてこの十種類の法門に整理されなければならないのか、その必然性は必ずしも定かではありません。

ただ、その重重無尽の縁起の世界は第四の「因陀羅微細境界門」がよく描いていることでしょう。それは用の関係のみとされるのでしたが、用の関係には体の関係も含まれているわけですから、重重無尽の縁起の世界を十全に描いていると思います。

「因陀羅微細境界門」とは、因陀羅網と呼ばれる帝釈天（インドラ）の宮殿に飾りとしてかけられている網をたとえとして、重重無尽の縁起の甚深微妙な世界を表現する法門ということです。

帝釈天の宮殿にかかる網には、その無量の網の目の一つひとつに宝石がくくりつけられています。その宝石は互いに映し合って、きわまりがありません。A・B・C・D……と宝石があるとして、AはB・C・D……に映り、BはA・C・D……に映り、CはA・B・D……に映っています。AがBに映るとき、それはB・C・D……などを映しているAがBに映るのです。しかも、そういうAが映っているBをAが映し、さらにそのAがまたBに映るのです。こうして、映し合う関係にきわまりがありません。

二枚の鏡を向かい合わせて、そして互いに照らし合わせますと、無限に映し合います。そのことが、二つの宝石の間だけでなく、多くの宝石の間で、無量の宝石の間で起きているというのです。まことに因陀羅網のたとえは、めくるめくような無限の関係を表しています。

前に十銭を数える法のたとえが示されましたが、そこでは、たとえば一の中に二があったり三があったり十までの数があるのでした。その二なり三なりがまた十の数を具えています。その一々がまた十数を具えています。こうして、一の中に無限があり、二の中に無限があり、という事態が実は成立していたのでした。無限は、測り知れない大きな数の向こうにあるのではなく、無限の関係性を織りなすその一々の下にあったのです。

いい換えれば、私たちの一つひとつの生命が、その中に無限の関係性をたたみ込んでおり、かつ他との果てしない関係の中にあったのです。華厳のこの世界観は、そのような私たちの自己の生命の深み、広がり、可能性を思い起こさせてくれるものなのでした。

この十玄門では、各門の内容を説く『華厳経』の言葉が証拠として引用されるのですが、今の第四の「因陀羅微細境界門」でも、その世界を表す『華厳経』の言葉がいくつか引用されています。

最後に、その中から一つ引用して本章を結ぶこととしましょう。

一切の仏刹微塵《ぶっせつみじん》等の爾所《そこばく》の仏、一毛孔に坐す。皆な無量菩薩衆有り、各々為《ため》に具《つぶさ》に普賢の行を説く。無量の刹海《せっかい》、一毛に処す。悉《ことごと》く菩提蓮華座に坐して一切の諸の法界に偏満す、一切の毛孔に自在に現ず。(「盧舎那仏品《るしゃなぶっぽん》」)

第九章　一塵に宿る宇宙

部分と全体の相互関係について

華厳《けごん》思想では古来、「十玄《じゅうげん》・六相《りくそう》」ということがいわれて、十玄縁起無礙法門義《じゅうげんえんぎむげほうもんぎ》（十玄）と、六相円融義《りくそうえんにゅうぎ》（六相）とが華厳思想のもっとも核心となるものなのでした。

本章では、その六相円融義について学ぶこととしましょう。前章の十玄門と同様、『五教章《ごきょうしょう》』「義理分斉《ぎりぶんざい》」に説かれるもので、ここでもその考え方の筋道をつぶさにたどってみたいと思います。

十玄門についても、「応に六相の方便を以て而も之を会通すべし」（二一九ページ）とあったのですから、六相円融義を深く了解することは、華厳の教え全体を明らかに理解することにつながるはずです。

そもそも、六相円融義とはどういうものかといいますと、全体と部分の間の関係、およびその全体の中での部分と部分の間の関係について論究するもので、興味深いことに、そのことを家を例に説いていきます。

有機体や生命体では、部分と全体が協働していることを見ることは容易でしょう。人間を考えてみれば、心臓はもちろん、肺臓やすい臓・じん臓なども、人間という一個の生命体の中にあってこそ機能しえます。心臓や肺臓などが、それだけのみによって自らを維持することはできません。つまり、部分は全体の中にあってはじめて部分でありえています。

逆に人間の生命は、心臓や肺臓などなしに存続することはできません。つまり、全体は部分を自らに保持してはじめて全体でありえています。そのように、一個の生命体は、部分と全体が交流し合う中にあると見ることができるでしょう。この関係は、心臓や肺臓などの各臓器と、それを形成する細胞との間でも同様であろうかと思われます。

ところが『五教章』は、家という、必ずしも生命体、有機体ではないものを例に、それでも実は部分と全体とが交流している構造があるのだと説きます。私たちにはただ独立したものが集まっているだけのように見えても、およそいくつかのものが集まって一つの全体を構成しているときは、その部分と全体、そして部分と部分の間に、見えないけれども多彩な関係がはっきり存在しているのだというのです。

それに、そうした場合、部分と部分とは互いに異なるからこそ、さらに部分は全体と決して同じではないからこそ、一つの関係が成立し、そうであればこそ全体も部分もともに生きるという主張すら語られています。

家の例は、あとで『五教章』を読みつつ考察してみたいと思いますが、機械における構成要素と全体の関係の興味深い例をここであげてみましょう。

ある技術者が、ものすごく性能のよいエンジンを開発しました。それ自体は申し分のないエンジンのはずであるにもかかわらず、それを車体に載せると、どうしてもうまく機能せず、車のスピードを上げるとトラブルが起きるといった事態が、何回テストしても続きます。それで、さらにエンジンをよりよいものにしようと、エンジンの改良に腐心するのですが、どんなに改良してもどうしても今いったトラブルが解決しません。

ところが、ふとしたことから、エンジンを車体に取りつけるとエンジンの振動が車体全体に伝わり、その車体の振動がエンジンに伝わってエンジンの性能を阻害することがわかりました。そこで、エンジンの振動が車体に伝わらないような簡単な工夫をしてみると、難なく車のスピードも上がったということです。

このことは、車という機械の中で、エンジンのことだけ考えればよいわけではなく、車という全体の中でのエンジンのあり方を考えなければだめだということです。

今の場合は、むしろエンジンと他とを不必要な点で切り離し独立させることが焦点だったのですが、そういうしかたで一つの構成要素を全体の中で適切に位置づけたとき、その構成要素自体も生き、全体も生きたわけです。

そのように、およそあらゆるものは関係の中にあってそのものなのであり、その関係に対する十全なまなざしがあるとき、そのもの自身も関係の全体もともに生きてくることでしょう。

華厳の六相円融義には、そうしたまなざしが豊かにあります。

それは、自然界を構成する要素を求めて対象をただ分割していく世界観や、人間をアトム的にのみ見るような人間観とは異なるものであり、そうした近代合理主義の論理を根本的に見直すためのひとつの有力なヒントになるのではないかと思われます。そして、関係の中にあってはじめてかけがえのない個性も発揮できるような、自己自身の生命のありようをあらためて考え直させてくれると思うのです。

六相とその意義

以下、『五教章』のテキストに沿って、六相円融義の考え方を追っていくことにしましょう。

はじめに、六相とは何か、が説明されています。六相というのは、総相《そうそう》・別相《べっそう》・同相《どうそう》・異相《いそう》・成相《じょうそう》・壊相《えそう》というものです。この六相の各々については、次のようにあります。


総相とは、一に多徳を含する故に。

別相とは、多徳一に非るが故に。別は総に依止して彼の総を満ずるが故に。

同相とは、多義相違せず、同じく一総を成ずるが故に。

異相とは、多義相望するに各各に異るが故に。

成相とは、此の諸義に由て縁起成ずるが故に。
壊相とは、諸義各各自法に住して移動せざるが故に。

総相とは、さまざまな性質・功能を有する多くのものを擁する全体のことです。これに対し別相とは、その全体を構成する個々のもののことで、全体に還元されることのないもののこと、それぞれが全体とは異なることです。

同相とは、全体を構成する個々のものがお互い一致して全体を形成していることであり、異相とは、それら個々のものが相互に異なっていることです。その要点は、お互い一致してということと、相互に異なってということにあります。

成相とは、個々のものが集まって全体を形成し、かつそのことが個々のものを成立せしめていることで、壊相とは、それでも個々のものはあくまでも個々のものであることを失わないことです。

以上、各相の違いには微妙な点があり、ややわかりにくいところがありますが、ともかく全体とその部分に関して六相が分析されます。おそらく、「一つの全体を構成する」という文章が成り立つとき、一つのというところに同相、全体というところに総相、構成するというところに成相があります。その反対が、異相・別相・壊相ということになります。

次に、どうしてこの六相円融義が説かれたのか、これにどんな意味があるのかについて説かれます（第二教興意）。すなわち、

此の教は一乗円教《いちじょうえんきょう》、法界縁起《ほっかいえんぎ》、無尽円融《むじんえんにゅう》、自在相即《じざいそうそく》、無礙容持《むげようじ》、乃至、因陀羅無窮《いんだらむぐう》の理事《りじ》等を顕《あらわ》さんが為なり。

とあります。とにかく、華厳の重重無尽《じゅうじゅうむじん》の縁起《えんぎ》の世界のありようを明かすためであるということは推察できるでしょう。

一乗円教とはまさに華厳の教えのこと、法界《ほっかい》縁起とは最終的に事事無礙《じじむげ》法界として語られるような縁起の世界のこと、無尽円融《むじんえんにゅう》とはその重重無尽の関係性のこと、こうして、「一乗円教、法界縁起、無尽円融」とは、華厳が説く重重無尽の事事無礙法界ということになります。

自在相即《じざいそうそく》とは、そこにある体の関係のこと、無礙容持《むげようじ》とは、そこにある用《ゆう》の関係のことで、順に十玄門の諸法相即自在門《しょほうそうそくじざいもん》、一多相容不同門《いったそうようふどうもん》のことだといいます。乃至、因陀羅《いんだら》無窮の因陀羅とは、十玄門の因陀羅微細境界門《いんだらみさいきょうがいもん》のことで、その前にあった乃至には十玄門中、今の三門を除く他の門を摂《おさ》めると見ます。こうして、今の句の部分によって華厳の事事無礙法界をあらためて十玄門で示したことになります。

理事等とは、実は十玄縁起無礙法門義において、互いに関係するものを、理・事、因・果、

人・法などの十義で示しているのですが、その十義のことをいうものです。要するに、この理事等は事事無礙の関係を構成する一切諸法のことを意味すると考えればよいものです。

結局、六相円融義が説かれた理由は、十玄門で説かれるような華厳の事事無礙法界のあり方を明らかにするためであるといっているとみてよいでしょう。こうして、十玄門と六相義とは、表裏一体のものなのです。

全体を一部分に見る

さて、このあと、六相についての説明がなされていきます。それは前にも述べましたが、家を例として説かれていくのです。以下、その説明をていねいに詳しく見ていくことにします。はじめに、総相についてです。

問う。何者か是れ総相。

答う。舎是れなり。

まず、総相とは何かとの問いがおかれ、家が総相であるとの答えが示されます。全体とは何かとの問いに、家と答える、これはごく当然の答えでしょう。しかし、では家とは何なのかと、さらに突っ込んだ問いがなされます。

問う。此は但だ椽《てん》（たる木）等の諸縁なり。何者か是れ舎なるや。

家といっても、それはたる木などの諸々の建材の集まりにすぎない。全体としての家とは何に求められるのか、というのです。たる木とは、屋根の瓦を載せる板を支える木で、屋根のすぐ下にこぐち（材木の断面）がたくさん並んで見える木のことです。ともあれ、家は、たる木や柱や鴨居等々の組み合わせ以外ではありませんが、それら以外に家はどこにあるのかというのです。さて、その答えはきわめて興味深いものです。

答う。椽即ち是れ舎なり。何を以ての故に。椽全に独り能く舎を作るに為《よ》るが故に。若し椽を離れては舎即ち全に成ぜざるが故に、此に為《よ》って若し椽を得る時、即ち舎を得《う》。

家とは、全体のものかと思われたのに、答えは、家とは一本のたる木であるというのです。実に意表をつく答えですが、いったいどうして家は一本のたる木であるということになるのでしょうか。

それは、一本のたる木をも欠いては、家は完成しない。一本のたる木があってこそ家も完成するのであり、家の成立いかんはまさしく一本のたる木にかかっている。ということは、その一本のたる木こそが全面的に家をつくるということになる。したがって、一本のたる木が家そのものだということになる、というわけです。家の全体が一本のたる木にかかっているとき、たしかに一本のたる木は家そのものであるといえそうです。しかし、このことについてはさらに検討すべき点もあるでしょう。

問う。若し椽全に自《みずか》ら独り舎を作らば、未だ瓦等有らずして亦た応《ま》さに舎を作るべしや。

一本のたる木が、ひとり全面的に家をつくるというなら、他の建材、瓦などがなくても家ができてしまうということになるのではないか、それはおかしいのではないか、というのです。その答えは巧妙です。

答う。未だ瓦等有らざる時は、是れ椽ならざるが故に、作らず。是れ椽にして而も作ること能わずと謂わんとには非ず。今作ると言うは、但だ椽能く作ることを論ず。椽に非ずして作るとは説かず。何を以ての故に。椽は是れ因縁なり。未だ舎を成ぜざる時は、因縁無きに由るが故に、是れ椽に非るなり。若し是れ椽ならば、其れ畢《つい》に全に成ず。若し全に作らずんば、名づけて椽と為《せ》ず。

たる木などの建材は、どこまでも家の構成要素であり、家がそこにできていてこそ、たる木はたる木、柱は柱、鴨居は鴨居となります。柱は縦に、鴨居は横に、ともいいますが、それは家の中にあってこそであり、資材置場に置かれているときは、柱も柱とはいえず、たる木もたる木とはいえないでしょう。

家が家として完成しているときは、その構成要素としてたる木もたる木と呼びえ、柱も柱と呼びえます。しかし、家が家として完成しないうちは、いまだ家がないのですから、家の構成要素といえず、したがって、いまだたる木がたる木になりえず、柱も柱になりえない、という論法です。

そういうわけなので、瓦などがない場合は、家が家として完成していないので、そこに一本の木材があったとしてもそれをたる木とは名づけえず、たる木はまだないことになるわけです。たる木でないものが、家をつくるということはいえません。しかし、たる木がたる木であるときは、すでに家も家として成立しており、この場合、一本のたる木こそが家をつくる、一本のたる木こそが家に他ならないといえるのだ、というわけです。うーんとうなるほかない巧妙な答えです。

さらに質問は続きます。

問う。若し椽等の諸縁、各々少力を出して、共に作りて、全に作らずんば、何の過失か有る。

たる木などの各々の建材が、それぞれ家全体をつくるというのではなく、たる木はたる木だけをつくり、柱は柱だけをつくり、そのような数々の建材がともに集まって家ができると見るのでは、何がいけないのか、と聞いています。少力を出すというのは、結局、そのように他に関与しないということなのでしょう。

答う。断・常の過有り。若し全に成ぜずして但だ少力ならば、諸縁各々少力ならん。此れ但だ多箇の少力にして、一の全舎を成ぜざらん。故に是れ断なり。諸縁並びに少力にして皆全に成ずること無からんを、全舎有りと執せば、因無うして有なるが故に是れ其れ常なり。又た、若し全に成ぜずんば、一の椽を去却《こきゃく》せん時、舎、応に猶お成じて在るべし。舎既に全に成ぜず、故に知んぬ、少力に非ず。並びに全に成ずるが故に。

まず、各々の建材が自分を成ずるにとどまるとして、他に関与せず全体をつくらないとしたら、その場合は多くのばらばらの建材があるのみ（ただ多箇の少力）であって、一つの全体としての家は成立しないということになってしまいます。

これは断（無）の過（過失）ということになります。そのように、諸々の建材が自分だけを成ずるのみで全体をつくることがない場合に、しかも家があると見るとなると、無に対して有と見る常の過ということになります。

要は、各建材がそれぞれ全体をつくるという視点を持たないと、全体の成立のしようがないというわけです。

たとえば、もし各々が全体をつくるのでなければ、一本のたる木を抜き去ったとしても、家はなお全体として存在しえているということになるでしょう。しかし、あるべき一本のたる木でも欠けたら家は不完全となり、家ではなくなってしまいます。そうだとすると、やはり各々の建材は自分だけを成じるというのではなく、全体を成じていると見るべきだといいます。

なるほど、そのことはいえそうです。しかし、ここで素朴な疑問が出されます。

問う。一の椽無き時、豈《あ》に舎に非ずや。

たる木一本ぐらいなくても、家は家ではないのか、というのです。

答う。但だ是れ破舎にして好舎無きなり。故に知んぬ、好舎は全に一の椽に属す。故に知んぬ、椽即ち是れ舎なり。

やはり、一本でもたる木がなければ、その家は不完全なもの（破舎）とならざるをえません。厳密な意味では、家とはいえないということにもなります。その意味で、完全な家（好舎）は、やはりどの一つの建材にもかかっていることにならざるをえません。ですから、やはり家は、たとえば一本のたる木に他ならないといえるのです。

部分と部分の相互関係

以上、個々の建材と家全体、つまり構成要素と全体、部分と全体の関係について、独自の視点が説かれました。実に興味深い展開でした。

次に、その関係をふまえて、部分と部分、構成要素相互の関係について説かれます。家をつくっている各々の建材同士の関係です。

問う。既に舎即ち是れ椽ならば、余の材・瓦等、応に即ち是れ椽なるべしや。

一本のたる木が家であるという以上、必然的に、たる木以外の他の建材の各々も、その一本のたる木であるということになるのであろうか、と問うています。

答う。総じて並びに是れ椽なり。何を以ての故に。椽を却《しりぞく》れば即ち（舎）無きが故に。

然る所以は、若し椽無ければ、即ち舎壊す。舎壊するが故に材・瓦等と名づけず。是の故に、材・瓦等即ち是れ椽なり。若し即せずんば、舎即ち成ぜざらん。椽・瓦等並びに皆成ぜず。今、既に並びに成ず。故に知んぬ、相即するのみ。

一椽既に爾なり、余椽（または縁）例して然なり。

ここの主張の内容は、次のようです。家がなければ、柱も柱とならず、鴨居も鴨居とならず、たる木もたる木となりえません。そのことは、前に見たようです。

一方、たとえ一本のたる木でも、なければ家は家となりえません。ということは、家の構成要素の柱も鴨居も、一本のたる木にかかっているということになります。こうして、家を構成する各々の建材のすべては、一本のたる木にも他ならない、ということになります。ここでは、床材あるいは壁材か何かの板や、瓦などがたる木に他ならないと語られています。

もしも、一本のたる木と他の建材とが相即《そうそく》しないとすると、おそらくばらばらの建材があるのみとなり、家そのものが成立しないでしょう。家が成立しないということは、家の構成要素としての柱も鴨居も成立しないということなのでした。

しかし、一本のたる木があることによって、家も成立し、柱も鴨居も成立します。家の成立と、たる木・柱・鴨居などの成立とは、同時です。そのことはまた、たる木と、柱・鴨居等々の相即する関係も同時に成立しているということになります。

こうして、一本のたる木はそのまま柱でもあり、鴨居でもあり、板でもあり、瓦でもある……といったことになるのでした。

さて、上述のすべてのことは、一本のたる木のみに成就していることではありません。他のたる木（余椽）の各々にも成就していることです。あるいは、他の建材（余縁）の各々にも成就していることです。

こうして、部分と部分の相即、構成要素同士の相即も語られるのでした。前には、全体と部分の関係について説かれていて、それはいわば理事無礙法界に相当していそうです。しかし、ここにきて部分同士の関係について説かれたのは、事事無礙法界の趣きです。一つの家の中で、柱と鴨居とか、柱と瓦とか、柱とたる木とか等々、互いに無礙に相即しているということは、何だかおもしろいことですね。

以上、総相の説明をまとめて、次のようにあります。

是の故に、一切の縁起の法は、成ぜずんば即ち已みなん。成ぜば即ち相即《そうそく》容融して、無《む》礙《げ》自在《じざい》、円極難思《えんごくなんし》にして、情量《じょうりょう》を出過《しゅっか》せり。法性縁起《ほっしょうえんぎ》、一切処に通ず。準知すべし。

諸々の事物が関係の中にあって、一つの全体を構成する、ということがないならそれまでですが、およそそのことが成立していれば、関係の全体と関係するもの、さらに関係の全体をふまえての関係するもの同士は、体においては相即し合い、用においては容融し合い、その相互関係は重重無尽に無礙自在となります。

この世界観は完全の極みで、ふつうの知性で理解するのはむずかしく、迷いの心をはるかに超え出たところのものです。この華厳の見る縁起の世界（ここでは、法性縁起《ほっしょうえんぎ》と称していますが）は、宇宙全体のありとあらゆるものに関して行き渡っているのです。

このように『五教章』は主張するのでした。

そうしますと、どのようなシステムであれ、その全体はそれを構成する一要素にあることになります。私たちの生きている世界、この宇宙そのものが、何ものも欠くことができず、むだなものはなく、一つの全体を構成しているとき、その宇宙のどんなものにも、その全体があることになります。一毛孔《いちもうく》に全宇宙が具わり、一塵《いちじん》に全宇宙が宿るということになるわけです。しかも、そうした一毛孔、一塵の各々が、宇宙全体を宿したまま、互いに無礙に交流し合っているわけです。家を宇宙に広げれば、そういうことになります。実に深い世界観がここにあります。

以上で総相の説明が終わりますが、ここは六相の中でもいちばん詳しく説明されており、今の説明の中にすでに、事事無礙法界の論理の急所が鋭く説かれていたと思います。

他の六相の内容

次に、別相《べっそう》について見てみます。

第二に、別相とは、椽《てん》等の諸縁、総に別するが故に。若し別ならずんば、総の義、成ぜじ。別無き時は即ち総無きに由るが故に。此の義、云何《いか》ん。本《も》と別を以て総を成ず。別無きに由るが故に、総成ぜざるなり。是の故に、別とは即ち総を以て別と為《す》るなり。

別相とは、家（全体）の建材（構成要素、部分）としてのたる木などは、決して全体そのものではないというところを見るものです。個々独自の建材があるからこそ、家も成立します。その個々独自の建材は、やはり家の全体とは異なるわけです。この、全体とは区別されるというところが、別相です。

やはり部分は部分、全体は全体だというわけです。ただし、部分（構成要素）が部分といえるのは、全体があればこそです。部分がなければ全体はなく、全体がなければ部分はありません。その意味では、全体があればこそ、部分も部分である。ゆえに全体をもって部分とする、という視点も必要になってきます。それにしても、部分はあくまでも部分であって、全体ではありえないのです。

前には、家は一本のたる木である、全体は一構成要素に他ならない、と示されました。しかし、そのすぐあとに、こうして、家と一本のたる木等々とは異なるのだ、といいます。構成要素は決して全体ではないのだというのです。

このへんは、華厳の複眼的視点、一体的関係と対立的関係を同時に見ていく柔軟な視点の本領をうかがうことができます。

なお、前には、全体は一部分そのものであってこそ、全体が成立するといっていました。ここで全体と部分とが区別されるとするなら、それは間違いだったのではないか、という疑問も起こるでしょう。しかし、あくまでもこの両面は必要なことです。

そこで、「椽即ち是れ舎なるが故に総相と名づくるが如く、舎即ち是れ椽なるが故に別相と名づく」ともいっています。部分は全体に即して部分であり、全体は部分に即して全体である、両者の間に相即の関係があります。その相即も、全体と部分とが、明らかに区別されるからこそなのでした。

続いて、同相《どうそう》について見てみましょう。

第三、同相とは、椽等の諸縁、和合して舎を作る。相違せざるが故に、能く舎の縁と名づく。余物を作るに非るが故に、同相と名づくるなり。

たる木や柱や鴨居等々は、和合して、一致して、一つの家をつくります。それぞれが勝手に他のものをつくるわけではありません。その一つの家を互いに共同してつくっていて、相違しない、違背しない点が、同相だとしています。

前の総相とこの同相との違いについては、「総相は唯だ一舎に望めて説く。今此の同相は椽等の諸縁に約す。体、各別なりと雖も、成力の義、斉《ひと》しきが故に、同相と名づくるなり」と説明しています。やはり、総相は一つの全体をいうものであり、一方、同相は各部分が同じく一つの全体を構成している点をいうもののようです。この点においては、たる木も柱も鴨居も同じものといいうるというのです。

これに対して、異相《いそう》があります。

第四に異相とは、椽等の諸縁、自の形類に随て、相い差別するが故なり。

異相とは、たる木はたる木、柱は柱、鴨居は鴨居と、別々の形・はたらきを持っているところをいうものです。たる木は屋根を支え、柱ははりや鴨居などを支えます。前からの見方によれば、一つひとつの建材は、各々ひとしく全体をつくっているのですが、それでもそれぞれのはたらきは異なっているからこそ家が成立するでしょう。

一つの全体を構成するという点と、個々の構成要素は固有の存在として独自の機能を発揮するという点と、やはりこの両面が必要です。こうして、異相があるからこそ、同相もあるということになり、同相が成立してこそ異相も成立するということになります。

前の別相は、個々の部分が全体とは区別されるというところを見るものでしたが、今の異相は、個々の部分同士が互いに異なるというところを見るものです。各々がかけがえのない個性と機能とを有しているのでなければならないところをいうものです。

さらに成相《じょうそう》があります。

第五に、成相とは、此の諸縁に由て、舎の義成ずるが故に。舎を成ずるに由るが故に、椽等を縁と名づく。若し爾らずんば、二つ倶に成ぜざるに、今、現に成ずることを得るが故に、知んぬ成相なるのみ。

成相は、たる木など、諸々の建材が家を成じているところを見るものです。たる木などが家を成立せしめないとすると、家は存在しないことになり、したがって、たる木もたる木でなくなってしまいます。構成要素は全体を成じてこそ、構成要素でもありえます。ここには、構成要素の成立と全体の成立が同時だということも含まれているでしょう。

と同時に、構成要素が全体を成じるというとき、構成要素は全体になりつくしてしまうというのではありません。構成要素はあくまでも構成要素のままであってこそ、全体を成立せしめることができるわけです。そこが、次の壊相《えそう》ということでしょう。

第六に、壊相とは、椽等の諸縁、各々自法に住して本《も》と作らざるが故に。

壊相は、たる木はたる木に住し、柱は柱に住し、決して家全体になりつくすものではないというところを見るものです。そうであればこそ、家も住みかとして成立することになります。さまざまな事物が関係を構成しているとして、その場合、個々の事物は決して関係の全体になりつくす必要はなく、また同じ性質のものに統一されるべきでなく、どこまでも互いに異なる自己自身に徹しているべきであり、そうであってこそ関係の全体も成立するというわけです。

六相のまとめ

以上で、六相の説明が終わりました。六相、すなわち総相・同相・成相の三相と、別相・異相・壊相の三相と、それらの間での違いには微妙なものがあり、重複するような感もあって、区別を明晰に理解することがむずかしいのですが、六相円融義では、これまでの説明の後、もう一度、以上をまとめて、次のようにいっています。

総は即ち一舎
別は即ち諸縁
同は即ち互いに相違せず
異は即ち諸縁各別
成は即ち諸縁果を弁ず
壊は即ち各々自法に住す

あらためて、その違いを確認しうるでしょう。

さらに、この六相円融義では、最後にその内容を次のような詩（頌《じゅ》）にまとめて示しています。

一に即ち多を具するを総相と名づく
多は即ち一に非る是れ別相なり
多類に自ら同じて総を成ず
各々体別異にして同を顕す
一多縁起の理妙《たえ》に成ず

壊は自法に住して常に作さず
唯だ智の境界にして事識に非ず
此の方便を以て一乗に会す

かなり意訳しますが、これを私なりに翻訳してみましょう。


全体に多の構成要素を具えているところを総相と名づける。

多の構成要素は全体と異なるところが別相である。

多の構成要素ではあるものの自ら一致協力して全体を成じているところが同相である。

多の構成要素はそれぞれ互いに異なっている（がゆえに一致して全体を成じうる）ところが異相である。

多の構成要素と全体とが互いに互いを成立せしめているところが成相である（その同時の成立を妙という）。

多の構成要素の各々はあくまでも自分自身の特質を維持しているところが壊相である。

これら六相円融の世界は、唯《た》だ智慧によって知られるのみであり、通常の知性で知られることではありえない。

この六相を観察していく方便によって、華厳一乗の世界に悟入するのである。

ともかく、六相には、異なるから一つになれる、対立があるから一致しうるといった独自の視点があり、矛盾と同一が一つであるような、実に興味深い視点が示されていると思われます。

時間的に見た六相円融義

ところで、この六相円融義における関係の世界は、空間的だけでなく時間的にも成立していることはいうまでもありません。華厳はいつも、時間的関係と空間的関係の全体を見ていきます。

では、この六相円融義が、時間的関係に適用されたとき、どのようなことがいえてくるのでしょうか。このことについてふれている箇所がありますので、それを見ておきましょう。実は「第二、教興の意」のところに出てくるものです。

此の義、現前《げんぜん》すれば、一切の惑障《わくしょう》は一断一切断《いちだんいっさいだん》にして、九世《くせ》・十世《じゅっせ》の滅《めつ》を得、行徳《ぎょうとく》は即ち一成一切成《いちじょういっさいじょう》、理性《りしょう》は即ち一顕一切顕《いちけんいっさいけん》なり。並びに普別具足《ふべつぐそく》し、始終皆斉《ひと》しくして、初発心《しょほっしん》の時に便《すなわ》ち正覚《しょうがく》を成《じょう》ず。

とにかく一即一切《いちそくいっさい》・一切即一《いっさいそくいち》なのですから、一念に一つの煩悩を断ずれば、あらゆる過去、あらゆる未来にわたる煩悩の一切を断ずることになり、一つの修行を修してその徳を成ずれば、六波羅蜜《ろっぱらみつ》から仏智《ぶっち》までのすべてを成ずることになるのであり、ほんのわずかに真如《しんにょ》・法性《ほっしょう》（理性《りしょう》）を証すれば、実はそのすべてを円《まど》かに証していることになるのである、というのです。

普別具足とは、全体性と個別性がともに同時に存在するということ、家の例でもそうでしたし、修行の道すじにおいても各々の位に覚りの全体がすでに相即していることをいいます。こうして、修行のはじめにおいても修行の終極と一つとなっているところが、始終みな斉《ひと》しいということでしょう。それは、修行のどの位でも修証《しゅしょう》の全体を含んでいるということです。以上のような論理から、「初発心時《しょほっしんじ》、便成正覚《べんじょうしょうがく》」（初発心の時に便《すなわ》ち正覚を成ず）といわれます。

この句は、『華厳経』「梵行品《ぼんぎょうぼん》」に出てくる句で、華厳の立場を代表する有名な句です。はじめて菩提心《ぼだいしん》を起こしたとき、その菩提心に覚りの智慧《ちえ》のすべて、仏智のすべてが含まれているというのです。

東海道五十三次は、『華厳経』「入法界品《にゅうほっかいぼん》」の善財童子《ぜんざいどうじ》の、五十三人の善知識を訪ねての求《ぐ》道遍歴《どうへんれき》物語に由来するとの説もあるのですが、江戸を出て京都に行こうというとき、江戸を出たその一歩に、もう京都への到着は含まれているというわけです。京都に向かって歩き出したときのことを考えたとき、たしかにこのことはいえるのかもしれません。

けれども、六相円融義《りくそうえんにゅうぎ》では、絶えず総相に対して別相、同相に対して異相、成相に対して壊相がいわれていたのでした。江戸はあくまでも遠く京の都を離れた江戸であり、初発心時はどこまでも初発心に固有の特質を持った時でしょう。その一面も忘れることはできません。

しかし、それにしても、江戸からの一歩は京都までの全行程を内に含んでの一歩であることも、華厳の見方からすると事実なのです。私たちが、菩提心を発して仏への道のりを一歩一歩行くとき、そこに仏智は円かに具わっていることを思えば、もはや何の焦りもなく、おおらかな気持ちになれることでしょう。

だからこそ、全行程の最初の一歩にもたとえられる、菩提心を起こすということは、たいへん重要なこと、決定的に重要なことと考えられたのでした。

以上、六相円融義をつぶさに見てきました。なお、華厳の修道論については、章をあらためて、次章に考えてみたいと思います。

第十章　速やかな成仏の道

仏教の修道論

仏教の思想は、大きく分けて二つの分野から成り立っています。一つは、いわゆる世界観、世界や自己のあり方をどのように考察し、了解するかです。もう一つは、いわゆる実践論、どのように修行して本来の自己を実現していくかです。

仏教では、前者を法相《ほっそう》と呼んだりします。『倶舎論《くしゃろん》』（説一切有部《せついっさいうぶ》）の五位七十五法《ごいしちじゅうごほう》、唯識《ゆいしき》の五位百法《ごいひゃっぽう》の諸法の体系（アビダルマ）は、その代表的なものです。これに対し、後者は修《しゅ》道論《どうろん》と呼ばれる世界です。

どの仏教宗派にも、その宗派に独自の修道論があるものです。天台宗には天台宗の、真言宗には真言宗の、浄土宗には浄土宗の、……というように、それぞれの修道論があります。

浄土真宗のように、絶対他力を唱える場合は、修道論はないとも考えられますが、それでも信成就《しんじょうじゅ》するとこの世のうちに不退《ふたい》の位に入るとか、等覚《とうがく》の位に等しくなるとかいうような説の背景には、基本的な修道論が前提とされているわけで、やはりまったく修道論を無視することはできません。

修証一等《しゅしょういっとう》（修行と証悟とを一つとみる立場）を説き、只管打坐《しかんたざ》を説く道元も、発心《ほっしん》・修行・菩提《ぼだい》・涅槃とよくいっており、行持道環《ぎょうじどうかん》の修道論がそこにあるといえるでしょう。

修道論というものの内容は、どのような修行を、どのような道すじにおいて修めていくか、ということが中心となります。どのような道すじにおいて、ということには、どのような階位をふんで、ということが含まれます。

それでは、華厳《けごん》思想における修道論は、どのようなものなのでしょうか。その特徴を際立たせるためにも、ごくふつうの大乗仏教の修道論というものを見ておきましょう。その基本は、唯識の修道論に求められるかと思います。

唯識では、修行の階位を、十住《じゅうじゅう》・十行《じゅうぎょう》・十廻向《じゅうえこう》・十地《じゅっじ》・仏の四十一位で説明します。中国や日本の仏教では、しばしば十信《じゅっしん》・十住《じゅうじゅう》・十行・十廻向・十地・等覚《とうがく》・妙覚《みょうがく》の五十二位が説かれました。華厳宗でも、この階位を用いることが多いようです。

もっとも、四十一位と五十二位と、それほど異なるものではありません。というのも、十住の最初の位は初発心住《しょほっしんじゅう》といわれ、はじめて阿耨多羅三藐三菩提《あのくたらさんみゃくさんぼだい》、すなわち無上正等覚《むじょうしょうとうがく》の実現を求めていく覚悟がほんとうに定まったところ（発菩提心）をいいます。

その覚悟が定まるためには、信が成就すること、信決定《しんけつじょう》することが必要です。したがって、初発心住の前には、信の修行が要請されることになります。五十二位の場合は、そこが十信としてあげられるわけで、結局、四十一位と五十二位とはさほど異なるものではないわけです。

唯識では、今の四十一位を、別の観点から五つの段階に分類しています。それは五位の修道論で、その五位とは、資糧位《しりょうい》・加行位《けぎょうい》・通達位《つうだつい》・修習位《しゅじゅうい》・究竟位《くぎょうい》というものです。この中、通達位は見道《けんどう》、修習位は修道《しゅどう》ともいわれます。

この五位と、先ほどの四十一位との関係を表にしますと、概略、次のようになります。

資糧位――十住・十行・十廻向
加行位――十廻向の最後の段階
通達位――十地の初（初地の入心の段階）
修習位――十地
究竟位――仏

六波羅蜜の内容

では、これらの階梯において、どのような修行がなされていくのでしょうか。十住・十行・十廻向など、それぞれの修行があるわけですが、今、ここでは五位の修道論にそって簡単に説明することにしましょう。

はじめに、資糧位は、その後の長い修行の道中を無事、乗り切るための資糧（かて）を貯えていく段階です。ここでは仏道の基礎的な修行をいろいろと行っていきます。よく六波羅蜜《ろっぱらみつ》や、三十七菩提分法《さんじゅうしちぼだいぶんぽう》、四摂事《ししょうじ》（布施《ふせ》・愛語《あいご》・同事《どうじ》・利行《りぎょう》）・四無量《しむりょう》（慈《じ》・悲《ひ》・喜《き》・捨《しゃ》）の修行がいわれます。今は、大乗仏教のもっとも基本となる六波羅蜜のことについて簡単に説明しておきましょう。

六波羅蜜とは、布施《ふせ》・持戒《じかい》・忍辱《にんにく》・精進《しょうじん》・禅定《ぜんじょう》・智慧《ちえ》のことです。一般に、仏教の修行は、戒《かい》・定《じょう》・慧《え》の三学といわれますが、この三学に、精進の他、布施と忍辱とが加わっています。つまり、六波羅蜜の修行は、他者との関係を重視したものになっているわけです。

布施は、人に施しものをすることですが、それは決して金品や財物の施与に限りません。それらの布施を財施《ざいせ》といいますが、その他に法施《ほっせ》とか無畏施《むいせ》とかがあります。

法施とは、仏教のすばらしい教えをひとり占めせず、他人にも伝えていくことです。これは仏教の教えだけでなく、さまざまな思想、知識や技術などを人々と分かち合っていくことも含まれると思います。

無畏施とは、畏《おそ》れ無き心を人々に与えること、いい換えれば、相手の不安を取り除いてあげること、人の気持ちを和らげてあげること、といえるでしょう。私は、布施においてもっとも重要なのは、この無畏施ではないかと思います。

次に持戒は、文字通り戒を持《たも》つことです。大乗仏教の場合、戒は三つの要素から成り立つと見ることができます。一つめは、止悪《しあく》、意識して悪行《あくぎょう》を避けていくことです（摂律儀戒《しょうりつぎかい》）。二つめは、修善《しゅぜん》、積極的に善行《ぜんぎょう》を修していくことです（摂善法戒《しょうぜんぼうかい》）。そして三つめは、他者を大切にし、相手のためになることに努力していくことです。これは、饒益有情戒《にょうやくうじょうかい》と呼ばれます。

ふつう戒律というと、第一のものだけが考えられたりすると思いますが、大乗仏教の戒は、このように幅の広いものとなっています。特に、人々を利益《りやく》していくことが含まれていることは注意されます。

修善は、結局、さまざまな仏道修行を行じていくことですが、では止悪は、いったいどのようなことでしょうか。いわゆる小乗仏教の戒律（特に律）は、出家者の修行共同体（サンガ）の運営規則集という性格が多分に濃いものですが、大乗の戒では、特に在家者の場合、たとえば十悪《じゅうあく》の防止などを考えればよいでしょう。

十悪というのは、殺生《せっしょう》・偸盗《ちゅうとう》・邪淫《じゃいん》・妄語《もうご》・両舌《りょうぜつ》・悪口《あっく》・綺語《きご》・貪欲《とんよく》・瞋恚《しんに》・邪見《じゃけん》というものです。この反対が十善《じゅうぜん》で、その十善を持《たも》つことを十善戒《じゅうぜんかい》といいます。

次に忍辱とは、耐え忍ぶことですが、これにはまず、辱めに耐えるということがあります。人の非難・中傷に耐え、ことさらその者を害そうとすることもせず、自らを見つめつつ主張すべきことは冷静に主張していくといったことになるでしょう。

『法華経』に説かれる常不軽菩薩《じょうふぎょうぼさつ》は、相手の誹謗のみならず、暴力にも耐えながら、ひたすら「あなたは仏となるお方です」と合掌礼拝《がっしょうらいはい》し続けたのでした。常不軽菩薩は、その行によって、速やかに成仏したといいます。

また、まさに忍耐強く修行していくことも含まれます。真冬の厳寒のつらさにも、真夏の酷暑の苦しさにも耐えて修行していくなどのことです。

それから、忍辱には、真理を明らかに観察し、認受していくことが含まれます。真理を見きわめて受納していくことには、忍耐が必要なのでしょう。なお、このことが前二者の基盤にもなっていくのです。

精進は、現代日本語にも取り入れられているように、努力してやまないことです。はじめはそのためにたいへんな精力が必要ですが、固い覚悟を定めてそこを押して取り組んでいくことが必要です。こうして努力しているうちに、もはや動揺することなく励んでいくことが可能になり、しかもなおまだ足りないものがあると、ますます努力していくことが可能になってきます。その全過程を含めて精進というのですが、このことはどの道にあってもいえることでしょう。

次に禅定は、心を統一していくことです。いわゆる坐禅の世界で実現してくるような、観察の対象に心が集中された状態をいいます。原語はドヒヤーナ（dhyāna）で、禅はその音と関係しています。これにはいろいろな同義語がありますが、サマーディ（samādhi）もその一つで、これは三昧《さんまい》と音訳されます。よく何々三昧ということがいわれますが、元来、三昧とは仏道修行の中の語なのです。

仏教では、古来、禅定《ぜんじょう》なくして智慧はありえず、禅定と智慧の双方を修すべきだと説いてきました。禅定は、真正の智慧の実現のためには、必ずや欠かせないものです。

そして最後の智慧は、まさに智慧そのものです。覚りの智慧を発する以前に修める智慧は、分析的に判断し、観察していくはたらきが中心となるのかもしれません。しかし覚りの智慧となると、根本無分別智《こんぽんむふんべっち》ともいわれるような智慧があり、そして後得智《ごとくち》という悟後の分析的な智慧もあります。なお、覚る以前の智慧の修行も、最終的には無分別智につながっていくようなものになるはずです。ただし、資糧位における智慧の修行としては、仏教の教えを的確に見きわめ、判断していくことになるかと思われます。

以上が、六波羅蜜の内容です。資糧位では、この六波羅蜜を中心に、その他さまざまな修行も積んでいくことによって、一歩一歩、歩んでいくのです。

仏への道すじ

次に、五位の中、第二番目の加行位《けぎょうい》は、十分に基礎的な修行をし、覚りの智慧を発すべき段階に近づいた者が、さらに行を加えて真に覚りの智慧を実現させていく段階です。この修行は、前にもいうように、十廻向の最終段階において修されます。

ここでは、覚りの智慧に直結する止観行《しかんぎょう》がもっぱら修されます。唯識の場合、唯識観という観法が集中的に修されるのです。唯識観というのも、あくまでも止観行であり、つまり禅定の世界（止）の中での観察行（観）となります。

この唯識観では、言語と、その表すものとの間の観察を通して、主観―客観双方を実体視する主―客二元論的先入観を超えていくということがその内容となっています。しかも最終的には、世界は（自己も含めて）唯《た》だ識のみであるという了解さえ、超えられていくのです。実に唯識の教えは、唯識という思想すら、自ら超えていくしくみを具《そな》えたものだったのです。

この唯識観が徹底されることによって、主―客二元的分裂が超えられたとき、はじめて覚りの智慧を発することができます。ここが通達位《つうだつい》といわれる段階であり、見道《けんどう》ともいわれるところです。

ここではまず、無分別智が発生して真如《しんにょ》を証するといわれます。真如を証するといっても、それは対象的に認識するというのではありません。その智の名前が無分別智ですし、それは直覚的な智というべきでしょう。

この無分別智が発起しますと、そのあと分析的な智が発生します。これを、後得智《ごとくち》といいます。この後得智は、公正に、偏らずに、世界の諸相を的確に分析・判断していくものです。この智慧が生まれるので、人々に対し適切な対応・教化も可能となることでしょう。

通達位（見道）は、十地のはじめ（入心。各地には他に、住心・出心の諸段階があり、初地の住心以降は修習位）に相当しています。このあとさらに、十地の修行をしていくことになるわけです。
ひとたび覚りの智慧を発したとしても、無始以来、起こし続けてきた我執《がしゅう》・法執《ほうしゅう》のなごりが、意識下の世界（阿頼耶識《あらやしき》）にみっちりしみついているので、すべて問題は解決したということにはならないのです。そこでさらに、十地《じゅうじ》の修行をしていくのですが、この段階を修習《しゅじゅう》位《い》といい、別に修道《しゅどう》ともいいます。その十地の修行とは、他ならぬ『華厳経』の「十地品」（『十地経』）に説かれるところのものです。

十地の修行の内容は、けっこう多彩なものがありますが、単純化していいますと、順に十波羅蜜《じゅっぱらみつ》を修行していくことになります。すなわち、布施・持戒・忍辱・精進・禅定・智慧・方便《ほうべん》・願《がん》・力《りき》・智の十波羅蜜です。ただし、前にふれた、過去以来の我執・法執の意識下における蓄積を除き断じていくためには、無分別智をしばしば起こしてそれを修することがもっとも効果があります。このことは、修道（修習位）の一つの要点になっています。

こうして、十地の修行が完成すると、仏となります。仏というのは、唯識の説明でいうと、八識《はっしき》がすべて智慧になった人をいうのでした。すなわち、

阿頼耶識 → 大円鏡智《だいえんきょうち》
末那識《まなしき》 → 平等性智《びょうどうしょうち》
意識《いしき》 → 妙観察智《みょうかんざっち》

前五識《ぜんごしき》　↓　成所作智《じょうしょさち》

となったということです。四智円明《しちえんみょう》となって、あらゆる功徳《くどく》を完成し、自利《じり》・利他《りた》ともに円満に成就した人が、仏という存在です。その自利・利他は、自覚《じかく》・覚他《かくた》ともいわれます。こうして智慧を成就した仏は、未来永劫、他の苦しんでいる人々の救済の活動をなし続けるのだといいます。

以上、唯識の立場で説く五位の修行について、簡単に説明してみました。唯識は大乗仏教の基礎をなす、大乗のアビダルマ（法相《ほっそう》）を展開する学問でもありますから、ほとんどの大乗仏教は、ひとまずこの修道論を基準としていると考えてよいでしょう。

唯識の修行の長さ

さて、この修行の全体、はじめて菩提心を発してから仏になるまでの道のりは、いったいどのくらいの時間がかかるものなのでしょうか。

実は唯識では、この修行の道のりは、想像を絶するような、たいへん長い時間がかかるといいます。もちろんそれは、死んでは生まれ、死んでは生まれ、いくたびも生死輪廻《しょうじりんね》して修行していくことになるのですが、はじめて菩提心を発してから仏になるまで、唯識ではだれであれ必ず三大阿僧祇劫《さんだいあそうぎこう》というはかり知れない時間がかかるというのです。

一大阿僧祇劫の時間がどの位の長さのものかというと、それは「八百里立方の石をば、浄居天衣の重さ三銖（銖は量目の極めて軽きこと）なるものにて、かの天の年時（それは千宝光明樹という樹木の壊滅する間を一年とする）の三年ごとに一度払拭して、それの遂に磨滅するに至る間」だといいます（深浦正文『唯識学研究』下巻）。一大阿僧祇劫だけでも、まことに気の遠くなるような時間ですが、これを三つ重ねて私たちの修行は完成するというのです。

ちなみに、この三大阿僧祇劫の四十一位に対する配分は、次のようになります。

十住・十行・十廻向	一大阿僧祇劫
初地〜第七地	一大阿僧祇劫
第八地〜第十地	一大阿僧祇劫
仏	

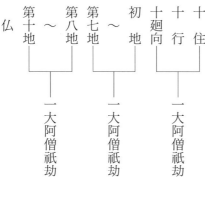

なお、詳しくは、第十地の最終段階に至って、さらに百劫の間、業《ごう》を積んで、そうして仏果《ぶっか》を実現するということです。

インド人は、長い時間をかけた修行ほど尊いと考えたようです。それにしても、私たちが発菩提心して仏になっていくのは、とてつもなく長遠の道のりにおいて説かれていたのでした。

華厳の三生成仏

それでは、華厳の修道論は、どのようなものでしょうか。前にもいいましたが、華厳宗では、修行の階位としては、主に五十二位説を採用するようです。それは『華厳経《けごんぎょう》』自身に、その階位が示唆されているからなのでした。『六十華厳』（六十巻本『華厳経』）では、七処八会《しちしょはちえ》の説法において、三十四品《ほん》の教えが説かれたのでしたが、そこでは、

忉利天宮会《とうりてんぐうえ》　菩薩十住品《ぼさつじゅうじゅうぼん》第十一
夜摩天宮会《やまてんぐうえ》　功徳華聚菩薩十行品《くどくけじゅぼさつじゅうぎょうぼん》第十七
兜率天宮会《とそつてんぐうえ》　金剛幢菩薩十廻向品《こんごうどうぼさつじゅうえこうぼん》第二十一
他化天宮会《たけてんぐうえ》　十地品《じゅうじぼん》第二十二

と、いわば十住・十行・十廻向・十地の修行が説かれているとみなされえます。

しかも、忉利天宮会の前の普光法堂会《ふこうはっとうえ》の説法では、「信もて道の元、功徳の母と為す。一切の諸の善法を増長し、一切の諸の疑惑を除滅して、無上道を示現し開発す」（「賢首菩薩品」）などとあり、信の修行が描かれていると考えられます。実際、同じ普光法堂会《ふこうはっとうえ》の「菩薩明難《ぼさつみょうなん》品《ぼん》」「浄行品《じょうぎょうぼん》」などには、十信に相当するものも説かれているのです。

一方、『八十華厳』（八十巻本『華厳経』）「十忍品」「入法界品」には、等覚に相当するものが説かれているといいます。したがって、華厳宗では、五十二位の修道論を用いることになります。

では、仏へと修行していくその道のりの長さは、どのように考えられているのでしょうか。実は、華厳の見方は独特であり、かの唯識の長遠の修行に比べれば、拍子抜けするほど短い時間の修行しか考えられていません。

まず第一に、そのことを示すのが、「三生成仏《さんしょうじょうぶつ》」の説です。

つまり、三回の生涯によって成仏を果たしてしまうというのです。その三生とは、見聞位《けんもんい》・解行位《げぎょうい》・証果海位《しょうかかいい》の三生です。はじめの生で華厳の教えについて見聞して、そのことにより次の生に華厳の仏法を信解し修行していけば、次の世にはもう仏と実現してしまうというわけです。

このことについて、『五教章《ごきょうしょう》』には、次のようにあります。「所詮差別《しょせんしゃべつ》」第十の第三、「行位の分斉」の箇所に出るものです。

一には、見聞位を成ず。謂く、此の無尽の法門を見聞して金剛の種《しゅ》を成ず等、性起品《しょうきほん》に説くが如し。

二には、解行位を成ず。謂く、兜率天子《とそってんし》等、悪道より出で已りて、一生に即ち離垢三昧《りくざんまい》前に至りて、十地《じゅっじ》の無生法忍《むしょうほうにん》と及び十眼十耳等の境界を得。広くは小相品《しょうそうほん》に説くが如し。又、善財《ぜんざい》の始め十信《じゅっしん》従り乃至十地まで、善友《ぜんぬ》の所《もと》に於て一生一身の上に皆悉《ことごと》く是の如きの普賢《ふげん》の諸の行位《ぎょうい》を具足《ぐそく》するが如きは、亦た是れ此の義なり。

三には、証果海位。謂く、弥勒《みろく》、善財に告げて言えるが如き、我、当来に正覚《しょうがく》を成ぜん時、汝、当《ま》さに我を見るべしと、是の如き等なり。当さに知るべし、此れ因果の前後に約して二位を分つが故に。是の故に前位は但だ是れ因円《いんえん》、果は後位に在り。故に当さに我を見るべしと説けり。

まず、見聞位の生があります。これは華厳の教えを見聞して、その仏道を実現すべき壊れることのない因を形成する期間のことです。金剛の種（金剛の種子《しゅうじ》）とは、ダイヤモンドのように固く壊れることのありえない、真実の仏智《ぶっち》を実現していく因のことです。この一生があることによって、華厳の仏道を歩んでいく機が熟するのでしょう。

そうすると、次の生で、実際に信解が発生してきて、しかも成仏の直前まで修行が進んでしまうといいます。ただの一生のみにおいて、かの唯識では三大阿僧祇劫もかかった修行が完成してしまうというのです。

その例として、兜率天子と善財童子《ぜんざいどうじ》の例があげられていました。兜率天子というのは、地獄に落ちていたものの、仏の光明《こうみょう》に遇うことによって、地獄を出て兜率天に生じたといいます。地獄を出るまでが見聞位の生であり、兜率天に生じての一生が解行位です。

この一生の間に、兜率天子は煩悩のよごれをすっかり離れたという離垢三昧《りくざんまい》の現前を得ますが、それは十地の最終段階（満心）で成ずる三昧だということです。その三昧を通じて、十地の無生法忍《むしょうぼうにん》の覚りの智慧を得、さらに十眼・十耳などの境界を得るといいます。このことは、初発心住以上、ないし十地のすべての修行も、その一生に成就してしまうということを意味するわけです。

また、かの「入法界品」に説かれた善財童子の求道遍歴《ぐどうへんれき》物語によれば、善財童子は五十三人の善知識を訪ねる中で、その一生の間にすべての修行を完成してしまいます。そこで、これを十信・十住・十行・十廻向・十地の修行が、すべて一生のうちに進んでしまうことの証《あかし》とするのです。

『五教章』はそこを、「一生一身の上に、皆な悉く是くの如きの普賢の諸の行位を具足す」といっていました。普賢の行とは、華厳が強調する菩薩行のことですが、それは慈悲行・利他行を多分に意味するものです。

そうすると、三生目の証果海位（証果位）で、もはや成仏してしまうわけです。その証拠として、やはり「入法界品」で、弥勒《みろく》菩薩が善財童子に語った言葉があげられています。その中、「我、当来に、正覚を成ぜん時」というのは、修行が完成したことを表そうとしている（因満）、といいます。さらに「汝、当さに我を見るべし」とあるのは、それにより仏果が成就することをいうもの（果満）といいます。ここに、修行の完成による仏果の完成が未来世のこととして示されている以上、現在世の解行位の修行と別に、そのあとの未来世に証果位があることになるというのです。

こうして、華厳思想においては、わずか三生のうちの成仏を説くですが、そのいちばんの特徴は、解行位の一生に一切の修行が完成してしまうとすることでしょう。ほんとうはその一生に成仏も果たしているのだと見ることも可能なのであり、本来は二生成仏でよいのだという説もあるほどです。

女人成仏の主張

この三生成仏ということについては、かの十玄門の中の「諸法相即自在門《しょほうそうそくじざいもん》」にもふれられています。そこには、次のようにあります。

今、作仏《さぶつ》と言うは、但《ただ》し初め見聞従《よ》り已去、乃至第二生に即ち解行《げぎょう》を成じ、解行の終心に因位窮満《いんいぐうまん》せる者、第三生に於て即ち彼の究竟自在円融《くぎょうじざいえんにゅう》の果を得。此の因の体、果に依りて成ずるに由るが故に。但し因位満ずる者、勝進《しょうしん》して、即ち果海《かかい》の中に没するなり。是れ証《しょう》の境界たるが故に、不可説《ふかせつ》なり。此は、龍女《りゅうにょ》及び普荘厳童子《ふしょうごんどうじ》、善財《ぜんざい》童子、兜率天《とそってん》子《し》等の三生《さんしょう》の中に於て、即ち彼の果を剋《こく》する義《ぎ》等の如し。広くは経に弁ずるが如し。応《ま》さに準じて之を思うべし。

ここには、「此の因の体、果に依りて成ずるに由るが故に」と、修行の世界は仏果に依って成立するからこそ、仏果を証することができるといっています。ということは、修行は絶えず仏果に裏づけられたものなのであり、そこには何らか仏果がすでにはたらいているということでしょう。

と同時に、究極の仏果の世界は、「究竟自在円融《くぎょうじざいえんにゅう》の果」と、重重無尽《じゅうじゅうむじん》の縁起の世界であることを示していますが、一方で、それは覚証の世界であるがゆえに不可説なのだともいっています。

それはともかく、ここでは三生成仏の例として、龍女・普荘厳童子・善財童子・兜率天子の四人があげられていました。この中、善財童子と兜率天子とについては、すでに見ました。普荘厳童子というのは、『華厳経』の「盧舎那仏品《るしゃなぶつぼん》」に出てくる童子で、華厳宗では、毘盧《びる》舎那仏《しゃなぶつ》の修行時代の名に他ならないといいます。

実は毘盧舎那仏は、無量劫の修行をしたともいいます。一方、普荘厳童子は一生のうちに修行を完成して成仏するとされています。この辺は、ある一定の時間と、永遠にも近い長遠の時間とが区別なしに考えられていることになるわけで、華厳らしい融通無礙《ゆうずうむげ》の解釈によるのでしょう。

興味深いのは、残る龍女についての、華厳の見方です。龍女というのは、『法華経《ほけきょう》』「提婆達多品《だいばだったぼん》」第十二に出る、ある龍王の八歳の童女のことです。経典で、文殊《もんじゅ》菩薩は、この童女の優れている様子を、口をきわめて讃歎します。

すなわち、「娑竭羅《しゃから》龍王の女《むすめ》は、年、始めて八歳なり。智慧は利根にして、善く衆生の諸根の行業《ぎょうごう》を知り、陀羅尼《だらに》を得、諸仏の説きし所の甚深《じんじん》の秘蔵《ひぞう》を悉く能《よ》く受持し、深く禅定に入りて、諸法を了達《りょうだつ》し、刹那《せつな》の頃《あいだ》に、菩提心を発《おこ》して、不退転《ふたいてん》を得たり。弁才《べんざい》は無礙《むげ》にして、衆生を慈念《じねん》すること、猶《なお》、赤子《しゃくし》の如し。功徳《くどく》を具足して、心に念じ、口に演《の》ぶることは、微妙・広大にして慈悲・仁譲《なさけ》あり。志意《こころね》は和雅《わげ》にして、能《よ》く菩提《ぼだい》に至れり」というのです。

これに対し、智積《ちしゃく》菩薩や舎利弗《しゃりほつ》は、女人の速やかな成仏に、深い疑問を呈します。だれだって長遠の期間、修行してはじめて仏となりうるのだし、そう簡単ではないはずだというのです。しかし、その智積菩薩や舎利弗の目の前で、次のような事態が起こるのでした。

その時、龍女に、一つの宝珠あり、価直《あたい》は三千大千世界《さんぜんだいせんせかい》なり。持って以って仏に上《たてま》つるに、仏は即ちこれを受けたもう。龍女は、智積菩薩と尊者舎利弗《そんじゃしゃりほつ》に謂《い》いて言わく「われ、宝珠を献《たてま》つるに、世尊は納受《のうじゅ》したもう。この事、疾《すみやか》なるや、不《いな》や」と。答えて言わく、「甚だ疾《すみやか》なり」と。女の言わく「汝の神力をもって、わが成仏を観よ、またこれよりも速《すみやか》ならん」と。

当時《このとき》の衆会《しゅえ》は、皆、龍女の、忽然《こつねん》の間に変じて男子《なんし》と成り、菩薩の行を具して、すなわち、南方の無垢《むく》世界に往き、宝蓮華《ほうれんげ》に坐して、等正覚《とうしょうがく》を成じ、三十二相《さんじゅうにそう》・八十種好《はちじゅしゅこう》ありて、普《あまね》く十方の一切衆生のために、妙法を演説するを見たり。

こうして、わずか八歳の童女は、実に速やかに成仏を果たしたのでした。華厳宗では、『法華経』のこの記述をもって、やはり一生の間に成仏を果たすのだと解するわけです。

また、華厳の立場からすると、成仏するために、女性である身を男性である身に変じる必要もなく、自分のいる所を去って南方無垢世界などに行く必要もありませんにもかかわらず「変じて男子と成」って成仏したなどと書かれてあるのは、その勇猛《ゆみょう》の様子を描写したまでと解釈します。

また、南方に行ったと書かれてあるのは、『法華経』の立場から種々の修行者（声聞《しょうもん》・縁《えん》覚《がく》・菩薩《ぼさつ》）を導くために、その立場からそのようにいったまでで、本来は一処にあって十方に遍《あまね》くゆきわたっているのであり、その場のままに成仏するのであると主張します。たとえ童女であれ、華厳によれば、その場において、成仏しうるのです。

なお、天台などの立場であっても、「但し注釈家達によれば成仏の本質は、女人に即しての成仏、即ち女人即成と見るのであって、男子に生れ変って成仏するとは見ない」（岩波文庫『法華経』（下）解説）ということです。とすれば、仏教の思想史は、女人成仏を積極的に肯定していこうという流れを形成していたことになるでしょう。

ともあれ、仏の世界そのものは説けないにしても、実際に仏になるということはあるのであり、それは華厳においては、男・女を問わず、三生のうちに果たされる、と説くのでした。

信満成仏の思想

さらに華厳思想では、修行してのち仏になるというより、すでに菩提心を発したらすでに仏と同じだと説きます。このことも華厳独特の修道論の一つです。

『華厳経』「梵行品」には、「初めて心を発した時に、便ち正覚を成ず」（初発心時、便成正覚）という有名な言葉があります。大乗仏教の場合、菩提心とは、必ず阿耨多羅三藐三菩提心、他ならぬ無上正等覚《むじょうしょうとうがく》（このうえない正しい覚り）を求める心のことです。この心を起こしたときには、もう仏となったも同じである、と『華厳経』は説くのです。あたかも成仏に、三生もいらないかのようです。

唯識の修道論によれば、十住・十行・十廻向・十地・仏という四十一位の、三大阿僧祇劫という長遠の修行が必要とされていたのでした。はじめて菩提心を起こしたときとは、十住のいちばん最初の位、初発心住《しょほっしんじゅう》の位に入ったとき、ということです。そのとき華厳ではもう、正覚を成ずるのだ、仏となるのだというのです。ここには修行の道中の、まことに大幅な短縮があります。

五十二位の修行の階位では、十住のその前に十信がありました。つまり、初発心住に上るためには、信が成就することがぜひとも必要です。信が決定してはじめて、菩提心を発することができます。したがって、「初発心時、便ち正覚を成ず」ということは、信が成満《じょうまん》すれば仏となったも同じということにも他なりません。ここを古来、「信満成仏《しんまんじょうぶつ》」といい、後に見るように『五教章』にもこのことが説かれています。この「信満成仏」の考え方は、やがて中国・日本の仏教に大きな影響を与えました。

いったい、このような考え方は、どうして成り立つのでしょうか。それはやはり、華厳の相即《そうそく》・相入《そうにゅう》の考え方によるからでしょう。華厳では、一即一切《いちそくいっさい》・一切即一《いっさいそくいち》、一入一切《いちにゅういっさい》・一切入一《いっさいにゅういち》と説くのでした。もちろんこのことは、空間的のみならず、時間的にも成立していると見ます。したがって、修行の階位でこのことをいえば、たとえば初発心住の位に、他のあらゆる位、仏果までの位が即し、入っているということになります。

あるいは、十地の初地の位にも、その前後すべての位が即・入していることになります。さらに、修行が因である以上は、あくまでも果に対しての因なのであり、ということは、因のあるところに果はすでにあるということにもなります。華厳の場合、時間的な因果が成立する前提に、因果同時という事態があるのだと説くのです。

このようにして、「初発心時、便成正覚」となり、さらにはどの位もそれぞれ修道の全体を含んでいるということになるわけです。

ここを、前（第九章）に見た「六相円融義《りくそうえんにゆうぎ》」では、次のようにいっていました。

此の義、現前《げんぜん》すれば、一切の惑障《わくしょう》は一断一切断《いちだんいっさいだん》にして、九世《くせ》・十世《じゅっせ》の滅《めつ》を得、行徳《ぎょうとく》は即ち一成一切成《いちじょういっさいじょう》、理性《りしょう》は即ち一顕一切顕《いちけんいっさいけん》なり。並びに普別具足《ふべつぐそく》し、始終皆斉《ひと》しくして、初発心《しょほっしん》の時に便《すなわ》ち正覚《しょうがく》を成ず。

たとえば、修行の徳を一つでも成就すれば、一切の徳が成就するなどと示されています。一の個別の中に一切の全体が具《そな》わっているのであり、因は因ゆえに果を伴っていて、始めと終わりもすべて等しいと説いていています。六相円融のありようを観察して、その道理が明らかに現前すれば、このことがはっきり知られるというのです。

どの位も仏果の全体

また、かの十玄門の中でも、やはり「諸法相即自在門」において、このことが詳しく説明されています。中に同体の相即と異体の相即とが説かれています。異体の関係は異なるもの同士の関係のことでした。したがって、初心も、時を隔てた仏果と、相即するということになります。

同体の関係とは、ある一つのものの中に、それ自身以外の要素が具わっていて、その中での自他の関係をいうものでした。同体の相即によれば、初心そのものの中に仏果も具わっていて、その初心と仏果とが相即していると見るのです。

こうして、初心と仏果とは、時を隔てて相即しているのですが、それはそもそも、初心の中でその初心と仏果とが相即しているからなのでした。このことは、初心と仏果との間のみでなく、初心より仏果までの修道上のあらゆる功徳が、四十一位や五十二位の十住以降のどの位にも摂《おさ》められていると見ることになります。

以上のことを、「諸法相即自在門」では、『華厳経』の句をいくつか引きつつ、解説しています。次のようです。

故に此の経に云く、初発心の菩薩の一念の功徳、深広《じんこう》にして辺際《へんざい》無し。如来分別《ふんべつ》して説かんに、劫《こう》を窮《きわ》むとも尽すこと能《あた》わざらん。何《いか》に況《いわ》んや無量・無数・無辺劫に於て、具足して諸度諸地功徳《しょどしょじくどく》の行を修せんをや（「賢首菩薩品《げんじゅぼさつぼん》」）。

義をもって言うに、一念即ち深広無辺なることは、良《まこと》に縁起法界一即一切《えんぎほっかいいちそくいっさい》なるに由るが故なるのみ。彼の同体門《どうたいもん》の中の一銭即ち重重無尽《じゅうじゅうむじん》の義を得るが如き者、即ち其《そ》の事なり。何《いか》に況《いわ》んや無辺劫とは、即ち余の一一の門の中に、各々無尽の義を顕《あらわ》す者、是れなり。

爾《しか》る所以《ゆえん》は、此の経に又云く、初発心の菩薩、即ち是れ仏なるが故なりと（「初発心菩《しょほっしんぼ》薩功徳品《さつくどくぼん》」）。此の縁起の妙理、始終皆な斉《ひと》しきに由りて、始を得れば即ち終りを得。終りを窮むれば方《まさ》に始を原《きわ》む。上の同時具足《どうじぐそく》の如くなるが故に、然《しか》ることを得るなり。

又云く、一地に在りて、普《あまね》く一切の諸地の功徳《くどく》を摂《しょう》すと（「世間浄眼品《せけんじょうげんぼん》」）。是の故に、一を得るに即ち一切を得。

又云く、一即多《いちそくた》・多即一《たそくいち》なりと知るが故なりと（「菩薩十住品《ぼさつじゅうじゅうぼん》」）。十信《じゅっしん》の終心に即ち作仏《さぶつ》すとは即ち其の事なり。

一即多とは、信が成満した位に、仏果までのあらゆる功徳を具えていることであり、多即一とは、仏果までのあらゆる位に、信が成満した功徳を含んでいるということを意味します。さらにここには、

此の初発心の菩薩は即ち是れ仏なるが故に、悉《ことごと》く三世《さんぜ》の諸の如来と等し。亦た三世の仏

境界と等し。悉く三世の仏の正法と等し。如来の一身無量身《いっしんむりょうしん》、三世の諸仏平等の智慧を得、所化《しょけ》の衆生も皆な悉く同等なり（「初発心菩薩功徳品《しょほっしんぼさつくどくぼん》」）。

といった句も引いています。

このようなことは観念上のことかと考えられるでしょうが、華厳の立場では、すべて「法《ほっ》性家《しょうけ》の実徳《じっとく》」を論じているのであり、つまり実際上のことなのだと主張しているのです。

以上をまとめて示すのが、『五教章』「所詮差別」の中の「行位差別」を説くところの、その冒頭のところでしょう。

一には、寄位《きい》に約《やく》して顕《あら》わす。謂く、始め十信従《よ》り乃《いま》し仏地《ぶっち》に至るまで、六位不同なり。一位を得るに随て、一切の位を得。何を以ての故に。六相《りくそう》を以て取るに由るが故に。主伴《しゅばん》の故に。相入《そうにゅう》の故に。相即《そうそく》の故に。円融《えんにゅう》の故に。経に云く、一地に在りて普《あまね》く一切の諸地の功徳《くどく》を摂《しょう》するが故にと。是の故に経の中に、十信《じゅっしん》の満心勝進分《まんしんしょうしんぶん》の上に、一切の位及び仏地を得とは、是れ其の事なり。又た、諸位及び仏地等、相即する等を以ての故に、即ち因果無二《いんがむに》にして始終無礙《しじゅうむげ》なり。一一の位の上に於て、即ち是れ菩薩、即ち是れ仏なりとは、是れ此の義なり。

六位というのは、十信・十住・十行・十廻向・十地・妙覚というもので、それは大乗始教などの階位であり、ここはあえてその位に寄せて、菩薩の修道の見方を示したものです。

こうして、華厳の見方では、修道上のどの位にあっても、たとえ初発心の位であっても、修道の全体を含んでおり、仏果の無限の徳を含んでいるのだといいます。すべての修行は、仏果に導かれ、仏果に支えられ、仏果のうえでの修行だということになるのです。このことがうなずけたなら、三生によって成仏するということ以上に、即今《いま》・此処《ここ》での安心をもたらしてくれることでしょう。

おそらく、仏智は凡夫《ぼんぶ》も含むあらゆる人々に浸透しているものと思われます。けれども、どの位にも深広なる功徳が具わり、はたらいていると説くのは、あくまでも初発心住以後のようです。ただの凡夫も、仏果の功徳を具えているとは、まずいわれていません。信が成就して、菩提心を発して以降のみにそのことはいわれています。それだけ発菩提心ということは、決定的に重要なことのようです。

では、いったい、菩提心を発することは、どのように可能なのでしょうか。あの三生成仏の説で、第一生は見聞位といわれたように、まず仏教の教えにふれること、そのことによってこそ心は開かれてくることでしょう。

その教えとは、仏が説法してくださったものであり、仏の慈悲の発動、大悲の発動によるものです。私たちが菩提心を発すとしても、それは仏のはたらきかけによってこそなのです。その中で、仏のいのちに支えられた自己の真実に目覚めたとき、その人はもはや仏と同じだと華厳では説くのでした。

III

第十一章　華厳思想と日本仏教

日本仏教概観

これまで、『華厳経《けごんぎょう》』の思想、そして華厳宗の思想を解説してきました。あわせて「華厳思想」として、その大体はすでに紹介しえたかと思います。本章では、その華厳思想がどのように日本仏教に影響を与えていたのかについて、一覧することにしましょう。

ひと口に仏教といっても、日本には多彩な仏教があります。各宗によってさまざまな教え（多）があり、しかもそれらはひとしく仏教（一）といわれて存在しています。真宗のように一神教的な仏教もあれば、禅宗のように無神論的な仏教もあり、それらはひとしく日本仏教として共存しています。まさに融通無礙《ゆうずうむげ》であり、それ自体、華厳的状況というべきかもしれません。

はじめに、日本仏教の歴史を概観しておきましょう。日本仏教の淵源は、何といっても聖徳太子（五七四〜六二二）でしょう。聖徳太子は、仏教を積極的に取り入れ、その宗教的な核心に関して深い理解を示しました。聖徳太子は『勝鬘経《しょうまんぎょう》』や『法華経《ほけきょう》』を講じ、法隆寺や四天王寺などを建立するなどし、仏教を基とした当時先進的な文化国家の建設を目ざしました。和国の教主と呼ばれていることは、周知のとおりです。

奈良時代の仏教は、南都六宗《なんとりくしゅう》といわれます。三論宗《さんろんしゅう》・成実宗《じょうじつしゅう》・法相宗《ほっそうしゅう》・倶舎宗《くしゃしゅう》・華厳宗・律宗《りっしゅう》の六宗です。ただし、成実宗は三論宗の中で研究され、倶舎宗も法相宗の中で研究されました。

今日、三論宗は少なくとも有力な教団としては存続していないようですが、唯識《ゆいしき》を研究する法相宗、華厳思想を研究する華厳宗、戒律を研究する律宗は健在です。法相宗は興福寺・薬師寺が、華厳宗は東大寺が、律宗は唐招提寺が中心的なお寺です。

奈良の仏教は八宗兼学といわれ、ある宗に属しているからといってその特定の宗の教えのみを研鑽するわけではありません。南都の学僧らは、どの宗の者であれ、華厳宗の教学を何ほどか学んだことでしょう。華厳宗では、鎌倉時代に凝然《ぎょうねん》（一二四〇〜一三二一）という偉大な学者が現れますが、凝然の有名な著作の一つに、『八宗綱要《はっしゅうこうよう》』があります。

平安時代に入りますと、日本仏教の代表的な祖師が出現します。天台宗《てんだいしゅう》の伝教大師《でんぎょうだいし》最澄《さいちょう》（七六七〜八二二）と、真言宗《しんごんしゅう》の弘法大師《こうぼうだいし》空海《くうかい》（七七四〜八三五）です。最澄は、比叡山《ひえいざん》（延《えん》暦寺《りゃくじ》）に拠《よ》って『法華経』に基づく天台教義を研鑽、弘通し、『梵網経《ぼんもうきょう》』の大乗戒《だいじょうかい》の思想を高調しました。天台宗は、『法華経』が根本聖典ということになります。

一方、空海は東寺《とうじ》や高野山《こうやさん》（金剛峯寺《こんごうぶじ》）などに拠って真言密教《しんごんみっきょう》を弘《ひろ》め、教育・福祉事業などにも力を入れました。密教の根本聖典は、『大日経《だいにちきょう》』『金剛頂経《こんごうちょうきょう》』で、その覚りの世界を絵に表した曼荼羅《まんだら》を用いることも有名です。

最澄の天台宗は、天台の他、禅・密教・律をも擁しており、総合的な仏教になっています。鎌倉新仏教の祖師方は、みなひとたびは比叡山で修学しており、比叡山はまさに日本仏教の母胎となっています。一方、空海の密教も、『秘密曼荼羅十住心論《ひみつまんだらじゅうじゅうしんろん》』『秘蔵宝鑰《ひぞうほうやく》』では、声聞《しょうもん》・縁覚《えんがく》の小乗仏教から、法相宗・三論宗・天台宗・華厳宗の教えを自らの体系に組み入れたものとなっており、やはり総合的な仏教になっています。そのようなあり方は、平安仏教の特徴ということになるでしょう。

鎌倉時代になりますと日本独自の仏教が出現してきます。その背景には、それまでの仏教の研究の蓄積が熟してきたこと、公家社会から武家社会への大きな社会変動期にあって、新たな仏教が求められたこと、末法思想の自覚において切実に個人の救いが追求されたことなどがあるでしょう。

もちろん、鎌倉時代に新仏教が現れたからといって、南都や北嶺の伝統が消えたわけではありません。南都では新仏教の興隆に呼応して、戒律復興運動による仏教改革運動が進められたりしています。

鎌倉新仏教としては、まず、法然《ほうねん》（一一三三〜一二一二）の浄土教があります。口称の念仏による救いを唱え、そのやさしい教えは広い階層に急速に広まりました。法然は多彩な弟子たちを抱えていましたが、その一人、親鸞《しんらん》（一一七三～一二六二）は信の立場を徹底させ、のちの浄土真宗《じょうどしんしゅう》の祖師となりました。また、証空《しょうくう》（一一七七～一二四七）という有力な弟子もいて、西山義《せいざんぎ》といわれる独自の立場を展開していきます。のちにその流れの中に一遍《いっぺん》（一二三九～一二八九）が出て、名号《みょうごう》による救いを広く民衆に伝道しました。一遍の浄土教は、時宗《じしゅう》といいます。

法然の浄土宗のもっとも中心となるお寺は、京都の知恩院《ちおんいん》といってよいでしょう。浄土真宗では今日、東・西の本願寺がもっとも有名かと思います。時宗は神奈川県藤沢の清浄光寺《しょうじょうこうじ》を本山としています。

また、当時の中国（宋）では禅宗が盛んになり、官界にも大きな力を発揮していましたが、その東アジアの動向の中で日本でも禅宗が成立します。

日本の禅宗には、栄西《えいさい》（一一四一～一二一五）による臨済宗と、道元《どうげん》（一二〇〇～一二五三）による曹洞宗《そうとうしゅう》がありますが、栄西は比較的天台宗と協調したのに対し、道元は自らの禅を仏教の総府として純粋に訴えていこうとしました。

道元は、天台と対立的なかたちになり、やがては越前山中の永平寺《えいへいじ》に拠ることになります。栄西は建仁寺《けんにんじ》に拠り、その後、将軍家や武家と結びついた臨済宗では、中国の五山十刹《ござんじっせつ》の制が導入され、京都五山・鎌倉五山といった寺院が建立されていきました。臨済宗では公案《こうあん》が修行に用いられるようになり、一方、道元は只管打坐《しかんたざ》を標榜しました。

新仏教の台頭を受けて、比叡山も種々の意味で改革を迫られる状況にあったことでしょう。その中、『法華経』に基づく新仏教を唱導したのが、日蓮《にちれん》（一二二二〜一二八二）です。数々の弾圧を受けた日蓮ですが、そのことによってむしろ『法華経』を弘める使命を与えられた者であるとの自覚を深め、『法華経』の題目を唱えることの中での救いを訴えました。

晩年は身延山《みのぶさん》にあって、弟子たちと濃《こま》やかな交流の中に生きましたが、後に病の療養のため常陸（茨城県）へ向かう途中、武蔵国池上で亡くなりました。

以上は、ごく簡単な日本仏教の概要でした。他にも宗はあり、派に分かれていく状況をたどればさらに興味深いものがありますが、大体は以上のようです。

聖徳太子等と華厳思想

さて、これらと華厳思想とは、どのような関係にあるのでしょうか。以下、思いつくままに（順不同で）指摘してみたいと思います。

まず、聖徳太子の作と伝えられる『三経義疏《さんぎょうぎしょ》』は、日本仏教の基といえると思います。その三経とは、『法華経』『勝鬘経』『維摩経《ゆいまぎょう》』で、『華厳経』は含まれていません。ただし、たとえば『維摩経』には、不可思議解脱の法門を説く「不思議品」があり、そこには須弥山《しゅみせん》を芥子に入れるとか、十方《じっぽう》世界を一毛孔《いちもうく》に現ずるとか、華厳思想に近いものが説かれています。もともと『華厳経』は、「不思議経」といわれてきました。というわけで、やはり華厳的なものの見方は、聖徳太子がかかわった仏教の中にも浸透していたのでした。

なお、私は『維摩経義疏《ゆいまぎょうぎしょ》』「仏国品」第一にある、「而《しか》して大悲息《や》むこと無く、機に随いて化を施《ほどこ》す」の句に、作者の仏教理解の非常に深いものを感じます。

後年、親鸞は、聖徳太子の本地といわれる如意輪観音菩薩《にょいりんかんのんぼさつ》をおまつりする六角堂《ろっかくどう》にこもって夢のお告げを受け、法然のもとに行ったのでした。『正像末法和讃《しょうぞうまっぽうわさん》』の中の「皇太子聖徳奉讃」に、「上宮皇子方便し、和国の有情をあわれみて、如来の悲願を弘宣せり、慶喜奉讃せしむべし」という和讃をつくっているのは、今の『維摩経義疏』の一節に直接言及するものではないにしても、どこかでつながっている気がします。

また、親鸞は『浄土高僧和讃《じょうどこうそうわさん》』の中、「源信大師」において、「煩悩にまなこさへられて、摂取の光明みざれども、大悲ものうきことなくて、つねにわが身をてらすなり」とうたっていますが、その「大悲無倦《だいひむけん》、常照我身《じょうしょうがしん》」の思想は、まさに今の『維摩経義疏』の「大悲無息《だいひむそく》、随機施化《ずいきせけ》」の思想に直結しています。まことに日本仏教の根源は、聖徳太子にあります。なお、その無窮の大悲を、『華厳経』は自身の本願を完成した毘盧舎那仏《びるしゃなぶつ》のはたらきというしかたにおいて語っているでしょう。（なお、学界では、聖徳太子が本当に三経義疏を作ったのか、疑問視する意見がかなりあることも事実です。）

次に、南都六宗の中の華厳宗が、華厳思想を宣揚することはいうまでもありません。その思想についてこそ、これまでお話ししてきたのでした。その本山、東大寺の大仏は、『華厳経』の教主・毘盧舎那仏をかたどったものです。平成十四年（二〇〇二）は、その開眼《かいげん》供養《くよう》千二百五十年の記念すべき年でした。

現在の大仏殿は、江戸期に建立されたもので、本来はさらに横幅の広い、はるかに大きなものだったようです。しかもその左右外側に、高さ百メートルの七重の塔が建っていたといいます。古代人の構想のスケールの大きさは、ひ弱な現代人の想像を超えるものがありますが、その志気自身、広大な諸仏の海を説く『華厳経』そのものにはぐくまれたものかもしれません。

なお、奈良の大仏が表す蓮華蔵《れんげぞう》世界は、実は『梵網経』によっているといわれます。華厳の毘盧舎那仏は、大乗戒を説く『梵網経』とも関係しているのであり、そのうえで律宗や大乗戒を説いた最澄とどこかでつながっていることになります。

華厳宗の相承については第一章でもふれましたが、杜順《とじゅん》―智儼《ちごん》―法蔵《ほうぞう》―審祥《しんじょう》―良弁《ろうべん》という説が唱えられています。日本華厳宗の初祖は、審祥ということになります。良弁は、東大寺の初代別当になり、大仏建立に大いに力をふるいました。

その後の華厳宗ですが、主に鎌倉時代に有力な学者が出ています。宗性《しゅうしょう》や、その弟子、凝然が有名です。特に凝然は、『華厳探玄記洞幽鈔《とうゆうしょう》』百二十巻、『華厳五教章通路記《つうろき》』五十二巻、あるいは『華厳法界《ほっかい》義鏡《ぎきょう》』二巻などを著して華厳教学を縦横に語り、一方、聖徳太子作と伝える『三経義疏』に対する克明の注釈や、『浄土《じょうど》法門《ほうもん》源《げん》流章《るしょう》』という浄土家各家の系譜を広く記録する書物を著すなど、その学識の広大なることは日本仏教史上、最大と目されるほどです。凝然は東大寺戒壇院に住し、律宗に関する重要な著作（『律宗綱要』その他）もいくつか残し、戒律復興運動の一翼を担って旧仏教の活性化に貢献しました。

この他、華厳宗の著名な学僧に、宗性の先輩で栂尾《とがのお》の高山寺に拠った明恵聖人《みょうえしょうにん》高弁《こうべん》（一一七三～一二三二）がいます。明恵は、まじめで実践を重んじるタイプで李通玄《りつうげん》の仏光三昧観の修法に関する著作をものしたりしています。当時の新仏教の念仏に対し、『摧邪輪《ざいじゃりん》』を著して批判したことも有名です。十九歳から四十年間、見た夢を記録した『夢記』は貴重な資料であり、『阿瑠辺幾夜宇和《あるべきようわ》』という書物も残しています。

なお、かの西行が花の歌人といわれるのに対し、明恵は月の歌人といわれました。修行のさなかに月と一体となって往来する姿は、きわめて印象的です。その歌を、二、三あげてみましょう。

山のはに我も入りなむ月も入れ夜な夜なごとにまた友とせむ

雲いでて我にともなう冬の月風やみにしむ雪やつめたき

あかあかやあかあかあかやあかあかやあかあかあかやあかあかや月

一方、南都六宗の中、もっとも優勢であった法相宗は、三乗思想（声聞・縁覚・菩薩としての人間の存在を認める立場）を説き、長遠の時間の修行を説いて、華厳とは対極にある一面もあります。しかし、唯識《ゆいしき》という考え方そのものが『華厳経』の「三界唯心《さんがいゆいしん》」に由来すると自ら語るのですから、華厳思想と決して無関係ではありえません。

また、特に日本の法相宗は、その後、華厳の一乗思想や速疾の修道論とどう調和させていくかを課題としたのでした。その代表的な成果としては、良遍《りょうへん》（一一九四〜一二五二）の『観《かん》心覚夢鈔《じんかくむしょう》』があります。

道元と華厳思想

今度は、やや時代を超えて、禅宗の道元と華厳の関係について見てみましょう。華厳の五《ご》教判《きょうはん》では、第四の頓教《とんぎょう》のあとに円教《えんきょう》がおかれるのであり、禅は華厳と親しいものです。華厳宗の第四祖・澄観《ちょうかん》、第五祖・宗密《しゅうみつ》は、教禅一致を唱えました。

道元自身が、積極的に華厳について言及することは必ずしも多くないと思いますが、たとえば『正法眼蔵《しょうぼうげんぞう》』には、かの毘盧舎那仏が入定している禅定である「海印三昧《かいいんざんまい》」の巻がありますす。その冒頭を掲げてみましょう。

諸仏諸祖とあるに、かならず海印三昧なり。この三昧の游泳に、説時あり、証時あり、行時あり。海上行の功徳、その徹底行《てっていぎょう》あり。これを深々海底行なりと海上行するなり。

流浪生死《るろうしょうじ》を還源《げんげん》せしめんと願求《がんぐ》する、是什麼心行《しいもしんぎょう》にはあらず。従来の透関破節《とうかんはせつ》、もとより諸仏諸祖の面々なりといえども、これ海印三昧の朝宗なり。（水野弥穂子校注『正法眼蔵』（一）、岩波文庫。以下同）

今はあえて訳しません。ただ、その格調を味わってください。ともかく、諸仏諸祖は、海印三昧の中にひたっているというのです。

ここでは、『維摩経』の「問疾品《もんしっぽん》」に出る、「但だ衆法を以て、此身を合成《ごうじょう》す。起は唯だ法の起なり、滅は唯だ法の滅なり。又た此の法は各々相い知らず、起きる時、我起きると言わず、滅する時、我滅すと言わず」の文に対し、馬祖《ばそ》が「前念後念、念念相待《ねんねんそうたい》せず、前法後法、法法《ほうほう》相対《そうたい》せず、是れ即ち名づけて海印三昧と為す」と述べた句を掲げて、その道元流の解釈を展開していくのでした。

その他、道元の思想が華厳と通い合っていることは、種々指摘できるでしょう。たとえば、修証一等《しゅしょういっとう》の考え方、『弁道話《べんどうわ》』に出る「初心の弁道すなわち本証の全体なり」の思想は、華厳的な修証観と通い合っています。

「現成公案《げんじょうこうあん》」には、「しかあるごとく、人もし仏道を修証《しゅしょう》するに、得一法《とくいっぽう》、通一法《つういっぽう》なり、遇《ぐう》一行《いちぎょう》、修一行《しゅいちぎょう》なり。これにところあり、みち通達《つうだつ》せるによりて、しらるるきはのしるからざるは、このしることの、仏法の究尽と同生《どうしょう》し、同参《どうさん》するゆえにしかあるなり」といっていますが、これは、一つの修行を成就するとすべての修行を成就するという、一成一切成の考え方とどこかで親しいものと思います。

また、存在と時間の一致を説く「有時《うじ》」の巻では、「正当恁麼時《しょうとういんもじ》のみなるがゆえに、有時みな尽時なり、有草有象ともに時なり。時々の時に尽有尽界《じんうじんかい》あるなり。しばらくいまの時にもれたる尽有尽界ありやなしやと観想すべし」といっていますが、これは「今・ここ」の一点に宇宙の時間・空間のすべて（尽有尽界）が有るということを物語っており、華厳的な世界観にせまっています。

最後に、『弁道話』から、見えない世界での自他の交流を描く一節を引用しておきましょう。

> もし人《ひと》、一時なりというとも、三業《さんごう》に仏印《ぶっちん》を標し、三昧に端坐するとき、遍法界《へんほうかい》みな仏印となり、尽虚空《じんこくう》ことごとくさとりとなる。ゆえに、諸仏如来をしては本地《ほんじ》の法楽《ほうらく》をまし、覚道の荘厳《しょうごん》をあらたにす。および十方法界《じっぽうほうかい》、三途六道《さんずろくどう》の群類、みなともに一時に身心《しんじん》明浄《じょう》にして、大解脱地《だいげだっち》を証し、本来面目《ほんらいのめんもく》現ずるとき、諸法みな正覚《しょうがく》を証会《しょうえ》し、万物《ばんもつ》ともに仏身を使用《しよう》して、すみやかに証会の辺際《へんざい》を一超して、覚樹王《かくじゅおう》に端坐し、一時に無等等《むとうどう》の大《だい》法輪《ほうりん》を転じ、究竟無為《くきょうむい》の深般若《じんはんにゃ》を開演す。
>
> これらの等正覚《とうしょうがく》、さらにかえりてしたしくあい冥資《みょうし》するみちかようがゆえに、この坐《ざ》禅人《ぜんにん》、確爾《かくに》として身心脱落し、従来雑穢《じゅうらいぞうえ》の知見思量を截断《せつだん》して、天真の仏法に証会し、

あまねく微塵際《みじんざい》そこばくの諸仏如来の道場ごとに仏事を助発《じょほっ》し、ひろく仏向上の機にこうぶらしめて、よく仏向上の法を激揚す。

ここもはや訳しませんが、一人の坐禅と諸仏の証覚《しょうがく》とが交流し、互いにはたらき合っている深秘の様子が描かれています。

浄土教と華厳思想

道元においては、一人の坐禅が諸仏の覚りに通い合うのでしたが、そういえば日本の浄土教の中には、一人の念仏が他の多くの人々の念仏に融け合い、他の多くの人々の念仏は一人の念仏に入り込むといった思想が唱えられました。良忍《りょうにん》（一〇七二〜一一三二）の開いた、融通《ゆうずう》念《ねん》仏宗《ぶつしゅう》の教えです。良忍は、比叡山で不断念仏を勤めるなどし、二十二歳の若さで早くも念仏聖《ぶつひじり》たちが集まっていた大原にのがれ、後に来迎院をつくって住しました。永久五年（一一一七）五月、四十六歳のとき、念仏三昧を修していて、阿弥陀仏《あみだぶつ》から次の教えを授かったといいます。

一人一切人、一切人一人、一行一切行、一切行一行、是れを他力往生《たりきおうじょう》と名づく。十界一念《じゅっかいいちねん》、融通念仏《ゆうずうねんぶつ》、億百万遍、功徳円満。

いかにも華厳的な教えです。もっとも、この伝承は必ずしも信頼できないもののようですが、しかし良忍に華厳的な念仏思想が全然なかったわけでもないでしょう。

今日、浄土教の各宗の中で、融通念仏宗はあまり知られていませんが、戦前公認された仏教十三宗の中にも、融通念仏宗は入っていますから、江戸時代には相応の勢力を保持していたのでしょう。南北朝時代の良尊《りょうそん》（一二七九〜一三四九）によって宗の基盤が調い、江戸時代の融観《ゆうかん》（一六四九〜一七一六）によって宗義が確立されたということです。

念仏といえば、浄土宗を開いた法然は、偏依善導《へんねぜんどう》といって、ひとえに善導によっているといわれます。もちろん源信《げんしん》（九四二〜一〇一七）の影響があるのですが、善導に参じていくひとつのきっかけに、東大寺の中の三論系で研鑽されていた浄土教学にふれたことがあったといいます。永観《ようかん》（一〇三三〜一一一一）や珍海《ちんかい》（一〇九一〜一一五一）は、善導を研究しており、それも法然に流れ込んでいるのでした。

後世、興福寺などが念仏を批判していったのに対し、東大寺は必ずしもその動きに同ぜず、法然は東大寺において『無量寿経《むりょうじゅきょう》』の講義を行ったりしています。

その法然の弟子・親鸞は、『華厳経』とかなり深い関係を有しています。親鸞の主著は『教《きょう》行信証《ぎょうしんしょう》』ですが、そこには、海という表現がしばしば出てきます。たとえば、次に信楽《しんぎょう》というは、すなわちこれ如来の満足大悲円融無碍《まんぞくだいひえんゆうむげ》の信心海《しんじんかい》なり。このゆえに疑蓋間雑《ぎがいけんぞう》あることなし。かるがゆえに信楽と名づく。すなわち利他回向《りたえこう》の至心《ししん》をもって信楽の体《たい》とするなり。しかるに無始よりこのかた、一切群生海《いっさいぐんじょうかい》、無明海《むみょうかい》に流転《るてん》し、諸有輪《しょうりん》に沈迷し、衆苦輪《しゅくりん》に繫縛《けばく》せられて、清浄《しょうじょう》の信楽なし。法爾《ほうに》として真実の信楽なし。……如来、苦悩の群生海を悲憐して、無碍広大《むげこうだい》の浄信をもって諸有海に回施《えせ》したまえり。これを利他真実の信心と名づく。

（『定本親鸞聖人全集』一、法蔵館）

とあります。このような海の語の多用には、『華厳経』の影響があったと思わずにはいられません。

親鸞には、親鸞独自の浄土教思想があります。それには、信心為本《しんじんいほん》・絶対他力《ぜったいたりき》・悪人正機《あくにんしょうき》等々の教えなどがありますが、さらに弥勒等同《みろくとうどう》・如来等同《にょらいとうどう》といった思想もそのひとつです。この世で信を得た時点で、弥勒と同じ位（五十二位の修道論でいえば、等覚《とうがく》の位）、否、如来（妙覚《みょうがく》）とも等しい位に入るというのです。このことについて、親鸞のある手紙（消息）には、次のように説明しています。

如来《にょらい》の誓願《せいがん》を信ずる心の定まるときと申すは、摂取不捨《せっしゅふしゃ》の利益《りやく》にあづかるゆえに、不退《ふたい》の位《くらい》に定まると御こころえ候べし。真実信心《しんじつしんじん》の定まると申すも、金剛信心の定まると申すも、摂取不捨のゆえに申すなり。さればこそ、無上覚《むじょうかく》にいたるべき心《しん》のおこると申すなり。これを不退のくらいとも、正定聚《しょうじょうじゅ》のくらいにいるとも申し、等正覚《とうしょうがく》にいたるとも申すなり。このこころの定まるを、十方諸仏のよろこびて、諸仏の御こころにひとしとほめたまうなり。このゆえに、まことの信心の人をば、諸仏とひとしと申すなり。また補処《ふしょ》の弥勒《みろく》とおなじとも申すなり。

（『定本親鸞聖人全集』三、法蔵館）

ここに、弥勒等同・如来等同の考え方の簡潔な説明があります。この考え方の背景には、実は善財童子《ぜんざいどうじ》の求道遍歴物語《ぐどうへんれき》を説く、あの『華厳経』「入法界品《にゅうほっかいぼん》」の末尾におかれた詩があるのです。すなわち、

聞此法歓喜　　此の法を聞きて歓喜し
信心無疑者　　心に信じて疑うこと無き者は
速成無上道　　速かに無上道を成じ
与諸如来等　　諸の如来と等しからん

という詩です。「初発心時《しょほっしんじ》、便成正覚《びんじょうしょうがく》」を説き、信満成仏《しんまんじょうぶつ》をうたう『華厳経』は、信を得た

ものは如来と等しいという、如来等同の思想を経典のまさに最後において示し、それによって経典を結んでいたのです。

親鸞は、阿弥陀仏と自己の関係の追究の中で、この「入法界品」末後の詩に深く打たれます。実は前の引用の手紙のはじめには、浄信という弟子が「そのうえ『華厳経』に〈聞《もん》此《し》法《ほう》歓《かん》喜《ぎ》信《しん》心《じん》無《む》疑《ぎ》者《しゃ》、速《そく》成《じょう》無《む》上《じょう》道《どう》与《よ》諸《しょ》如《にょ》来《らい》等《とう》〉と仰せられて候う」といってこの句を指摘し、「この人はすなわちこの世より如来とひとしとおぼえられ候う。このほかは凡夫《ぼんぶ》のはからいをばもちいず候うなり。このようをこまかに仰せかぶりたまうべく候」といって質問していたのでした。

今は手紙によって紹介しましたが、親鸞はこの詩を、『教行信証』信巻にも引用しているのです。そこでは、「『華厳経』にのたまわく、『この法を聞きて、信心を歓喜して、疑いなきものはすみやかに無上道を成らん。もろもろの如来と等し』となり」とあります。

歓喜と信心をつづけて、「信心を歓喜して」と読むのです。それは、『無量寿経』巻下の冒頭に、「……あらゆる衆生、その名号を聞きて、信心歓喜せんこと、乃至一念せん……」とあるのと、一つに見ていくからなのでしょう。

こうして、『浄土和讃』には、「信心よろこぶその人を、如来とひとしとときたまふ。大信心は仏性なり、仏性すなわち如来なり」とも謳うのでした。

ともあれ、如来等同説の根拠を与える等、華厳思想は、親鸞の思想の核心に深くかかわっていたのです。なお、『教行信証』には『華厳経』の他の句もいくつか引用されています。

天台・日蓮と華厳思想

さて、日本の仏教の母胎といえば、何といっても比叡山なのでしたが、天台宗は『法華経』を所依の経典としており、『華厳経』を前面に出してくることはまずありません。しかし、智顗《ちぎ》の天台教学には、華厳の世界観と通底するものが多分にあります。

たとえば、十界互具《じっかいごぐ》という思想があります。十界とは、地獄・餓鬼《がき》・畜生《ちくしょう》・修羅《しゅら》・人間・天上《てんじょう》・声聞《しょうもん》・縁覚《えんがく》・菩薩《ぼさつ》・仏の各界のことで、その各々は、互いに他を含み合っているというのです。地獄の住人にも仏の世界が実は具《そな》わっており、仏の世界にも実は地獄・餓鬼などの世界が具わっているというのです。これは不思議な事態ですが、人間は、一瞬一瞬、貪《とん》・瞋《じん》・癡《ち》の三毒《さんどく》を起こしもすれば、菩薩のような清らかな心を起こしもすることは実際に体験されますので、人間界のうちに地獄界もあれば菩薩界や仏界もあるということは、理解しやすいのかもしれません。ともかく、天台では十界互具ということをいいます。

さらに、この考え方をもとにして、一念三千《いちねんさんぜん》ということを説きます。十界互具だとすると、そこに合わせて百界があることになります。この各々に十如是《じゅうにょぜ》があって、千如是という数が出てきます。

十如是というのは、『法華経』「方便品《ほうべんぽん》」に「唯仏与仏、乃能究尽、諸法実相。所謂諸法、如是相、如是性、如是体、如是力、如是作、如是因、如是縁、如是果、如是報、如是本末究竟

等」（唯《た》だ仏と仏とのみ、乃《すなわ》ち能く諸法の実相《じっそう》を究《きわ》め尽せばなり。謂《い》う所は、諸法の是《か》くの如きの相《そう》と、是《か》くの如きの性《しょう》と、是《か》くの如きの体と、是《か》くの如きの力《りき》と、是《か》くの如きの作《さ》と、是《か》くの如きの因と、是《か》くの如きの縁と、是《か》くの如きの果と、是《か》くの如きの報と、是《か》くの如きの本《ほん》末究竟等《まつくぎょうとう》となり）と出る、その十個の如是をいいます。

さらに、五蘊世間《ごうんせけん》・衆生世間《しゅじょうせけん》・国土世間《こくどせけん》という三つの世間があるということで、その各々の世間に千如是があり、三千という数字が出てきます。三千ということの内容は、そのように複雑な仏教の教理を背景としていますが、要は、三千とはありとあらゆるもののことといってよいでしょう。

したがって、一念三千《いちねんさんぜん》の思想とは、一瞬の心の中に一切のものを具えているという思想といえるわけで、これは華厳の世界観と非常に近いものです。智顗は、『法華経』の究明の中で、実に華厳的な世界観に達していたのでした。

十界互具や一念三千の思想によれば、私たち凡夫《ぼんぶ》も常に仏の生命を具《そな》えていることになります。ですから、修行の見方も、どの位にあっても絶えず仏の世界と即しているという見方になります。これを天台では六即《りくそく》といい、理即《りそく》・名字即《みょうじそく》・観行即《かんぎょうそく》・相似即《そうじそく》・分真即《ぶんしんそく》・究竟即《くぎょうそく》の六つの位によって語ります。道元の修証一等の考え方の背景には、こうした天台の修道論の影響も深くあったのではないかと思うのですが、このような修証の見方も、華厳の見方と親しいものです。

なお、日蓮はこの一念三千を重視し、それを単なる理論にとどめるのではなく、現実の人生の中で自覚していこうとしました。しかも日蓮はその主著、『観心本尊抄《かんじんほんぞんしょう》』に、「この一念三千の法門は、法華経の如来寿量品の文底に沈めたり」と説き、己心に備わる仏界を久遠《くおん》の本仏において理解しています。その己心の一念三千は、『法華経』の題目を唱える、すなわち「南無妙法蓮華経」と唱えるところに実現するといいます。この題目を唱えるとき、自己の中に具わる仏の生命が開かれ、仏の中に具わる自己の自覚がもたらされるのだというのです。

空海の密教と華厳思想

さて、日本仏教のひとつの大きな流れを形成するものに、空海の真言密教があります。この密教は、華厳宗以外の宗で、もっとも華厳に親しいものでしょう。密教の中心をなす仏は大日《だいにち》如来《にょらい》ですが、その仏の名は、毘盧舎那仏《びるしゃなぶつ》とほぼかわりません。

密教は、七世紀ころにインドで成立した仏教で、大乗仏教の理念を受け継ぎつつ、その長遠の修行を要する修道論に批判的な見方を含んで新たな仏教を形成したものでした。密教は歴史上の釈尊の説ではなく、法身仏《ほっしんぶつ》ないし報身仏《ほうじんぶつ》（自受用身《じじゅゆうしん》）が、覚りの世界を直接説いた教えであると主張し、言語を象徴的に多重的に用いつつ、奥深い教えを語るのだとも主張します。言葉をいわば暗号、密号として用いていくので、ただ言葉どおりに文献を読んでも、ほんとうのところはわからない場合があります。密教を知るには、必ずや真正な師に就くことが不可欠です。

空海の主著は、前にもふれた『秘密曼荼羅十住心論』ですが、それは人間の心を十の段階に分けて説き、最後（第十住心）に密教の領域に達すると主張しています。その一歩手前（第九住心）に華厳の立場がおかれていて、密教以外の教え（顕教《けんぎょう》）の中では華厳思想をもっとも高く評価していることが知られます。密教の中心的な思想に即身成仏《そくしんじょうぶつ》の思想がありますが、この思想も、華厳の「三生成仏《さんしょうじょうぶつ》」の思想や、「初発心時、便成正覚」の思想などが基盤をなしていることでしょう。

密教そのものの人間観や世界観がどのようなものか、このことを空海の著作に尋ねていくと、あまりにも難解であったり、必ずしも体系的でなかったりして、なかなか把握するのが困難です。今は、空海作と伝えられる（否定する学者もいる）『即身成仏義』の中から、「即身成仏偈」という詩を取り上げ、華厳思想との関連を見てみましょう。

「即身成仏偈」の前半には、次のようにあります。

六大無礙《むげ》にして常に瑜伽《ゆが》なり
四種曼荼《ししゅまんだ》各々離れず
三密加持《さんみつかじ》すれば速疾に顕わる
重々帝網《じゅうじゅうたいもう》なるを即身と名づく

（勝又俊教『弘法大師著作全集』第一巻、山喜房佛書林。以下同）

はじめの六大とは、地・水・火・風・空・識の、物質的・精神的な六つの元素のことです。瑜伽なりとは、結びついているということです。そこで、ここからしばしば、空海は宇宙を無礙に結びつき合う地・水・火・風・空・識の六つの元素によって説明している、と説明されます。たしかに、そのことも否定できないのですが、もっと重要なことは、この六大は仏の諸々の特質をいうものであるということです。

『即身成仏義』は、まず『大日経《だいにちきょう》』の「我れ本不生《ほんぷしょう》を覚り、語言の道を出過《しゅっか》し、諸過解脱することを得、因縁を遠離《おんり》せり、空は虚空《こくう》に等しと知る」の文を掲げ、これに六大の意味があるのだと示します。すなわち地大は本不生を、水大は出過語言道を……意味するのだというのです。さらに、『金剛頂経《こんごうちょうぎょう》』の同様の文、「諸法本《もと》より不生なり、自性言説《じしょうごんせつ》を離れたり、清浄にして垢染《くぜん》なし。因業《いんごう》なり、虚空に等し」をも示して六大のもう一つの意味を明かしています。

まとめれば、次頁の表のようです。

このように、六大は密教の見る仏の内容を表すものなのであり、ここに密教が言葉を暗号・密号として用いるしかたがよくうかがわれます。六大といっても、決して単なる地・水・火・風・空・識のことではありません。要するに、この初句には、今引用した『大日経』や『金剛頂経』の文の内容を読み込むべきなのです。

六大	大日経	金剛頂経
識大	我覚	諸法
地大	本不生	本不生
水大	出過語言道	自性離言説
火大	諸過得解説	清浄無垢染
風大	遠離於因縁	因業
空大	知空等虚空	等虚空

次に、第二句の四種曼荼とは、法曼荼羅《ほうまんだら》・三昧耶《さんまや》曼荼羅・大曼荼羅・羯磨《かつま》曼荼羅という四つの曼荼羅のことですが、これについて私の解釈を述べてみます。

法曼荼羅は、字のこととあり、これは一切の言語のことであり、説法のことでもあります。三昧耶曼荼羅とは、印のことで、諸仏諸尊が有している標幟、すなわち刀剣や輪宝《りんぼう》や金剛《こんごう》や蓮華《れんげ》などのことといいます。

薬師《やくし》如来は、薬瓶を持っていますし、不動明王《ふどうみょうおう》は剣を握っています。それらは、衆生《しゅじょう》の煩《ぼん》悩《のう》を断ち切ろうとしたり、衆生の苦悩を救済しようとしたりする心を表したものです。ですから、それら標幟・印は、仏の切なる心を象徴したものと解されます。大曼荼羅は、形像であり、一一の仏菩薩の相好の身とありますので、まさに身体の姿を意味しています。

そうしますと、法曼荼羅・三昧耶曼荼羅・大曼荼羅は、説法（語）・救済の意志（意）・身体の相好（身）を意味し、つまり身《しん》・語《ご》・意《い》（身・口《く》・意）の三方面を意味していることになります。

曼荼羅とは、輪円具足《りんねんぐそく》といわれますから、そのすべてということと受け止めておいてよいでしょう。必ずしも図絵のことではなく、それぞれの総体というように受けとめるべきです。羯磨曼荼羅は、上述の三方面の威儀事業《いいぎじごう》とあります。要するに、身・語・意の多彩な活動のすべてです（仏教で威儀とは四威儀のことで、行・住・坐・臥を意味します）。

とすれば、「四種曼荼各々離れず」とは、仏には（その分身の菩薩らにも）、身・語・意の三方面にわたって、衆生を救済していくすばらしい活動が無限に具わっている、ということを述べようとしているのだと解されます。本不生《ほんぷしょう》や自性清浄《じしょうしょうじょう》など（密教のいう六大）を本質とする仏は、常に身・語・意のすべてにおいて、衆生救済のためにはたらいてやまない存在である、と示したのです。

第三句、三密加持《かじ》の三密は、身・語・意の三方面の活動（三業）のことを密教でいうものです。加持とは、仏が衆生に現れ、衆生が仏を感得して、衆生が仏に支えられた自己の生命を自覚することです。

『即身成仏義』には、「加持とは、如来の大悲と衆生の信心とを表す。仏日の影、衆生の心水《しんすい》に現ずるを加といい、行者の心水、よく仏日を感ずるを持と名づく」という説明もあります。

密教では、私たちが「手に印契《いんげい》を作し、口に真言を誦じ、心三摩地《さんまじ》に住すれば」、つまり、印を結び、真言を唱え、心を統一された状態におけば、大日如来の三密と相応して、即身成仏するといいます。このことを、「三密加持すれば速疾に顕わる」といったわけです。それ自身、仏のすばらしい深く大きなはたらきによるわけです。

そして、第四句に、「重々帝網なるを即身と名づく」とあるのでした。すでにお気づきのように、華厳の十玄門《じゅうげんもん》の第四、因陀羅微細境界門《いんだらみさいきょうがいもん》に説かれた、帝釈天《たいしゃくてん》の宮殿にかかる網が帝網であり、ここで「即身成仏偈」はまさに華厳の思想をもって密教の世界を語っているわけです。

因陀羅網は、特定の一について「一即一切《いちそくいっさい》・一切即一《いっさいそくいち》」などの関係があるという一重の関係だけでない、すべての一が同様の関係の中にあるのであり、しかも一に即する他の一一《いちいち》がさらに一切に即しているなどという、その多重・重重の関係を表す譬喩として用いられるのでした。そこが「重々帝網なる」です。

三密加持して、即身成仏したとき、そこで自覚される自己は、他の一切の仏身・衆生身など、およびその活動と重重無尽《じゅうじゅうむじん》に相即《そうそく》・相入《そうにゅう》する自己として自覚されるというのでしょう。

『即身成仏義』には、「かくのごとく等の身は、縦横重重にして、鏡中の影像《ようぞう》と燈光《とうこう》との渉《しょう》入《にゅう》するがごとし。かの身すなわちこれこの身、この身すなわちこれかの身、仏身すなわちこれ衆生身、衆生身すなわちこれ仏身なり。不同にして同なり。不異にして異なり」という説明がなされています。

「鏡中の影像と燈光との渉入するがごとし」とは、六面の鏡で囲まれた室の中央に灯を一つ置くと、それが各方面、相互に無限に映し合うことをいいます。これも因陀羅網と同様、重重無尽の関係を表すためのたとえです。このように、密教の世界観は、華厳にとても親しいのです。

今は、「即身成仏偈」の前半を見たのでしたが、その後半は、

法然《ほうねん》に薩般若《さはんにゃ》を具足して
心数《しんず》心王刹塵《せつじん》に過ぎたり
各々五智無際智《ごちむさいち》を具す
円鏡力《えんきょうりき》の故に実覚智《じっかくち》なり

というものです。もはや、詳しい解説は省きますが、人間の心には、もとより無限のすばらしいはたらきが実際に具わっているということを述べています。

以上、「即身成仏偈」には、華厳的な見方があふれていますが、何といっても「重々帝網なるを即身と名づく」とあるところに、華厳の影響が如実に現れています。空海の真言宗と華厳とは、いかに深い関係にあるかが知られると思います。

空海は、東大寺の別当《べっとう》になっています。空海は華厳仏教を自らの仏教と別のものとは思えなかったのでしょう。華厳は形を変えて密教の中に生きているわけです。

以上、華厳思想と日本仏教との関係を見てきました。日本仏教の中、華厳宗は東大寺の大仏が有名ですが、その哲学思想などは必ずしもよく知られていません。そのせいか、日本仏教に対して華厳思想の影響はあまりないのではないかと思われるかもしれません。しかし、道元や親鸞は華厳思想と無縁ではありえず、空海は華厳そのものとさえいえそうです。ここに、私たちのあまり知らなかった、もうひとつの大乗仏教があるのです。

日本仏教における華厳思想の重要性は、今後、あらためて認識し直されてよいと思われるのです。

第十二章　いま華厳思想を考える

華厳思想を振り返る

これまで、『華厳経《けごんぎょう》』および華厳宗の思想について学んできましたが、いよいよ最終章となりました。

そこで本書の最後に、ふたたび華厳思想について顧みるとともに、その意義について、主に西田幾多郎の思想を参照しつつ考えてみたいと思います。

『華厳経』は、大乗仏教の代表的な経典の一つであるとともに、たいへん大きな経典で、さまざまな思想を包摂しているのでした。一般に『華厳経』は、釈尊の覚りの世界（自内証《じないしょう》の世界）をそのまま説いた経典だといわれます。釈尊が覚りを実現してみますと、その世界は毘《び》盧舎那仏《るしゃなぶつ》の覚りの世界そのものでもあるのでした。そこに証された光景は、経典の冒頭にまばゆいばかりに説かれています

一方、古来、「因分可説《いんぶんかせつ》、果分不可説《かぶんふかせつ》」といわれて、その覚りの世界そのものはとうてい言

葉では説明できないともされるのでした。しかし、その仏果《ぶっか》に至る道すじは説けるともいいます。

実際、『華厳経』は、信《しん》の修行から始まって、十住《じゅうじゅう》・十行《じゅうぎょう》・十廻向《じゅうえこう》・十地《じゅっじ》の修行を説くものと解されてきたのであり、実はその主眼は菩薩道のあり方を説くことにあるともいわれるのでした。普賢行《ふげんぎょう》といわれるような菩薩の願行《がんぎょう》が、懇切な説法の中に繰り返し語られるのです。

さらに「入法界品《にゅうほっかいぼん》」の善財童子《ぜんざいどうじ》の、五十三人の善知識を訪問しての求道遍歴《ぐどうへんれき》物語は、菩薩道のありようをもうひとつ別のかたちで表したものとなっています。

ところが、『華厳経』はしばしば、はじめて菩提心《ぼだいしん》を発したとき、すでに仏と成るのだ(「初《しょ》発心時《ほっしんじ》、便成正覚《べんじょうしょうがく》」)と説いています。あるいは、信が成満したとき即、仏であるとも説きます。いわゆる信満成仏《しんまんじょうぶつ》の思想が常に基調にあって、そのうえで多彩な内容の仏道が説かれているのです。

私はこれまで、『華厳経』および華厳宗の思想を考えてきて、この信満成仏の思想こそが、華厳のもっとも重要な思想なのではないかと考えています。

それは、今・ここにおける仏道への覚悟は、仏の大悲に催されてのことであることの深い了解を意味し、その中で自己という存在の意味を肯《うな》づきつくせたということだと思うのです。

宗教の問題は、自己が幸福になることよりも、そもそもこの自己とは何ものなのか、明らかな了解を果たすことにこそあると思いますが、信満成仏の思想は華厳の大海、毘盧舎那仏の大悲の大海原の中での己事究明《こじきゅうめい》の姿を語るものであり、これこそもっとも重要な教えであると思うのです。

こうしてみると、『華厳経』の主題は、仏の覚りの世界の叙述、菩薩の修行の道程の説明、信心の成満における救いの強調、この三つにあると整理できるかと思います。

この三つの主題に対し、世界のあり方の究明においては、無自性《むじしょう》・空《くう》の思想、唯心《ゆいしん》の思想、如来蔵《にょらいぞう》の思想と、大乗仏教の重要な思想のすべてが採り入れられ、巧みに編み込まれて説かれるのでした。

しかし、それらは何といっても、いわゆる重重無尽《じゅうじゅうむじん》の縁起の思想、一即一切《いちそくいっさい》・一切即一《いっさいそくいち》、一入一切《いちにゅういっさい》・一切入一《いっさいにゅういち》といった、事事無礙《じじむげ》の思想へと統合されていきます。毘盧舎那仏の覚りの眼で見られた世界も、まさにこの重重無尽の縁起の世界のように描かれていました。

本書のはじめにも申しましたように、私はやはりここにこそ華厳思想の核心があると考えます。

縁起の思想史をたどる

では、この重重無尽の縁起の思想は、仏教思想の中にあって、どのような位置にあるのでしょうか。また、その思想の意義はどのように考えられるのでしょうか。以下、しばらくこの問題を考えていくことにいたしましょう。

原始仏教経典には、縁起ということは、釈尊が世にお出ましになろうがなるまいが、確立されている真理であると説かれています。そのくらい、縁起の思想は仏教の根本をなしています。実際に釈尊の伝記「仏伝」を見ますと、たとえば『律蔵《りつぞう》』「大品《だいほん》」の仏伝における成道《じょうどう》の場面では、十二縁起《じゅうにえんぎ》の究明が記されています。なるほど釈尊の覚りと縁起とは、不可分のことなのでしょう。

なお、ここに出てくる縁起説は、あくまでも十二縁起であって、それは後世、私たちの生死《しょうじ》輪廻《りんね》がどのようにして成立するかを解明するものと考えられました。十二縁起とは、

無明《むみょう》→行《ぎょう》→識《しき》→名色《みょうしき》→六入《ろくにゅう》→触《そく》→受《じゅ》→愛《あい》→取《しゅ》→有《う》→生《しょう》→老死《ろうし》

という、十二の項目における縁起を説くものですが、これを簡単にいえば、無明《むみょう》（惑《わく》）に基づき行為を行う（業《ごう》）ことによって、ひいては老死（苦《く》）を避けられない生存を得てしまうというものです。

逆に無明さえ滅せば、苦しみに満ちた生死輪廻から解脱しうるということでもあります。ともかく十二縁起説は、私たちの苦しみの生存の成立がどのようなしくみでもたらされるのかの解明を果たしたものであり、そのことに関する限りでの縁起説です。

この縁起説は、一般化されて、「これあるとき、かれあり、これ生ずるとき、かれ生ず。こ

れなきとき、かれなし、これ滅するとき、かれ滅す」と整理されます。このような法則が認識されますと、やがてそれがあらゆる事象の生滅にも応用されていくことは、当然のなりゆきです。縁起の思想は、むしろ世界のあらゆる事象の生成を説明するものとして理解されていくのです。いわゆる相関性とか相依性としての縁起思想です。およそすべての事象は、互いに相《あ》い依り合い、相《あ》い関係し合って成立しているというわけです。

ただし、縁起とは単に空間的な関係性をいうのみのものではありません。縁起ということは、因と縁と果とから成立します。むしろ因果関係が軸で、さらにそこに縁の介在を不可欠と見るのが縁起の思想です。

このことの説明によく用いられるのが、植物の種です。種は因に相当しますが、その種（因）だけがそこにあっても、およそ発芽するものではありません。しかし、それが地中に埋められ、水分などをよく補給してやると、やがて発芽します。

つまり、因が因の功能を発揮するためには、必ず縁（間接的助因、条件）がなければならないということです。地中の養分や水分、発芽してのちの日光など、さまざまな縁が因にかかわり、因を助けることによって、種はやがて植物として生長し、花を咲かせたり実を結んだりするでしょう。すなわち、果が結ばれる（結果）ことになります。

縁起の思想はそのように、因に縁がかかわることによって果が成立するという思想であり、仏教はこの縁起によって世界を説明していくのでした。

特に、世界の成り立ちについて詳細に分析したアビダルマの世界では、因・縁・果の各々について、可能なかぎりの分析を加えています。五位七十五法（法＝ダルマはいわば世界の構成要素）でもって世界を説明する説一切有部《せついっさいうぶ》では、六因・四縁・五果を数えて示しています。すなわち、次のようです。

六因《ろくいん》
- 倶有因《くゆういん》
- 同類因《どうるいいん》
- 相応因《そうおういん》
- 遍行因《へんぎょういん》
- 異熟因《いじゅくいん》
- 能作因《のうさいん》

四縁《しえん》
- 因縁《いんねん》
- 等無間縁《とうむけんねん》
- 所縁縁《しょえんねん》
- 増上縁《ぞうじょうえん》

五果《ごか》
- 士用果《じゆうか》
- 等流果《とうるか》
- 異熟果《いじゅくか》
- 増上果《ぞうじょうか》
- 離繋果《りけいか》

もはやこれらの一つひとつの詳しい説明はいたしませんが、ともかくダルマの縁起によって世界を説明したのでした。

実は説一切有部では、世界の構成要素ともいうべきダルマは、過去・現在・未来の三世《さんぜ》に存在し続けるものと考えました。過去のダルマも未来のダルマも、現在のダルマと同様に存在しているというのです。縁起は、ダルマの作用《さゆう》（用）に関してのことなのだというのです。しかし大乗仏教では、ダルマそのものが縁起の中の存在であると見て、ダルマの実在性を否定しました。いわゆる「一切法空《いっさいほうくう》」の思想の宣揚です。我《が》（アートマン）のみでなく、法（ダルマ）もすべて、空《くう》だというのです。

空とは、あるものに、そのものとしての本体、自体のないこと、実体的存在ではないこと、のことでした。

『般若経《はんにゃぎょう》』は、その一切法空の説明に、「縁起の故に無自性、無自性の故に空」という論理を用いています。縁起の中の存在であり、他をまってはじめて存在しうるものは、自分で自分の存在をあらしめることのできないものであり、それは自体を持つものでなく、無自性である。無自性であれば、空である、というのです。

こうして、縁起の思想は、大乗仏教においては世界のすみずみまで適用されることになりました。大乗のアビダルマを説く唯識《ゆいしき》では、このことを阿頼耶識《あらやしき》という深層の識を設定しつつ語ります。阿頼耶識の中の種子《しゅうじ》（潜在的因）から、見たり（眼識《げんしき》）、聞いたり（耳識《にしき》）など、あるいは考えたり（意識）などが生起して、世界が現れ、そのことの情報はただちに阿頼耶識に貯えられて、未来の同じ感覚、知覚などの因（種子）となる。このことが刹那刹那《せつなせつな》行われつつ、流れていくというのです。

ここも詳しい説明は省きますが、唯識ではこの「阿頼耶識縁起説」といわれるような縁起説でもって世界を説明するのでした。
こうして、およそ仏教では、縁起の思想を中核としていると見ることができます。

縁起と究極の真理

以上のように見てきますと、仏教の説く真理は縁起に究まるかのようです。実際、釈尊がお出ましになろうがなるまいが、ということはお覚りを開かれようが開かれまいが、縁起は変わらない真理であるといわれていたのです。しかしながら、縁起はほんとうに真理なのでしょうか。あるいは、ほんとうに究極の真理なのでしょうか。

というのも、縁起の中心は、因＋縁→果ということなのでしたが、ここには少なくとも因果関係が含まれています。この因果関係が真に成立するのかどうかは、西洋哲学においては大問題となっているからです。特に、時間的な因果関係がどのように成立するといえるのか、事は決して簡単ではないのです。

ひるがえって仏教でも、実はこのことをよく自覚していました。そして、ときに因果関係はありえないとさえ説くのです。このことは、あの龍樹《りゅうじゅ》の『中論《ちゅうろん》』に際立っています。

なるほど『中論』でも、縁起を強調することはあります。第二十四章「四聖諦《ししょうたい》の考察」の第一九偈《げ》には、「どんな法であろうと縁起したのでないものはありえない。それゆえ、どんな法であろうと空でないものはありえない」といっています。

すべては縁起において生じたものなのであり、すべては空なのだというのです。しかしこの場合は、「空でないもの」、つまり自体を持つもの、本体あるものの存在を否定するために、このことが説かれているのだと考えられます。というのも、『中論』はやがて空そのことさえ、超えていこうとするからです。

第十三章「行《ぎょう》（サンスカーラ）の考察」の第七偈には、「もし何か不空なるものがあるなら、何か空なるものがあるであろう。しかし不空なる何ものも存在しない以上、なぜ空なるものがあるであろうか」とあります。ですから、空も空として成立しないのが実相なのです。同第八偈に、「勝者（仏）によって、空性《くうしょう》が、一切の見を超えるために説かれた。しかし、空性の見をいだく人々は、度しがたいと語った」ともあります。

『中論』はこのようなかたちで空をもさらに否定していきます。もちろん、空は真理ではない、というのではないでしょう。しかし、それはあくまでも不空なるものに対して、それを否定するかぎりにおいて真理なのです。ということは、真理にも段階性、階層性があるということです。

第二十四章「四聖諦の考察」の第八偈・第九偈には、「二諦（二つの真理）にもとづいて、諸仏は法を説かれた。それは、世間世俗諦と、勝義諦とである。この二諦の区別を知らない人々は、仏の教えの中の深い真実を知らないのである」とあります。

その勝義諦《しょうぎたい》こそが究極の真理というものですが、『中論』はこれをしばしば涅槃《ねはん》の語によって語り、その世界は戯論寂滅《けろんじゃくめつ》（言語が解体されざるをえない世界）の世界であることを明かしています（第二十五章「涅槃の考察」、第三偈、第二十四偈、その他）。

ですから、空のみでなく、縁起もまた、究極の真理の前には消えてしまうことになります。

その主張をいくつかあげてみましょう。

第二十章「（因縁の）和合の考察」の中からです。

「もし原因が、原因なるものを結果に与えてから滅するなら、与えられたものと滅したものとの二つの自体が原因にあることになろう（第五偈）。

もし原因が原因を果に与えずして滅するなら、原因が滅したのに生じたその結果は、原因の無いものとなるであろう（第六偈）。

さらにもし結果が（因縁の）和合と同時に現出するのであるなら、生ずるものと生ぜられるものとが同一時にあるということになってしまう（第七偈）。

一方、もし結果が和合より前に現出するのであるなら、その結果は因・縁を離れた、原因の無いものとなるであろう（第八偈）。

もし原因が滅したのに結果があるなら、原因の推移があることになろう。また、先に生じた原因がまたさらに生じたということになってしまう（第九偈）。

滅してしまい、無に帰したものが、どうして生じた結果を生ずるであろうか。結果とともに存在する原因は、どうして（結果を）生ずるであろうか（第一〇偈）。

一方、果とともにないその（原因）は、どんな結果を生ずるであろうか。というのも、原因は結果を見ないで生ずるのでもないし、見てから生ずるのでもないからである（第一一偈）。実に原因と結果とが一つであることはありえない。しかし原因と結果とが異なることもありえない（第一九偈）。

原因と結果とが一つなら、生ずるものと生ぜられるものとが同じとなるであろう。一方、原因と結果とが異なるなら、原因は原因でないものと等しくなるであろう（第二〇偈）」

以上、事実上、因果関係を考察している章から、いくつかの議論を紹介してみましたが、いずれも、因果関係ということは、成立しないと主張しています。

その主張を簡単にまとめてみますと、特に時間的因果関係ということを考えたとき、まず、結果よりもあとに原因があるということは、もちろんありえないでしょう。結果と原因とが同時にあるのだとしたら、少なくとも時間的因果関係にはならないことになります。

では、原因は結果よりも前にあるというべきなのでしょうか。この場合は、原因がなくなってから結果があることになりますが、すでに滅して無に帰したものが、どうして結果を生じうるでしょうか。かりに、実は滅したのではなくて、原因が存在し続けてかたちを変え結果として現れたのだとするなら、あるものが常住するあり方の一つのかたちということになってしまい、因果関係ひいては縁起は成立しないことになってしまいます。

このように、因果関係を究明していくと、なかなかむずかしい問題に突き当たることになるのであり、したがって縁起ということもそう手放しでいえることでもないのです。ですから『中論』は、しきりに戯論寂滅をいうことになるのです。

実はこのことは、唯識のほうでも同様に自覚しています。『成唯識論《じょうゆいしきろん》』巻三に、阿頼耶識が刹那刹那、生滅しつつ一瞬のすき間もなく相続していくことを説明する中で、「大乗の縁起の正理《しょうり》」ということを説いています。その中には、次のような説明があります。ややむずかしいのですが、あえて掲げておきましょう。

応に大乗の縁起の正理を信ずべし。謂く、此の正理は深妙《じんみょう》にして言《ごん》を離れたり。因果等の言は、皆な仮て施設《せせつ》せり。現在の法が、後《のち》のを引く用《ゆう》有るを観じて、仮て当果《とうか》を立てて、対して現の因を説く。現在の法が、前《さき》に酬《むく》いる相《そう》有るを観じて、仮に曽の因を立てて、対して現の果を説く。仮というは謂く、現の識が彼に似る相を現ずるぞ。是の如く因果は理趣顕然《けんねん》なり。二辺を遠離《おんり》して、中道《ちゅうどう》に契会《かいえ》せり。諸の有智の者の、応に順じて修学すべし。（新導本『成唯識論』巻三）

ここには、縁起ということは、仮りの設定なのだと説かれています。過去があって、現在があって、未来もあるのなら、何らか因果関係ということも成立するのかもしれません。しかし、未来は存在しないと同様、過去も存在しないとしたら、いったい、どのように因果関係は成立するのでしょうか。唯識は、それはすべて現在の法のうえの仮りの表現にすぎないといいます。縁起ということは、結局のところ、現在にきわまるというわけです。現在に立ちつくすとき、縁起の言あげも止滅されざるをえないでしょう。現在という、対象的には捉えられない世界に一如するほか、何も真理はないということになってしまうからです。

そのように『中論』も『成唯識論』も、縁起を究極の真理として押し立てることはなく、むしろ縁起ということすらも解体されたところに究極の真理を見出そうとしているのでした。とすれば、縁起ということも必ずしも仏教の究極の真理とはいえないということも、考えてみなければなりません。

華厳の縁起の特質

それでは、華厳の説く重重無尽の縁起は、いったいどういう意味を持つものなのでしょうか。

ここで私は、華厳の仏教全体に対する見方、五教判《ごきょうはん》のことを想起します。五教判の教相判《きょうそうはん》釈《じゃく》では、仏教の全体を、小乗教《しょうじょうきょう》・大乗始教《だいじょうしきょう》・終教《しゅうきょう》・頓教《とんぎょう》・円教《えんきょう》と、五種類に分類するのでした。

大乗仏教の代表的な思想である唯識と中観《ちゅうがん》とは、実に大乗始教に位置づけられています。如来蔵思想の立場は、終教とされます。それらはさらに、頓教によって超えられていきますが、その頓教の世界とは、「一念不生即仏《いちねんふしょうそくぶつ》」を説くものでした。そのうえに、華厳は円教として位置づけられています。つまり、華厳の重重無尽の縁起は、一念不生に究まったあり方を経て、その後に説かれる世界であるということです。

龍樹の『中論』は縁起を説くようでもありましたが、むしろ縁起ということすらも解体され、戯論寂滅《けろんじゃくめつ》の八不《はっぷ》の世界にたどりつくのでした。

八不とは、不生・不滅、不常・不断、不一・不異、不来・不出というものですが、それは一切の二元対立を超えたところであり、また一切の対象的判断を超えたところでもあります。その世界は、冒頭の不生・不滅に代表され、不生なら不滅ですから、不生に究まるといってもよいと思われます。

般若中観は大乗始教とされていますが、実際に一切の分別が生じる以前の世界を自覚したとき、そこはもう頓教の世界に入ったといってもよいことでしょう。

華厳の縁起は、そこを通過して説かれる縁起です。実際、いったんあらゆる分別を離れて、究極の真理（勝義諦）を証してのちは、どんな言葉を使うことも可能となってくるのです。

『中論』にも、第二十五章「涅槃の考察」の第二十四偈に、「（涅槃は）一切の対象的認識（有所得《うしょとく》）が寂滅した、戯論の寂滅した、寂静なるものである。仏は、どんな法も、どこにても、誰に対しても、説かなかった」とある一方、第十八章「我《が》（アートマン）の考察」では第六偈に、「諸の仏は、我が有るとも仮設し、我は無いとも説き、またいずれにせよ我が有るのでもなく無いのでもないと説いた」とあり、また同第八偈には、「一切は真実（tathya）である、一切は真実でない、一切は真実でありかつ真実でない、また一切は真実でなく真実でないのでもない。これが諸の仏の教えである」ともあります。

言語が解体されたところを見届けたなら、そこから自由に言語を操り、表現を展開していくことができるというのです。縁起という言あげすら、いったんは解体されなければなりませんが、しかしそのあとではまた縁起に戻ってくることができるのであり、華厳の縁起は頓教を経た円教のものなのですから、そのように勝義諦を証したあとに立ち現れている縁起の世界であることを理解すべきでしょう。

そういう縁起の特色として重要なことは、この縁起はもはや対象的に了解されるべきものではないということです。私たちは縁起という思想に、つい自己を世界の外に置いておいて、その自己の眼前に広がる世界のありようが、関係性の中にあるというように了解してしまいます。しかし、一念不生を経て見られてくる縁起は、自己も含めて世界全体が関係性の中にあることが、明らかに了知されているような世界のはずです。華厳の縁起は、対象的世界のこととして受け止められるべきものではなく、自分もその中にある世界全体のこととして考えられるものでなければなりません。

それは、自己から世界を見る見方をひるがえして、世界から自己を見る見方をとるということです。自己は世界の無限の関係性の中で成立している自己であるとの洞察が、そこに開かれます。自己の一毛孔《もうく》に、世界のすべてが宿っているのです。世界のすべてに、自己は関与しているのです。この自覚が開かれたとき、おのずから関係する他者へ配慮せずにはいられない生き方が促されてくることでしょう。慈悲心と一体となった菩提心というものが、おのずから発せられてくることでしょう。

そのように華厳の縁起説とは、単に世界が関係性の中にあることを明かすのみでなく、この主体そのものが世界の中の一員として無限の関係性のもとに成立していることの深い了解をもたらすようなものであるというところに、その大きな特徴があるのだと思われるのです。

重重無尽の縁起の教え

そういう世界を、華厳宗では、十玄縁起《じゅうげんえんぎ》無礙《むげ》法門義《ほうもんぎ》（十玄門）とか、六相円融義《りくそうえんにゅうぎ》とか、四《し》法界《ほっかい》の説などで語るのでした。その関係の無限性を華麗に説く教義も、華厳の縁起の大きな特徴です。

これらをもう一度、簡単に復習しておきますと、まず十玄門とは、次の十門でした。すなわち、同時具足相応門《どうじぐそくそうおうもん》・一多相容不同門《いったそうようふどうもん》・諸法相即自在門《しょほうそうそくじざいもん》・因陀羅微細境界門《いんだらみさいきょうがいもん》・微細相容安立《みさいそうようあんりゅう》門《もん》・秘密隠顕倶成門《ひみつおんけんくじょうもん》・諸法純雑具徳門《しょほうじゅんぞうぐとくもん》・十世隔法異成門《じゅっせいきゃくほういじょうもん》・唯心廻転善成門《ゆいしんえてんぜんじょうもん》・託事顕法生《たくじけんぽうしょう》解門《げもん》です。

なかなかむずかしい言葉が用いられていますが、この法門の根底にある考え方は、一つのものが他のものと（異体）、体および用において関係し合うと同時に、一つのものの中で（同体）、それ自身がその中に具わる他のものの要素と、体および用において関係し合うということです。

このとき、ある一つのものの中に、他の一切のものの要素を見ることになります。つまり、すべてのものは、自らに閉じられたものなのではなく、他に開かれている存在であるということです。自己についても、本来、他者の要素を自己の中に豊かに有しているのであり、世界の中の一存在であると同時に、もとよりあらゆる他者に開かれた存在であることが見えてくることでしょう。

六相円融義は、総相《そうそう》・別相《べっそう》・同相《どうそう》・異相《いそう》・成相《じょうそう》・壊相《えそう》の六つの相の観点から全体とその中のある一つの構成要素との関係を見ていくものであり、またこのことを通じて、ある一つの構成要素と他の構成要素との関係をも見ていくものでした。

そこでは、たとえば全体は一構成要素に他ならないといいます。構成要素の一つひとつが各々全体であり、かつ他のすべての構成要素そのものでもあるといいます。このことは家を例に語られていましたが（第九章参照）、その喩例を受けて、この自己がかけがえのない自己であるがゆえに全体なのであり、かつ他のあらゆる主体と相即《そうそく》・相入《そうにゅう》していることを思うべきでしょう。

そして四法界の説は、事法界《じほっかい》・理法界《りほっかい》・理事無礙法界《りじむげほっかい》・事事無礙法界《じじむげほっかい》という四つの法界観からなるものでした。

理事無礙法界とは、いわば絶対と相対とが融け合っている状況ですが、そこからさらに事事無礙法界へと進みます。そこで理は消えてしまう、絶対は消えてしまって、相互に無限に関係し合う世界だけが残るのでした。このことを自己にひきよせて考えれば、自己の底に無底を持つ、絶対に自由なる主体が成立して、しかもその各々が互いに関係しつつ世界を形成しているということになります。

事事無礙の事の一つに、自己が見出されてくるのです。

西田哲学の概要

以上、華厳の縁起思想の特質を、仏教の縁起思想の諸相の中に位置づけてみました。

最後に、この華厳の世界観は、現代の思想状況において、どのように評価されるべきなのでしょうか。この問題は冷静に深く究明してみなければなりませんが、少なくとも現代社会への道を主導してきた近代合理主義の、分割しつつ支配する立場、ディヴァイド・アンド・ルールの立場に、深い反省を迫るものとなることは間違いないと思われます。さらにここでは、日本の哲学者・西田幾多郎の思想と対比しつつ、華厳思想のことを考えてみたいと思います。

西田の書斎には、『華厳経探玄記《たんげんき》』があったといいます。それはかなり若いころ、まだ学生のころに購入したものだったといいます。おそらく西田は、華厳の世界観に大きな関心を抱いていたことでしょう。ただ、その後、哲学の道へと進んだがゆえに、華厳仏教について専門的に勉強することは、やはりなかったと考えられます。

とはいえ、西田は、自分の哲学はどこかで華厳にも近いと感じていたようです。島谷俊三は、次のような西田の言葉を伝えています。「西洋には、アリストテレス以来、一貫した論理といふものがあり、政治も、経済も、文化も、みなそこから割り出されてゐる、ところが東洋にはさういふものがない。しかし、東洋には東洋の物の考へ方があるのだから、生活上の一切がそれによつて考へられるといふやうな論理が明らかにならねばならぬ。華厳や天台の論理といふものも幾分それに近いものだが、私の一生の仕事と云へば、それを探したと云ふただそれだけのことだ。」(「先生に叱られた話その他」務台理作他編『西田幾多郎(その人と学)』大東出版社)

西田は、西田独自に、東洋や日本独特のものの見方に論理的な表現を与えようとしていたのですが、それには、天台や華厳が近いところがあると感じていたのでした。

では、西田の哲学とは、どのようなものでしょうか。以下は、まったくの私なりの理解にすぎませんが、かいつまんで記してみます。

西田はいつも、この現実世界の論理構造というものを考えています。それは、個物と個物とがあいはたらき合う世界であると考えます。その場合、単に物と物とが作用し合うのは、物理的な運動にすぎず、真にはたらき合う世界とはいえません。

主体的に自己のあり方を決定し、他者と自己との関係を決定し、他者を規定していく、そういう主体そのものが互いにはたらき合う世界、それが現実世界だといいます。ですから、西田のいう個物とは、そのように自己のあり方を自ら決定し、世界をも規定していくようなもののことなのであり、要するに自己と言い換えてさしつかえないものです。

現実世界は単なる物理的・機械的運動の世界ではなく、多くの主体(自己)が相互にはたらき合う世界であるとして、そのような主体そのもの、言い換えれば個物の存在は、論理的にどのように考えられるべきでしょうか。

ふつう個物は、一般者を限定していってその極限に考えられます。たとえば、人類という一般者があります。これを限定して東洋人という一般者が考えられ、さらに限定して日本人という一般者が考えられます。こうして限定を加えていって、その極限に個人(個物)が考えられるというわけです。

しかし西田は、どんなに一般者を限定しても、それが一般者の限定として考えられる限り、真実の個物とは考えられないといいます。なるほど、個物は一般者においてあります。人間という種を離れた個人はありえないように、一般者を離れた個物というものはありえません。しかし、一般者を限定した先に考えられるものは、何らか一般者に規定されるだけのもので、真の個物とはいえないというのです。

ここで西田は、個物は結局、究極的に、有の一般者を一般者の方向に超えた無の一般者においてあるのだと考えます。つまり、無の一般者においてあるから、自ら自己を規定しうるような自由を有する主体、真の個物が成立するのだというのです。

その究極の無の一般者が、宗教的には神（絶対者）になります。そのあたりを西田は、次のように説いています。

「絶対は何処までも自己否定に於て自己を有つ。何処までも相対的に、自己自身を翻へす所に、真の絶対があるのである。真の全体的一は、真の個物的多に於て自己自身を有つのである。」

「故に右の如き我々の個的自己、人格的自己の成立の根柢には、絶対者の自己否定と云ふものがなければならない。真の絶対者とは、単に自己自身の対を絶するものではない。何処までも自己自身の中に自己否定を含み、絶対的自己否定に対することによつて絶対の否定即肯定的に自己自身を限定するのである。かかる絶対者の自己否定に於て、我々の自己の世界、人間の世界が成立するのである。かかる絶対的否定即肯定と云ふことが、神の創造と云ふことである。」（「場所的論理と宗教的世界観」『西田幾多郎全集』第十一巻、岩波書店）

こうして、私たちの個物（真実の自己）は、絶対者の自己否定（絶対無）においてあるのだと語られます。

もっとも、絶対者の自己否定においては、個物的多が成立しているのでした。あるいは個物というものが成立する局面を考えたとき、個物は個物に対して個物であるということにならざるをえないと西田はいいます。なぜなら、たった一つの個物は、何ものでもないのと同じです。

また二つの個物は、一つのものの両端と考えられ、やはり真の個物ということにはなりません。そこに他者（第三者）が入ってくることによって、かけがえのない個物が考えられてくるというます。というわけで、唯一の存在というべき個物は、かえって他の個物に対することによってこそ、真の個物になります。

西田によれば、個物というものはそういう論理構造を持っているというのです。こうして、「個は個に対して個である」と西田は強調するのでした。

そうしますと、西田の個物は、絶対の無においてあり、かつ他の個に対してあるということになります。前者はいわば理事無礙です。しかも西田の絶対者は、自己を否定して絶対の無となるのですから、自己を消すものでもあります。このことは、理事無礙から事事無礙へにおいて、理が消えることと一つになってきます。法蔵も、「真如《しんにょ》は自性を守らず」（真如不守自性）といいました。

と同時に、個は個に対して個であるとは、他の個と関係してはじめて個でありうることをいっており、関係の中の個物を主張するものです。このことはまさに事事無礙法界と対応していると見ることができます。

このように見てきますと、西田哲学と華厳思想とは、確かに親しい、通い合っているといわざるをえません。西田はやはり華厳思想に、何らかのかたちで影響を受けていたのかもしれません。

西田の仏教批判と華厳

しかしながら、ではまったく同じかというと、やはり異なっているといわざるをえない面もあります。それはひとまず、縁起の中の事と、現実世界の中の個物との違いといいうるでしょう。

私は、華厳の縁起は、対象界のことではなく、主体（自己）そのものがそこに組み込まれているような世界のことだといいました。また、事事無礙の事は、単なる「もの」ではなく、主—客相関的なるものであり、自己そのものとも考えられるということで説明しました。

しかし、そうであるとしても、全体の印象として、どうも華厳の世界観では、一つの事が他の事を規定していき、全体の関係をつくりかえていくという、一つの事の主体的な方面があまり強調されません。元来、時間的・空間的に重重無尽の関係を織りなす華厳の世界では、一つひとつの事が念々（瞬間瞬間）、新たに関係をつくりかえていくということが強調されてよいはずなのですが、どうもその辺への視点に乏しい感があります。ただ一即一切・一切即一、一入一切・一切入一の華麗な縁起が説かれ、その重重無尽性、無限性への言及ばかりが高調されます。

だいたい、仏教の縁起の思想にあっては、因果の対応関係が法《ダルマ》においてほぼ固定的に考えられていて、どの因にどのような縁が介在するとどの果があるかということは機械的に解明されていても、どのような果をどのように創造していくかという発想はあまり語られていないように思われます。

これに対し西田の個物は、どこまでも自ら自己自身を決定していく主体そのものなのでした。それはまた、自己と他者との関係をあらためて規定するものであり、すでに形成されている関係そのものを規定し直し、截《た》ち直し、創造していく主体です。

すなわち、この世界の歴史的現実をいかに未来に向けて創造していくか、その主体のことが十分考慮されたものになっており、そこに大きな特徴を見ることができます。

西田は、華厳思想に親しみを感じてはいても、仏教が歴史にかかわる主体を欠いているという問題には気づいていました。西田の仏教観は、次のような言葉にうかがうことができます。


大まかに云へば、西洋論理は物を対象とした論理であり、東洋論理は心を対象とした論理であるとも考へ得るであらう。心を対象とした論理と云ふものはない、論理はいつも客観的対象の論理でなければならないと云ふものもあらう。併し我々の自己と云ふものも歴史的世界に於ての事物である。そのかぎり考へられるもの、論ぜられるものであるのである。而して物と云ふのも、実は歴史的世界に於ての事物に外ならない。全然自己と云ふものを離れて、単なる物といふものはない。すべてが歴史的事物の論理に含まれなければならない。私は仏教論理には、我々の自己を対象とする論理、心の論理といふ如き萌芽があると思ふのであるが、それは唯体験と云ふ如きもの以上に発展せなかつた。それは事物の論理と云ふまでに発展せなかつた。

（「日本文化の問題」『西田幾多郎全集』第十二巻、岩波書店）

この最後の「事物の論理」とは、その前に出た「歴史的事物の論理」のことでしょう。要は、仏教は歴史ということ、世界を創造的につくっていくことを考えていないというのです。また、次の言葉もあります。

その源泉を印度に発した仏教は、宗教的真理としては、深遠なるものがあるが、出離的たるを免れない。大乗仏教と云へども、真に現実的には至らなかつた。日本仏教に於ては、親鸞聖人の義なきを義とすとか、自然法爾とか云ふ所に、日本精神的に現実即絶対として、絶対の否定即肯定なるものがあると思ふが、従来はそれが積極的に把握されてゐない。単に絶対的受働とか、単に非合理的に無分別とかのみ解せられて居る。私は之に反し真の受働からは、真の絶対的能働が出て来なければならないと考へるのである。

（「場所的論理と宗教的世界観」『西田幾多郎全集』第十一巻、岩波書店）

西田は、仏教は出離的で、大乗仏教といえども、真に現実的には至らなかったといいます。

歴史の創造に関与する主体が、仏教からは出てきていないというのです。そこをさらに考えぬこうとして、西田哲学が生まれたのでした。その特徴をひと言でいえば、人間存在を宗教的な深みから見つめ、しかも歴史的現実の主体として把握していく、ということです。

以上の西田の、いわば仏教批判を受け止めるとき、仏教の課題は、この現実世界そのものの歴史を創造していく主体を、いかに打ち出していくかにあるといえるかと思われます。確かにこのことは、たいへんに重要な、真剣に考えていかなければならない問題でしょう。

ひるがえって、華厳思想をもう一度考えてみれば、この立場からそのことを考えていくことは十分に可能なことと思います。事事無礙の事は、自己（西田の個物）と見るべきであり、各々の自己が菩提心を発して菩薩道を歩んでいくとき、そのことが他者にも大きな影響を与え、また現実的・具体的に世界を創造していく道も開かれていくのではないでしょうか。そのことだけではただちに歴史にかかわるのではないにしても、その視点から、現実世界へとつながっていくことはできると思うのです。

今こそ仏教は、他の宗教や哲学思想と対話を深めつつ、己れの課題の解決に向けて、挑戦していくべきでしょう。

ともあれ、華厳という、このたぐいまれな深遠な思想を、現代にどう生かしていくか、このことは深く問われていることでしょう。

あとがき

インド大乗仏教において『華厳経』という経典が制作されたことは、よく知られていると思います。しかしそれはあまりにも大部なせいか、あるいはこの経典にもとづく、民衆に広汎に浸透した宗派は成立しなかったせいか、『華厳経』の内容は必ずしも親しくは知られていないと思います。

その『華厳経』に拠って、中国に華厳宗が成立し、日本では主に東大寺において研鑽され続けてきたのでしたが、その思想内容はあまりにも深遠で、やはり人々に広く伝わることはなかったように思います。ただ、東大寺の大仏は、『華厳経』の教主・毘盧舎那仏をかたどったものであることは、ご存知の方も多いことでしょう。

『華厳経』の思想と、華厳宗の思想とをあわせて、華厳思想と呼んでおこうと思いますが、実はそれは、日本の仏教諸宗の中に、姿を隠しつつ深く流れ込んでいます。

親鸞の「如来等同」の思想、道元の「修証一等」の思想等にもそのことが認められますし、特に空海の密教的世界観は、華厳思想そのもののひとつの変型であるといっても過言ではないように思われます。そのように、日本の仏教を深く把握するためには、華厳思想の了解が不可欠でしょう。

一方、華厳思想の核心は、一即一切・一切即一、一入一切・一切入一といった、無礙自在の縁起、重重無尽の縁起の思想にありますが、その世界観は、現代社会のさまざまな負の面を産出してきた近代合理主義の考え方を見直すにあたって、大いに参考になることでしょう。最近しばしば強調されるエコロジカルな視点は、この華厳思想とかなり重なり合うものです。華厳思想は現代思想にとっても、きわめて魅力的な側面を持ち合わせているものなのです。

そのような意味では、華厳思想は大変重要で興味深いものだと思います。昨年度（平成十四年四月から十五年三月まで）、ＮＨＫテレビ・こころの時代で華厳思想についてお話をしましたとき、そのテキスト（副読本）を作りましたが、本書はそれを基として単行本として刊行するものです。その性格上、なるべくやさしく解説するよう努めてみました。現在、華厳思想についての平易な解説書が少ない状況の中では、その簡便な入門書のひとつとして活用していただければと存じます。

ここ一〇年以上、筑波大学・東洋大学を通じて大学院の授業において、学生とともに、法蔵や凝然の著作など華厳関係の文献をかなり読んできました。本書には、その成果もなにほどか含まれているかと思います。事事無礙法界の構造を解明する十玄・六相の法門について、比較的丹念にその論理を追跡してみたのも、その背景があってのことです。

しかし、まだまだその入り口に立った程度ですので、今後も華厳思想の奥義をさらに深く究明してまいりたいと思っています。と同時に、その現代的意義や、とりわけ留意すべき点等についても、さらに考察してまいりたいと考えています。

最後になりましたが、放送の機会を与えてくださったＮＨＫの田邉祥二さん、本書の刊行にご尽力くださった春秋社編集部の佐藤清靖さん、その他種々お世話いただきました多くの関係各位に、厚く御礼申し上げます。

平成一六年一月十一日

つくば市・故道庵にて

竹村　牧男

新装版によせて

このたび、拙著『華厳とは何か』の新装版を世に届けることになりました。この本は、旧版「あとがき」にもあるように、もと二〇〇二年度にＮＨＫの教育テレビ（現、Ｅテレ）の「心の時代」に一年間、出演した時のテキスト上下二冊を合わせて、二〇〇四年に春秋社によって単行本として出版していただいたものを元にするものです。かの「心の時代」においては、前半は『華厳経』の簡略な解説、後半は華厳宗の華厳思想の解説を行い、本書もそのような構成になっております。

仏教と一口に言っても、釈尊自身の教えのみならず、その後のいわゆる小乗仏教の教え、大乗仏教の教え、さらには密教の教えと、それぞれ独自の特質を有しており、また大乗仏教の中でも、中観（三論）、唯識（法相）、天台、華厳等々、多彩な内容を擁しています。それぞれ哲学的にも高度な思想を展開したものですが、自己自身の究極の救いを求める立場からは、それらの中でもどの仏教に拠るべきかが、真剣に問われたことでしょう。

中国では、仏教全体の中で、それぞれの仏教を独自の観点から分類し、思想の浅深、高低を位置づけることが盛んになされました。そのことを「教相判釈」といいますが、華厳宗自身は、小乗教・大乗始教・終教・頓教・円教という五教判の教相判釈を示し、その最高位の円教には、同教一乗の天台と別教一乗の華厳を置いて、華厳宗の教えを仏教の中で最高の教えであると主張しました。それは、実在と現象、絶対と相対とが融即し、かつ現象あるいは相対の一々が重々無尽に関係しあっていることを明らかにしている点、誰もが仏性を有しており、華厳の教えによれば成仏を三生で実現する点、等に拠るものだと思われます。

弘法大師・空海は、『秘蔵宝鑰』および『秘密曼荼羅十住心論』において十住心（浅深、高低の見方からする十の心のあり方を説いたもの）の体系を説く独自の密教を説きましたが、その教相判釈においても、華厳宗の教えは顕教の中では最高の教えであると位置づけています。華厳宗の三生成仏の思想は密教の即身成仏の思想に限りなく近く、密教の曼荼羅の世界観は、華厳宗の事事無礙法界の思想を人人無礙に翻案したものということさえできるでしょう。華厳思想と密教思想とはかなり近いものがあり、空海は東大寺の別当ともなっており、真言宗の理解にも華厳宗の教義の理解は欠かせないものです。

なお、伝教大師・最澄も、『法華経』に基づきつつ即身成仏が可能なことを説き、いわば画期的な法華仏教を創始しましたが、その背景には華厳宗の思想の解読・摂取もあったのでした。

もちろん、仏教全体への見方は、さまざまにありえますし、華厳宗や密教の思想的立場だけが正しいかどうかは議論のあるところでしょう。しかし、華厳宗の教義には、大乗仏教の中でも甚深の哲学が込められていることは間違いないものと思います。

一方、今日、地球社会には、格差や貧困の問題、また環境問題など、幾多の深刻な問題が横たわっています。同世代における他の人々との共生、また自然環境との共生、さらには未来世代の人々および環境との共生が、大きな課題となっています。現代における共生の意味は、「自他が融合する「共同体」への回帰願望ではなく、他者たる存在との対立緊張を引き受けつつ、そこから豊かな関係性を創出しようとする営為である」と言われます（『岩波哲学・思想事典』「共生」〈井上達夫〉）。華厳の重々無尽の縁起の思想は、まさにこのことを裏付ける理論でもあり、その意味でも現代においてこそ再認識・再評価されてよいものだと思います。

そのように、華厳思想は仏教思想の中でもきわめて重要なものであり、拙著はあるいは種種、不備があろうとも『華厳経』、華厳思想の比較的わかりやすい解説書となっていると思いますので、多くの人々に読んでいただけますと幸甚に存じます。

最後になりましたが、このたび拙著の新装出版にご尽力下さいました春秋社の神田明会長、澤畑吉和社長、佐藤清靖編集部長、編集部豊嶋悠吾氏に、厚く御礼申し上げます。

平成二九年二月二五日

つくば市故道庵にて

竹村　牧男　誌す

〈著者紹介〉
竹村牧男（たけむら　まきお）
1948年東京生まれ。東京大学文学部印度哲学科卒業。文化庁宗務課専門職員、三重大学助教授、筑波大学教授、東洋大学教授、同大学学長を歴任。現在、東洋大学名誉教授。専攻は仏教学・宗教哲学。唯識思想研究で博士（文学）。著書に、『唯識三性説の研究』『『華厳五教章』を読む』『〈宗教〉の核心――西田幾多郎と鈴木大拙に学ぶ』『道元の〈哲学〉――脱落即現成の世界』（春秋社）、『西田幾多郎と鈴木大拙――その魂の交流に聴く』（大東出版社）、『唯識・華厳・空海・西田――東洋哲学の精華を読み解く』『井上円了　その仏教思想』『新・空海論――仏教から詩論、書道まで』（青土社）、ほか多数。

華厳とは何か

2004年3月20日　初　版第1刷発行
2017年4月10日　新装版第1刷発行
2023年6月30日　　　　第2刷発行

著　　者　竹村牧男
発 行 者　小林公二
発 行 所　株式会社 春秋社
〒101-0021　東京都千代田区外神田2-18-6
電話　03-3255-9611（営業）
　　　03-3255-9614（編集）
振替　00180-6-24861
https://www.shunjusha.co.jp/
装 幀 者　伊藤滋章
印 刷 所　信毎書籍印刷株式会社
製 本 所　ナショナル製本協同組合

ISBN978-4-393-13596-9　定価はカバー等に表示してあります

竹村牧男
道元の〈哲学〉——脱落即現成の世界

道元の生涯から、その哲学の鍵となる生死観、本覚思想への疑問に対する修証観、言語観、存在と密接に関係する時間論、坐禅観、見性批判を解説。あわせて鈴木大拙の道元観も論じる。３５２０円

竹村牧男
空海の言語哲学——『声字実相義』を読む

『声字実相義』の解説を中心に、それまでのインド仏教の中観・唯識の言語観を踏まえて、空海の密教的言語哲学の独自性を明確に解説した画期的論考。井筒俊彦の空海論にも言及。３５２０円

竹村牧男
『成唯識論』を読む

法相宗の根本聖典である仏教哲学の結晶『成唯識論』の思想体系の流れをわかりやすく講義。九難義、生死輪廻の四種の説明等を詳説。

〈新・興福寺仏教文化講座7〉８２５０円

竹村牧男
『華厳五教章』を読む

中国華厳宗を大成した賢首大師法蔵の主著で、華厳宗の根本的な網要書でもある『華厳五教章』のうち、「義理分斉」章を中心に解説した本格書。５７２０円

竹村牧男
『秘蔵宝鑰』を読む

凡夫から密教までの十段階の心のあり方を示す十住心の思想にそって密教の優位を説いた、弘法大師空海の代表作を解説。空海の思想を学ぶには必見の書。４４００円

▼価格は税込（10％）